HEIDEGGER
ET LA QUESTION

DU MÊME AUTEUR
DANS LA MÊME COLLECTION

De quoi demain... (avec Élisabeth Roudinesco)
Éperons. Les styles de Nietzsche
La Vérité en peinture

Jacques Derrida

HEIDEGGER ET LA QUESTION

De l'esprit

Différence sexuelle, différence ontologique
(Geschlecht I)

La main de Heidegger
(Geschlecht II)

Champs essais

ISBN : 978-2-0812-4830-4

AVERTISSEMENT

« Je parlerai du revenant, de la flamme et des cendres. »

Ce sont les premiers mots de la conférence sur Heidegger qui ouvre ce volume. Elle tente une nouvelle traversée : ni un commentaire « interne », ni un réquisitoire sur documents « externes », si nécessaires qu'ils restent dans leurs limites.

Il s'agit encore du nazisme — de ce qui reste à penser du nazisme en général et du nazisme de Heidegger. Mais aussi des « politiques de l'esprit », des déclarations sur la « crise de l'esprit » et sur la « liberté de l'esprit » qu'on prétendait alors, qu'on veut aujourd'hui encore opposer à l'inhumain (nazisme, fascisme, totalitarisme, matérialisme, nihilisme, etc.). Or c'est à partir du *Discours de rectorat* (1933) que Heidegger élève un hymne à l'esprit. Six ans auparavant, il avait décidé d' « éviter » ce mot, puis il l'avait entouré de guillemets. Que s'est-il passé ? Pourquoi ne s'en est-on jamais aperçu ? Comme aujourd'hui, l'invocation de l'esprit voulait être une méditation sur le destin de l'Europe. Ainsi résonnait l'éloquence des grands « esprits » européens, celle de Valéry, de Husserl ou d'autres — dont la « politique » est moins innocente qu'on ne le croit souvent.

Au cœur de leur tradition, philosophies, morales et religions européennes partagent leur discours, elles l'échangent avec celui de Heidegger quand il nomme l'esprit. Que faire de ce *partage* et de cet *échange?* Peut-on les interrompre ? Le doit-on ? Il y va du Bien et du Mal, des Lumières et de la Flamme, de l'esprit dans sa langue de feu : le *Geist* est Flamme, dit Heidegger.

De l'esprit a deux foyers. Si, en 1933, Heidegger célèbre l'esprit dont il avait voulu jusque-là « éviter » le mot, cette *première inflexion* n'a pas la forme du « tournant » *(Kehre)* qui fascine les commentateurs. Elle n'en est pas moins décisive. Plus tard, une *seconde inflexion* déplace le privilège de la question jusque-là tenue pour « la piété de la pensée ». La question de la question reste suspendue, tenue au gage d'un acquiescement qui doit la précéder. *Oui,* le gage, l'engagement ou la gageure au-devant de l'abîme. Que se passe-t-il quand cela devient « éthique » ou « politique » ? A quoi, à qui dit-on *oui* ?

A *De l'esprit, Heidegger et la question* (1987), nous avons jugé opportun d'associer ici deux autres textes, légèrement antérieurs mais étroitement apparentés : *Différence sexuelle, différence ontologique (Geschlecht I)*, [1983], *La Main de Heidegger (Geschlecht II)*, [1985].

DE L'ESPRIT
HEIDEGGER ET LA QUESTION

Conférence prononcée le 14 mars 1987, à la clôture d'un colloque organisé par le Collège international de philosophie à Paris : « Heidegger : questions ouvertes. » Les notes furent évidemment ajoutées après coup.

I

Je parlerai du revenant, de la flamme et des cendres.

Et de ce que, pour Heidegger, *éviter* veut dire.

Qu'est-ce qu'éviter ? Heidegger se sert à plusieurs reprises du mot courant, *vermeiden :* éviter, fuir, esquiver. Qu'est-ce qu'il aurait pu vouloir dire quand il s'agit de l' « esprit » ou du « spirituel » ? Je précise tout de suite : non pas de l'esprit ou du spirituel, mais de *Geist, geistig, geistlich,* car cette question sera, de part en part, celle de la langue. Ces mots allemands se laissent-ils traduire ? En un autre sens : sont-ils évitables ?

Sein und Zeit (1927) : que dit alors Heidegger ? Il annonce et il prescrit. Il *avertit :* on devra éviter (*vermeiden)* un certain nombre de termes. Parmi eux, l'esprit *(Geist).* En 1953, plus de vingt-cinq ans plus tard, et ce ne fut pas n'importe quel quart de siècle, dans le grand texte qu'il consacre à Trakl, Heidegger note que celui-ci a toujours pris soin d'éviter (*vermeiden,* encore) le mot *geistig.* Et visiblement Heidegger l'en approuve, il pense avec lui. Mais cette fois, ce n'est plus *Geist,* ni même *geistlich* qu'il s'agit d'éviter, mais *geistig.*

Comment délimiter la différence et que s'est-il passé ? Quoi de cet entre-temps ? Comment expliquer qu'en vingt-cinq ans, entre ces deux signaux d'*avertissement* (« éviter », « éviter de s'en servir »), Heidegger ait fait un usage fréquent, régulier, marqué, sinon remarqué, de tout ce vocabulaire, y compris de l'adjectif *geistig?* Et qu'il ait souvent parlé non seulement du mot « esprit » mais, cédant parfois à l'emphase, au nom de l'esprit?

Aurait-il manqué d'éviter ce qu'il savait devoir éviter? Ce qu'il s'était en quelque sorte promis d'éviter? Aurait-il oublié d'éviter? Ou bien, comme on peut s'en douter, les choses sont-elles retorses et autrement nouées?

On pourrait s'engager ici dans l'écriture d'un chapitre destiné à un autre livre. J'en imagine le titre : « Comment ne pas parler[1] ». Qu'est-ce qu' « éviter » veut dire, en particulier chez Heidegger? et ce n'est pas nécessairement l'évitement ou la dénégation. Ces dernières catégories sont insuffisantes dans la mesure où le discours qui habituellement les met en œuvre, celui de la psychanalyse par exemple, ne prend pas en compte l'économie du *vermeiden,* en ces lieux où elle s'expose à la question de l'être. Cette prise en compte, c'est le moins qu'on puisse dire, nous en sommes très loin. Et tout ce que je voudrais tenter aujourd'hui, c'est de m'en approcher. Je pense en particulier à toutes ces modalités de l' « éviter » qui reviennent à dire sans dire, écrire sans écrire, à utiliser des mots sans les utiliser : entre guillemets, par exemple, sous une rature non négative en forme de croix *(kreuzweise Durchstreichung),* ou encore dans des propositions du type : « Si je devais encore écrire une théologie, comme je suis parfois tenté de le faire, le mot " être " devrait ne pas y apparaître[2] », etc. Or on sait bien, à la date où il dit cela, que Heidegger avait déjà fait

1. C'est le titre d'un chapitre dans un livre publié simultanément aux éditions Galilée : *Psyché. Inventions de l'autre.* Cf. aussi « Désistance » *(ibid.).*

2. Réponse à des étudiants de l'université de Zurich (1951). Séminaire traduit et présenté par F. Fédier et D. Saatdjian dans la revue *Po&sie,* 13, en 1980. Le passage que je cite et sur lequel je reviens dans *Comment ne pas parler* (o.c.) fut également traduit la même année par J. Greisch dans *Heidegger et la question de Dieu,* Grasset, 1980, p. 334.

disparaître ce mot tout en le laissant apparaître sous une rature, ce qui l'avait ainsi peut-être engagé, et depuis longtemps, sur la voie de cette théologie qu'il dit seulement vouloir écrire mais qu'il n'est pas sans écrire ici même en disant qu'il n'en est rien, qu'il ne le fait surtout pas et devrait fermer son atelier de pensée si un jour la foi l'interpellait [1]. Ne manifeste-t-il pas, disant cela, qu'il peut le faire ? et qu'il pourrait bien être, même, le seul à pouvoir le faire ?

Le titre qui s'est imposé à moi pour cette conférence a pu surprendre ou choquer certains d'entre vous, qu'ils y aient ou non reconnu la citation — cette fois sans parodie — d'un livre scandaleux, d'abord anonyme et voué au feu [2].

1. « A l'intérieur de la pensée, rien ne saurait être accompli, qui puisse préparer ou contribuer à déterminer ce qui arrive dans la foi et dans la grâce. Si la foi m'interpellait de cette façon, je fermerais mon atelier. Certes, à l'intérieur de la dimension de la foi, on continue encore à penser ; mais la pensée comme telle n'a plus de tâche. » Compte rendu d'une session de l'Académie évangélique à Hofgeismar, décembre 1953, trad. par J. Greisch, in *Heidegger et la question de Dieu*, *op. cit.*, p. 335.

2. Puisque tout ce discours sera cerné par le feu, je rappelle d'un mot que le livre d'Helvétius, *De l'esprit*, fut brûlé au bas du grand escalier du Palais de Justice le 10 février 1759 sur arrêt du Parlement de Paris, après que le Roi lui eut retiré son privilège et que le pape Clément XIII eut interdit sa lecture *en toute langue*. On connaît la deuxième rétractation, plus ou moins sincère, de l'auteur. J'en cite quelques lignes, elles ne sont pas sans rapport, quoique fort indirectement, avec ce qui nous occupe ici : « ... je n'ai voulu donner atteinte ni à la nature de l'âme, ni à son origine, ni à sa spiritualité, comme je croyais l'avoir fait sentir dans plusieurs endroits de cet ouvrage : je n'ai voulu attaquer aucune des vérités du christianisme, que je professe sincèrement dans toute la rigueur de ses dogmes et de sa morale, et auquel je fais gloire de soumettre toutes mes pensées, toutes mes opinions et toutes les facultés de mon être, certain que tout ce qui n'est pas conforme à son esprit ne peut l'être à la vérité. »

On le sait aussi, Rousseau ne fut d'accord ni avec Helvétius ni avec ses persécuteurs. Encore le feu : « Il y a quelques années qu'à la première apparition d'un livre célèbre (*De l'esprit*), je résolus d'en attaquer les principes que je trouvais dangereux. J'exécutais cette entreprise quand j'appris que l'auteur était poursuivi. A l'instant je jetai mes feuilles au feu, jugeant qu'aucun devoir ne pouvait autoriser la bassesse de s'unir à la foule pour accabler un homme

Ce titre paraît aujourd'hui anachronique dans sa grammaire et dans son lexique, comme s'il nous reconduisait à l'époque où l'on écrivait encore des traités systématiques sur le modèle des compositions latines de style cicéronien, *De spiritu*, quand ce qu'on appelle le matérialisme français du XVIIIe siècle ou le spiritualisme français des siècles suivants fondait là les plus beaux canons de notre rhétorique scolaire. La forme anachronique, voire le « rétro » provocant de ce *De l'esprit*, semble encore plus insolite dans le paysage de ce colloque, à la fois pour des raisons de style (rien n'y rappelle une manière heideggérienne) et, si je puis dire, de sémantique : l'esprit, voilà du moins l'apparence, ce n'est pas un grand mot de Heidegger. Ce n'est pas son thème. Il aurait su, justement, l'éviter. Et qui oserait soupçonner chez lui cette métaphysique — matérialiste ou spiritualiste — qui fit les beaux jours et les moments forts d'une tradition française, celle-là même qui a si durablement marqué nos institutions philosophiques ?

Parce que ce soupçon paraît absurde, parce qu'il porte en lui quelque chose d'intolérable, et peut-être aussi parce qu'il se porte vers les lieux les plus inquiétants du trajet, des discours et de l'histoire de Heidegger, on évite à son tour de parler de l'*esprit* dans une œuvre qui se laisse pourtant aimanter, de son premier à son dernier mot, par cela même.

N'est-il pas remarquable que ce thème, l'esprit, dont je voudrais montrer tout à l'heure qu'il occupe

d'honneur opprimé. Quand tout fut pacifié, j'eus l'occasion de dire mon sentiment sur le même sujet dans d'autres écrits ; mais je l'ai dit sans nommer le livre ni l'auteur. » (*Lettres de la Montagne*, 1764.)

De l'esprit — au feu : puisque tel pourrait être le sous-titre de cette note, adressons une pensée aux hérétiques du Libre Esprit. L'auteur du *Mirouer des simples âmes*, Marguerite de Porette, fut brûlée en 1310. On brûla aussi les écrits des *Ranters* (Harangueurs), contre lesquels, au XVIIe siècle, en Angleterre, on portait les mêmes accusations que contre le Libre Esprit quelques siècles auparavant. Cf. Norman Cohn, *Les Fanatiques de l'Apocalypse*, trad. Payot, 1983, p. 158.

une place majeure et obvie dans ce chemin de pensée, ait été forclos d'héritage ? Personne n'en veut plus dans toute la famille des heideggériens, chez les orthodoxes ou les hérétiques, les néo-heideggériens ou les para-heideggériens, les disciples ou les experts. Personne ne parle jamais de l'esprit chez Heidegger. Mieux : même les anti-heideggériens spécialisés ne s'intéressent pas à cette thématique de l'esprit, fût-ce pour la dénoncer. Pourquoi ? Que se passe-t-il ? Qu'évite-t-on ainsi ? Pourquoi ce crible dans l'héritage, et cette discrimination ? Pourquoi dans le rejet même du legs, le *Geist* n'occupe-t-il pas la place qui lui revient à côté des grands thèmes et des grands mots, l'être, le *Dasein*, le temps, le monde, l'histoire, la différence ontologique, l'*Ereignis*, etc. ?

Il fallait peut-être courir les risques de l'académisme classique pour marquer, en la laissant ouverte, car je n'ai pas l'intention d'en traiter, la dimension française, l'annale franco-allemande dans laquelle nous *situons* Heidegger au cours de ce colloque qui fut aussi une *Erörterung* maintenant, en vue de ce lieu, les « questions ouvertes ». *De l'esprit* est un titre bien français, beaucoup trop français pour donner à entendre le *geistig* ou le *geistlich* du *Geist*. Mais justement, on l'entendra peut-être mieux en allemand. Peut-être en tout cas serons-nous plus justement sensibles à sa germanité si nous le laissons résonner depuis une langue étrangère pour le mettre à l'épreuve de la traduction, ou plutôt si nous mettons à l'épreuve sa résistance à la traduction. Et si nous soumettons notre langue à la même épreuve.

Cette nécessité reste latérale. Je ne confierai pas la justification essentielle de mon propos à une introduction ou à une préface. Voici néanmoins *trois* arguments préalables.

Il y a d'abord la nécessité de cette *explication* essentielle, l'altercation entre les langues, l'allemand *et* Rome, l'allemand *et* le latin, voire l'allemand *et* le grec, l'*Übersetzung* comme *Auseinandersetzung* entre *pneuma*, *spiritus* et *Geist*. Ce dernier ne se laisse plus, à un certain moment, traduire dans les deux premiers. « Dis-moi ce que tu penses de la traduction, je te dirai qui tu es », rappelle Heidegger à propos de l'*Antigone* de Sophocle[1]. Dans ce titre, *De l'esprit*, le *de* franco-latin annonce aussi que, sous la forme classique de l'enquête, voire de la dissertation, je souhaite commencer à traiter *de l'esprit*, du concept et du mot, des termes *Geist, geistig, geistlich* chez Heidegger. Je commencerai à en suivre modestement les trajets, les fonctions, les formations et transformations réglées, les présuppositions et les destinations. Ce travail préliminaire n'a pas encore été systématiquement entrepris, peut-être même pas, à ma connaissance, entrevu. Un tel silence n'est pas insignifiant. Il ne tient pas seulement au fait que si le lexique de l'esprit est plus abondant qu'on ne le croit chez Heidegger, celui-ci n'en a jamais fait le titre ou le thème principal d'une méditation longuement suivie, d'un livre, d'un séminaire ni même d'une conférence. Et pourtant, j'essaierai de le montrer, ce qui reste ainsi inquestionné, dans l'invocation du *Geist* par Heidegger, c'est, plus qu'un coup de force, la force elle-même en sa manifestation la plus extra-ordinaire. Une extra-ordinaire autorité revient à ce motif de l'esprit ou du spirituel, *dans sa langue allemande*. Précisément dans la mesure où il ne paraît pas sur le devant de la scène, il semble se soustraire à toute destruction ou déconstruction, comme s'il n'appartenait pas à une histoire de l'ontologie — et ce sera bien là le problème.

D'autre part, et voici un second argument, ce motif s'inscrit régulièrement dans des contextes à haute teneur politique, dans les moments où la pensée se laisse plus que jamais préoccuper par ce qu'on appelle

1. « *Sage mir, was du vom Übersetzen hältst, und ich sage dir wer du bist.* » Il s'agit aussitôt après de la traduction, elle-même « *deinon* », du *deinon : « furchtbar »*, « *gewaltig* », « *ungewöhnlich* » et, de façon moins « correcte » mais plus « vraie », dit Heidegger, « *unheimlich* ». (*Die Bedeutung des deinon,* Gesamtausgabe, Bd. 53, p. 74 et suiv.) J'évoque ce passage parce que l'énigme du *deinon* laisse sa marque sur tous les textes que nous devrons approcher.

l'histoire, la langue, la nation, le *Geschlecht*, le grec ou l'allemand. Ce lexique, qu'on n'a pas le droit d'appeler spiritualiste, ni même spirituel — oserai-je dire spiritual ? —, Heidegger y puise abondamment dans les années 1933-1935, surtout dans le *Discours de Rectorat* et dans l'*Introduction à la métaphysique,* puis d'une autre manière dans le *Nietzsche*. Mais au cours des vingt années qui suivent, et à une inflexion près que j'essaierai d'analyser, ce même lexique aimante par exemple les séminaires ou les écrits sur Schelling, Hölderlin et surtout Trakl. Il y reçoit même une valeur thématique qui n'est pas sans quelque nouveauté.

Voici enfin mon troisième argument préliminaire : si elle n'est ni thématique ni athématique, si sa modalité requiert donc une autre catégorie, la pensée du *Geist* et de la différence entre *geistig* et *geistlich* ne s'inscrit pas seulement dans des contextes à haute teneur politique, comme je viens de le dire de façon rapide et un peu conventionnelle. Elle décide peut-être du sens même du politique comme tel. En tout cas, elle situerait le lieu d'une telle décision, si elle était possible. D'où son privilège, encore peu visible, pour ce qu'on appelle les questions du politique ou de la politique qui animent tant de débats autour de Heidegger aujourd'hui, de façon sans doute renouvelée en France, notamment par Lacoue-Labarthe, là où elles se nouent avec les grandes questions de l'être et de la vérité, de l'histoire, de l'*Ereignis*, de la pensée ou de l'impensé, ou, je préfère toujours le dire au pluriel, des pensées ou des impensés de Heidegger.

II

Questions ouvertes, je rappelle le sous-titre proposé pour ce colloque. Avant de commencer vraiment, il me faut ainsi dire quelques mots de ce que sont pour moi aujourd'hui les *questions ouvertes :* par Heidegger et quant à Heidegger. Cela me permettra de décrire l'économie ou la stratégie qui m'ont imposé le choix de ce thème aujourd'hui, à un certain moment de mes lectures, au moment sans doute pour moi de la plus grande hésitation et de la perplexité la plus grave. Ces quelques remarques, toutes préliminaires qu'elles restent encore, éclaireront peut-être le trajet qui suivra.

Cette attention au *Geist*, qui m'orienta naguère dans certaines lectures de Hegel[1], est aujourd'hui appelée par une recherche que je poursuis depuis quelques années dans un séminaire sur la nationalité et le nationalisme philosophiques. Certains textes de Heidegger y constituent souvent l'épreuve même. Ils sont aussi à l'épreuve, notamment quand il s'agit de la langue et du lieu. Tout en poursuivant le travail dont j'avais publié une courte préface sous le titre *Geschlecht, différence sexuelle, différence ontologique*[2], j'ai

1. « Le puits et la pyramide. Introduction à la sémiologie de Hegel », in *Marges - de la philosophie* (Minuit, 1972). *Glas* (Galilée, 1974) traite le mot et le concept de *Geist* chez Hegel comme son thème le plus explicite.

2. *Heidegger*, Cahiers de l'Herne, 45, 1983. Repris in *Psyché*..., et dans ce volume, p. 143 et suiv.

tenté de suivre la trace et les enjeux de *Geschlecht,* ce mot redoutablement polysémique et à peu près intraduisible (race, lignée, souche, génération, sexe), dans le texte de *Unterwegs zur Sprache* sur Trakl. Or on y rencontre une distinction, que Heidegger voudrait décisive, entre *geistig* et *geistlich,* puis un singulier partage à l'intérieur même du mot *geistlich.* Je compte naturellement revenir sur cette distinction et sur ce partage qui organisent la pensée du *Geschlecht* à cette étape du chemin heideggérien.

D'autre part, toujours à l'intérieur du même séminaire, une lecture aussi patiente que possible du *Timée,* notamment de ce qui s'y rapporte à la *chora,* me paraissait rendre au moins problématique l'interprétation qu'en propose Heidegger dans l'*Introduction à la métaphysique.* Sur cet exemple pouvaient alors s'étendre et s'articuler entre elles d'autres questions. Elles concernent l'interprétation générale de l'histoire de l'onto-théologie ou ce que j'appellerai, d'un mot que Heidegger aurait refusé et que j'utilise moi-même par commodité provisoire, l'*axiomatique* de la *Destruktion* et du schème épochal en général. Mais l'usage de ce mot, *axiomatique,* n'est suspect que du point de vue de ce schème épochal lui-même. On n'est donc pas tenu de s'interdire d'avance ce que Heidegger prescrit de proscrire. Pourquoi ne pas interroger sans faiblir cette prescription et cette proscription ?

L'an dernier, pour la préparation d'un autre colloque sur Heidegger à l'université d'Essex (David Krell, qui se trouve aujourd'hui parmi nous, l'avait organisé et certains d'entre vous y participaient), j'avais tenu à Yale une sorte de séminaire privé avec des amis américains[1]. En répondant à leurs questions ou suggestions, j'essayai alors de définir ce qui *me* paraissait suspendu ; incertain, encore en mouvement et donc,

1. Thomas Keenan, Thomas Levin, Thomas Pepper, Andrzej Warminski. Je tiens à leur dire ici ma gratitude. Ce livre leur est dédié, ainsi qu'à Alexander Garcia Düttmann en souvenir de « Schelling ».

pour moi du moins, *à venir* dans le texte de Heidegger. Je distinguai quatre fils conducteurs et, à la fin de cet entretien que j'ai donc rapporté à Essex, j'ai dû me demander : qu'est-ce qui noue ensemble ces quatre fils ? qu'est-ce qui les entrelace ? quel est le nœud de ce *Geflecht ?* si du moins il y en a un, un seul et simple nœud, ce qui n'est jamais sûr — et c'est même là l'ultime ou la toujours pénultième question.

Or voici l'hypothèse que je voulais mettre à l'épreuve aujourd'hui en vous la soumettant. Suivre à la trace le spirituel heideggérien, ce serait peut-être s'approcher non pas d'un point central de ce nœud, je crois qu'il n'en a pas, mais de ce qui rassemble une résistance nodale en sa torsion la plus économique. J'expliquerai en conclusion pourquoi ce que je présente poliment comme une hypothèse doit nécessairement s'avérer. Je la sais vraie, cette hypothèse, comme par avance. La vérification m'en paraît aussi paradoxale que fatale. Il y va de la vérité de la vérité pour Heidegger, une vérité dont la tautologie n'est même pas à découvrir ou à inventer. Elle appartient à l'au-delà et à la possibilité de toute question, à l'inquestionnable même de toute question. Le *Geist* ne peut que rassembler cet entrelacement dans la mesure où il est, pour Heidegger, nous le vérifierons, un autre nom de l'Un et de la *Versammlung*, l'un des noms du recueil et du rassemblement.

Le *premier* des quatre fils conduit justement à la *question*, à la question de la question, au privilège apparemment absolu et longtemps non questionné du *Fragen*, de la forme, de l'essence et de la dignité essentiellement questionnante, en dernière instance, de la pensée ou du chemin de pensée. Il y a bien des moments, nous le verrons, où Heidegger différencie les modes du *questionner*, du *demander* ou de l'*interroger*, analysant même la répétition réflexive de telle ou telle question : « Pourquoi le pourquoi ? » Mais il n'a *presque* jamais cessé, me semble-t-il, d'identifier le plus haut et le meilleur de la pensée avec la question, avec la décision, l'appel ou la garde de la question, cette « piété » de la pensée[1]. Cette décision, cet appel ou cette garde, est-ce déjà la question ? Est-ce encore la question ? Quoi de cette « piété » ? Et pourquoi *presque* jamais ? Nous devons ici patienter. J'aurais alors voulu comprendre jusqu'à quel point ce privilège du questionnement restait lui-même à l'abri. Non pas, justement, à l'abri d'une question, ni d'une pensée de l'impensé qui revînt encore à la détermination heideggérienne de l'im-pensé (une seule et unique pensée pour chaque *grand* penseur, et donc *un* im-pensé lui aussi *simple* et qui n'est *un*-gedacht que dans la mesure où, de façon non négative, il est un-*gedacht*[2], donc une pensée encore, comme le marquent l'intonation, l'accentuation , le soulignement, ces modes de l'éviter ou de l'inéviter dont je parlais tout à l'heure). Non pas à l'abri d'une question, donc, mais d'autre chose. Or j'essaierai de le montrer, *Geist* est peut-être le nom que Heidegger donne, au-delà de tout autre nom, à cette possibilité inquestionnée de la question.

Un *second fil* conduit, notamment dans la grande question de la technique, à tel énoncé typique et exemplaire : l'essence de la technique n'est pas technique. Cet énoncé matriciel reste, au moins sur l'une de ses faces, traditionnellement philosophique. Il maintient la possibilité de la pensée questionnante, qui est toujours pensée de l'essence, à l'abri de toute contami-

1. « *Denn das Fragen ist die Frömmigkeit des Denkens* » : « Car le questionnement est la piété de la pensée. » C'est la dernière phrase de *Die Frage nach der Technik*, 1953, in *Vorträge und Aufsätze*. Un peu plus haut, Heidegger venait de déterminer, d'une certaine façon, ce qu'il entendait par le mot « pieux » *(fromm)*. De l'art quand il n'avait d'autre nom que *tekhnè*, il écrivait alors : « Il était un décèlement à la fois unique et multiple *(einziges, vielfältiges Entbergen)*. Il était pieux *(fromm)*, *promos* [qui vient au premier rang, en pointe], c'est-à-dire docile à la puissance et à la garde de la vérité *(fügsam dem Walten und Verwahren der Wahrheit)* » (p. 38).

2. « L'Im-pensé, dans une pensée, n'est pas un manque qui appartienne au pensé. L'*Im*-pensé n'est chaque fois tel qu'en tant qu'il est Im-*pensé*. » *Qu'appelle-t-on penser ?* (1954), trad. A. Becker et G. Granel, PUF, 1959, p. 118. Cf. sur ce point « Désistance », in *Psyché...*, p. 615 et suiv.

nation originaire et essentielle par la technique. Il s'agissait donc d'analyser ce désir de non-contamination rigoureuse et, dès lors, peut-être, de prendre en vue la nécessité, on pourrait dire la fatalité d'une *contamination*, et le mot m'importait, d'un contact impurifiant originairement la pensée ou la parole par la technique. Contamination, donc, de la pensée de l'essence par la technique, donc de l'essence pensable de la technique par la technique — et même d'une question de la technique par la technique, le privilège de la question ayant quelque chose à voir, déjà, toujours, avec cette irréductibilité de la technique. Il est facile d'imaginer que les conséquences de cette nécessité ne sont pas limitables. Or le *Geist*, j'essaierai de le suggérer, nomme aussi ce que Heidegger veut sauver de toute destitution *(Entmachtung)*. C'est peut-être même, au-delà de ce qu'il faut sauver, cela même qui sauve *(rettet)*. Or ce qui sauve ne se laisserait pas sauver de cette contamination. Les choses se passeront ici dans la différence entre la *Geistigkeit* et une certaine *Geistlichkeit* (non chrétienne) du *Geist* dont Heidegger veut sauver la pureté, une pureté intérieure à l'esprit, alors même qu'il reconnaît que le Mal *(das Böse)* est spirituel *(geistlich)*.

Le *troisième fil* reconduit à ce qui reste pour moi une très ancienne inquiétude, un soupçon toujours à vif, qu'il concerne Heidegger ou d'autres. Il s'agit du discours sur l'animalité et de l'axiomatique, dite ou non dite, qui le commande. J'avais multiplié, depuis fort longtemps[1], des allusions à ce sujet. Il y a trois ans, au cours de ce travail sur *Geschlecht*, et dans une conférence que certains d'entre vous connaissent[2]

1. Sans doute avant *Glas*, dont c'est l'un des thèmes. Cf. p. 35, 163 et passim. Cf. aussi *La Carte postale*..., p. 502 et *Psyché*..., p. 411.

2. Séminaire donné à Paris et conférence prononcée lors d'un colloque à l'université de Loyola (Chicago), publiée depuis en anglais : *Geschlecht II : Heidegger's Hand*, in *Deconstruction and Philosophy*, ed. John Sallis, University of Chicago Press, 1987. La version française de cette conférence paraît simultanément dans *Psyché*... (voir dans ce volume, p. 169 et suiv.).

j'avais proposé une longue analyse du discours heideggérien sur la main, partout où il s'organise, qu'il s'agisse, thématiquement, de tel passage de *Was heisst Denken ?* (le singe possède des organes de préhension, mais seul l'homme « a » la main ; ou plutôt : la main — et non *les* mains — dispose de l'essence de l'homme) ou qu'il s'agisse, dix ans auparavant, du séminaire sur Parménide qui reprend la méditation autour de *pragma, praxis, pragmata*. Ceux-ci se présentent comme *vorhandene* ou *zuhandene*, donc dans le domaine de la main *(im Bereich der Hand)*[1]. Ce problème concerne encore les rapports entre l'animal et la technique. Cela se passe notamment à travers une opposition si problématique, me semble-t-il, entre *donner* et *prendre*. Elle organise ce passage de *Was heisst Denken ?* Elle dicte les rapports entre la préhension et la raison *(vernehmen, Vernunft)*, les rapports entre la parole et la main, l'essence de l'écriture comme écriture manuscrite *(Handschrift)* hors de toute mécanisation technique et de toute machine à écrire. L'interprétation de la main, comme l'opposition entre le *Dasein* humain et l'animal, domine de façon thématique ou non thématique le discours le plus continu de Heidegger, depuis la répétition de la question du sens de l'être, la destruction de l'onto-théologie, et d'abord l'analytique existentiale qui redistribue les limites entre *Dasein, Vorhandensein* et *Zuhandensein*. Chaque fois qu'il est question de la main et de l'animal, mais ces thèmes ne se laissent pas circonscrire, le discours de Heidegger me semble céder à une rhétorique d'autant plus péremptoire et autoritaire qu'elle doit dissimuler un embarras. Elle laisse alors intacts, abrités dans l'obscurité, les axiomes de l'humanisme métaphysique le plus profond, je dis bien le plus profond. Cela est particulièrement manifeste dans les *Concepts fondamentaux de la métaphysique*[2] autour des

1. *Parmenides,* Gesamtausgabe, Bd. 54, p. 118 et suiv.
2. *Die Grundbegriffe der Metaphysik,* Gesamtausgabe, Bd. 29/30, §§ 44 et suiv.

thèses directrices sur lesquelles je reviendrai plus tard : la pierre est sans monde *(weltlos)*, l'animal est pauvre en monde *(weltarm)*, l'homme est formateur de monde *(weltbildend)*. J'avais donc tenté de dégager les implications de ces thèses, leur difficulté aporétique et non dissimulée ou leur caractère interminablement préparatoire. Pourquoi Heidegger présente-t-il de telles propositions comme des « thèses », ce qu'il ne fait pratiquement jamais ailleurs, et pour des raisons essentielles ? Est-ce que ces « thèses » n'affectent pas à leur tour tous les concepts qui s'y trouvaient engagés, à commencer par ceux de vie et de monde ? On s'aperçoit déjà que ces difficultés communiquent avec celle du *Fragen* (l'animal n'en est pas vraiment capable), avec celle de la technique et finalement encore avec celle de l'esprit : quoi du rapport entre esprit et humanité, esprit et vie, esprit et animalité ?

Le *quatrième fil*, enfin, conduit, à travers la pensée de l'*épochalité*, en elle-même et par sa mise en œuvre, dans ce que j'appellerai de façon un peu provocante la téléologie cachée ou l'ordre narratif. J'avais insisté sur les exemples de la *chora*, de la forclusion de certaines pensées, comme celle de Spinoza à propos du Principe de raison, etc. Mais encore une fois, nous verrons que la discrimination épochale peut s'ordonner autour de la différence — appelons-la intra-spirituelle — entre la détermination platonico-chrétienne, métaphysique ou onto-théologique du spirituel *(geistig)* et une autre pensée du spirituel telle qu'elle se dit par exemple dans le *Gespräch* avec Trakl : il s'agit du *geistlich*, cette fois soustrait, comme le *voudrait* Heidegger, à sa signification chrétienne ou ecclésiale.

Voilà donc à peu près où j'en étais quand j'ai choisi de parler de l'esprit. Je le ferai avec une certitude négative et avec une hypothèse : la certitude de ne pas bien comprendre ce qui règle finalement l'idiome *spiritual* de Heidegger, l'hypothèse que plus de clarté, peut-être la clarté ambiguë de la flamme, nous approcherait du nœud de quelques impensées, à l'entrelacement de ces quatre fils.

Il va de soi que ces impensées risquent d'être les miennes, seulement les miennes. Et ce qui serait plus grave, plus sèchement grave, de ne rien *donner*. « Plus une pensée est originelle, dit Heidegger, plus riche devient son Im-pensé. L'Impensé est le don *(Geschenk)* le plus haut que puisse faire une pensée[1]. »

1. *Qu'appelle-t-on penser ? op. cit.*, p. 118.

III

A ma connaissance, Heidegger ne s'est jamais demandé : « Qu'est-ce que l'esprit ? » Du moins ne l'a-t-il jamais fait sur le mode, dans la forme, avec les développements qu'il accorde à des questions telles que : « Pourquoi y a-t-il quelque chose plutôt que rien ? », « Qu'est-ce que l'être ? », « Qu'est-ce que la technique ? », « Qu'appelle-t-on penser ? », etc. Il n'a pas davantage fait de l'esprit un de ces grands pôles que la métaphysique aurait opposés à l'être, dans une sorte de limitation *(Beschränkung)* de l'être, telle que la récuse l'*Introduction à la métaphysique :* être et devenir, être et apparence, être et penser, être et devoir ou être et valeur. Il n'a pas davantage opposé l'esprit à la nature, fût-ce dialectiquement, selon la plus puissante et la plus permanente des requêtes métaphysiques.

Qu'est-ce qui s'appelle esprit ? Qu'appelle l'esprit ? *Was heisst der Geist ?* voilà donc le titre d'un livre que Heidegger n'a pas écrit. Quand ils portent sur l'esprit, les énoncés heideggériens ont *rarement* la forme d'une définition d'essence. Rarement, c'est-à-dire par exception, et nous nous intéresserons à ces exceptions, d'ailleurs très différentes, voire opposées entre elles. Le plus souvent Heidegger aura *inscrit* le nom *(Geist)* ou l'adjectif *(geistig, geistlich) :* soit dans un enchaînement de concepts ou de philosophèmes appartenant à une ontologie déconstructible, et le plus souvent dans une séquence allant de Descartes à Hegel, soit dans des propositions que je prendrai encore le risque d'appeler axiomatiques, axiologiques ou axio-poétiques : le spiritual alors n'appartient plus à l'ordre de ces significations métaphysiques ou onto-théologiques. Plus qu'une valeur, l'esprit semble désigner, au-delà d'une déconstruction, la ressource même de toute déconstruction et la possibilité de toute évaluation.

Qu'appelle-t-il donc esprit, *Geist ?*

Dans *Sein und Zeit*, il s'agit d'abord d'un mot dont la signification reste plongée dans une sorte d'obscurité ontologique. Heidegger le rappelle et demande à cet égard la plus grande vigilance. Ce mot renvoie à une série de significations qui ont un trait commun : s'opposer à la chose, à la détermination métaphysique de la choséité, et surtout à la chosification du sujet, de la subjectivité du sujet dans sa supposition cartésienne. C'est la série de l'âme, de la conscience, de l'esprit, de la personne. L'esprit n'est pas la chose, l'esprit n'est pas le corps. Bien entendu, cette détermination *subjective* de l'esprit, c'est ce dont une délimitation *(Abgrenzung)* doit dégager, on pourrait dire libérer l'analytique existentiale du *Dasein*. Celle-ci se voit assigner la tâche de préparer un traitement philosophique de la question « Qu'est-ce que l'homme ? ». Il faut rappeler qu'elle *précède* (*liegt vor*, Heidegger le souligne) toute biologie, toute anthropologie, toute psychologie. On pourrait dire toute *pneumatologie*, cet autre nom que Hegel donne à la *psychologie rationnelle* qu'il critique d'ailleurs aussi comme « métaphysique abstraite de l'entendement[1] ».

1. Introduction à la *Philosophie de l'esprit*, dans l'*Encyclopédie des sciences philosophiques en abrégé*, § 378, p. 349, tr. M. de Gandillac, Gallimard. Dans la même introduction, Hegel définit l'essence de l'esprit comme *liberté* et comme capacité, dans sa détermination formelle, de supporter la *souffrance infinie*. Je crois devoir citer ce paragraphe pour anticiper sur ce qui sera dit plus loin de l'esprit, de la liberté et du mal pour Heidegger : « C'est pourquoi l'essence de l'esprit est formellement la *liberté*, la négativité absolue du concept comme identité avec soi. Selon cette détermination formelle, il peut

L'analytique existentiale doit en particulier marquer sa distance au regard de deux tentatives, deux tentations aussi, puisqu'on pourrait risquer de voir une généalogie là où il y aurait plutôt un saut, une rupture, en tout cas une problématisation radicale.

D'une part, on s'égarerait — ce serait *irreführend* — si on considérait le *cogito* cartésien comme le bon exemple historique, le précédent exemplaire qui ouvre la voie à l'analytique existentiale. Celle-ci pose la question ontologique du *sum* que Descartes *aurait* laissée totalement hors de question ou hors lieu *(völlig unerörtet*[1]*)*. Il aurait fallu déterminer l'être du *sum* pour définir ensuite le mode d'être de ses *cogitationes*. En partant, comme l'aurait fait Descartes, d'un *ego* et d'un sujet immédiatement donnés, on manque la phénoménalité du *Dasein*[2]. L'accusation vise aussi la phénoménologie de l'esprit et, en silence, la phénoménologie transcendantale et le *cogito* husserlien. Tant qu'on ne l'a pas soumise à un éclaircissement ontologique, l'idée de sujet continue de participer de la *position (Ansatz)* d'un *subjectum* ou d'un *hypokeimenon*, donc de quelque substance ou substrat, même si, sur le plan seulement ontique, on s'oppose à ce qu'on pourrait appeler « *Seelensubstanz* », au substantialisme psychique ou à toute réification de la conscience *(Verdinglichung des Bewusstseins*[3]*)*. Car pour rejeter la chosification ou la substantialisation, geste courant à l'époque de *Sein und Zeit*, il faut encore éclairer la provenance ontologique de ce qu'on entend par « chose », réalité ou choséité *(Dinglichkeit)*. A défaut d'avoir éclairci la

---

faire abstraction de tout ce qui est extérieur et de sa propre extériorité, de sa présence même ; il peut supporter la négation de son immédiateté individuelle, la *souffrance* infinie, c'est-à-dire se conserver affirmatif dans cette négation et être identique pour lui-même. Cette possibilité est en elle-même l'universalité abstraite de l'esprit, universalité qui-est-pour-elle-même. » (§ 382, trad., p. 352.)

1. § 10, p. 46.
2. *Ibid.*
3. *Ibid.*

provenance ontologique de la choséité, *a fortiori* de la substantialité, tout ce qu'on entend « positivement » (*positiv*) lorsqu'on parle de l'être non chosifié (*dem nichtverdinglichten Sein*) du sujet, de l'âme, de la conscience, de l'esprit, de la personne, etc., restera ontologiquement problématique. A cette série, Heidegger avait déjà ajouté le *je* et la raison. Il va de soi que l'inconscient appartient au même ensemble. C'était plus haut, dans le § 6 intitulé « La tâche d'une déconstruction (*Destruktion*) de l'histoire de l'ontologie[1] ».

Geist fait donc alors partie de la série des non-choses, de ce qu'on prétend en général opposer à la chose. C'est ce qui ne se laisse d'aucune façon chosifier. Mais tant que l'être de ce qu'on entend par chose n'est pas ontologiquement éclairci — et il ne le serait ni par Descartes ni par Husserl, ni par quiconque aura recommandé de ne pas chosifier le sujet, l'âme, la conscience, l'esprit, la personne —, ces concepts restent problématiques ou dogmatiques. Du moins le restent-ils du point de vue d'une analytique existentiale du *Dasein*. Tous ces mots, et donc celui d'esprit, peuvent certes désigner des domaines de phénoménalité qu'une phénoménologie pourrait explorer. Mais on ne peut les utiliser ainsi qu'en se rendant indifférent à toute question sur l'être de chacun de ces étants.

Ces termes et ces concepts n'ont donc aucun droit dans une analytique du *Dasein* qui cherche à déterminer l'étant que nous sommes nous-mêmes. Heidegger annonce alors qu'il va les éviter (*vermeiden*). Pour dire ce que nous sommes, qui nous sommes, il paraît indispensable d'*éviter* tous les concepts de la série *subjective,* ou *subjectale :* en particulier celui d'esprit (p. 46).

Or qui sommes-nous ? Ici, ne l'oublions pas, nous sommes d'abord et seulement déterminés depuis l'ou-

1. Notamment p. 22.

verture à la *question de l'être*. Même si l'être doit nous être donné pour cela, nous ne sommes à ce point et ne savons de « nous » que cela, le pouvoir ou plutôt la possibilité de questionner, l'expérience du questionnement.

Nous parlions tout à l'heure de la question. Or précisément cet étant que nous sommes, ce « nous » qui, au début de l'analytique existentiale, ne doit avoir d'autre nom que *Da-sein,* il n'est choisi comme étant exemplaire pour la question de l'être que depuis l'*expérience de la question,* la possibilité du *Fragen,* telle qu'elle s'inscrit dans le réseau du *Gefragte,* l'être, de l'*Erfragte,* le sens de l'être, du *Befragte der Seinsfrage,* à savoir de l'étant que nous sommes et qui devient ainsi l'étant exemplaire ou privilégié pour une *lecture* — c'est le mot de Heidegger — du sens de l'être. Le point de départ dans l'analytique existentiale se légitime d'abord et seulement depuis la possibilité, l'expérience, la structure et les modifications réglées du *Fragen*. Telle est l'exemplarité de l'étant que *nous* sommes, du *nous-mêmes* dans cette situation discursive du *Mitsein* où nous pouvons, à nous-mêmes et à d'autres, dire *nous*. Cette exemplarité peut devenir ou rester problématique. Mais cela ne doit pas dissimuler une problématicité encore plus inapparente et qui n'est peut-être même plus, précisément, une *problématicité*. Elle ne pourrait même pas se déterminer en question ou en problème. Car elle tient à ce point de départ dans une réflexion de la question (il vaut mieux dire du *Fragen*) et de ses composantes structurelles. Comment, sans la confirmer *a priori* et circulairement, *questionner* cette inscription dans la structure du *Fragen* dont le *Dasein* aura reçu, en même temps que son privilège *(Vorrang)*, sa première, minimale et plus sûre détermination ? A supposer même que cette structure soit convenablement décrite par Heidegger (ce qui n'est pas sûr, mais je laisse cela de côté pour l'instant), toute inquiétude quant à la légitimité ou à la nécessité axiomatique d'un tel point de départ dans une réflexion sur le pouvoir-questionner ne laisserait intacts ni le principe, ni l'ordre, ni finalement l'intérêt de l'analytique existentiale : en trois mots de *Sein und Zeit*. On retournerait alors contre lui ce que dit Heidegger lui-même : si provisoire que soit l'analyse, toujours et déjà elle exige l'assurance d'un point de départ juste[1].

Je n'insiste pas seulement sur ce point de départ dans la possibilité du *Fragen* pour les raisons que j'indiquais en commençant. Quelques années plus tard, quand les références à l'esprit ne seront plus prises dans le discours de la *Destruktion* et dans l'analytique du *Dasein*, quand les mots *Geist* et *geistig* ne seront plus évités, mais plutôt *célébrés*, l'esprit lui-même sera défini par cette manifestation et par cette force de la question. Donc de la question *au nom de laquelle* les mêmes mots sont évités dans *Sein und Zeit*. Quand il dit alors devoir les éviter, Heidegger a raison de souligner qu'il ne le fait pas par caprice, entêtement ou souci de singularité terminologique[2]. Les termes de cette série, l'esprit, mais aussi l'âme ou la *psyché*, la conscience, l'*ego*, la raison, le sujet — et Heidegger y ajoute encore la vie et l'homme — barrent toute interrogation sur l'être du *Dasein*. Ils sont tous liés, comme le serait aussi bien l'inconscient, à la position cartésienne du *subjectum*. Et même quand ils inspirent la modernité de discours éloquents sur la non-chosification ou la non-réification du sujet, ils marquent, et en particulier ceux de vie ou d'homme, un désintérêt, une indifférence, un remarquable « manque de besoin » *(Bedürfnislosigkeit)* pour la question de l'être de l'étant que nous sommes.

Chaque fois qu'on rencontre le mot « esprit » dans ce contexte et dans cette série, on devrait ainsi, selon Heidegger, y reconnaître la même indifférence : non seulement pour la question de l'être en général mais pour celle de l'étant que nous sommes, plus précisément pour cette *Jemeinigkeit*, cet être-toujours-mien

1. § 9, p. 43.
2. § 10, p. 46.

du *Dasein* qui ne renvoie pas d'abord à un *moi* ou à un *ego* et qui avait justifié une première référence — prudente et finalement négative — à Descartes. L'être-mien fait du *Dasein* tout autre chose qu'un cas ou un exemple du genre de l'être en tant que *Vorhandenes*. Qu'est-ce qui caractérise en effet le *Vorhandensein ?* Eh bien, justement, le fait d'être indifférent à son être propre, à ce qu'il est proprement. Cette indifférence le distingue du *Dasein* qui, lui, a le souci de son être. En vérité, à l'étant comme *Vorhandene*, son être n'est même pas indifférent *(gleichgültig)*. On ne dira pas sans antropomorphisme que la pierre est indifférent à son être. Elle n'est ni indifférente ni non indifférente *(weder gleichgültig noch ungleichgültig)*. Heidegger ne se demande pas à ce point (§ 9) et selon ces catégories ce qu'il en est de l'animal. Il aurait sans doute quelques difficultés à le faire mais nous y reviendrons. En revanche, il y a du sens à dire du *Dasein* qu'il peut être indifférent à la question de son être, précisément parce qu'il ne l'est pas, parce qu'il *peut*, aussi, *ne pas* l'être. Son indifférence n'est ici qu'une modalisation de sa non-indifférence. Pour lui, dont l'être-mien ne peut passer dans le discours que par l'appel à des pronoms personnels (*je* suis, *tu* es), l'indifférence *(Indifferenz,* cette fois, et non *Gleichgültigkeit)* est encore une manière de se rapporter, de s'intéresser à son être propre, de ne pas lui être indifférent. Cette dernière indifférence *(Indifferenz)* à son être propre n'est en rien celle de la pierre ou de la table. Elle caractérise la quotidienneté du *Dasein*, ce qui y reconduit tout à la moyenne, cette *Durchschnittlichkeit* dont Heidegger se défend de vouloir la dénoncer comme un phénomène négatif. L'indifférence dans ce cas « n'est pas rien » mais un « caractère phénoménal positif ».

Voilà donc *trois types d'indifférence*. Il y a, *premièrement*, l'indifférence absolue de l'étant *vorhandene :* la pierre se tient même en-deçà de la différence entre l'indifférence et son contraire. Il y a *ensuite* l'indifférence *(Indifferenz)* comme phénomène positif du

Dasein. Il y a encore, *troisièmement*, cette indifférence qui, dans l'histoire de la métaphysique, par exemple depuis Descartes, manifeste cette remarquable *Bedürfnislosigkeit, nach dem Sein... zu fragen*, ce manque du besoin de questionner sur l'être. Et d'abord sur son être propre, sur l'être de l'étant que nous sommes. Cette dernière indifférence paralyse aussi bien devant la pensée de la choséité de la chose *(res, substantia)* que devant la pensée du sujet *(hypokeimenon)*. Par cette indifférence nous nous en tenons à des concepts comme ceux d'esprit, d'âme, de conscience, de personne. Mais ces deux dernières manifestations d'indifférence ont une analogie entre elles, voire une condition de possibilité commune. Elles conduisent de façon nécessaire à limiter la question de l'être, à interpréter le « qui » du *Dasein* comme quelque chose qui perdure dans une identité substantielle du type du *Vorhandensein* ou du sujet comme *Vorhandensein*. Dès lors, on a beau protester contre la substantialité de l'âme, la chosification de la conscience ou l'objectivité de la personne, on continue à déterminer ontologiquement le « qui » comme sujet subsistant dans la forme de la *Vorhandenheit*. L'« esprit » qu'on lui reconnaît alors est lui-même affecté par cette subjectivité substantielle et cette *Vorhandenheit*. Or quelle est la racine de cette interprétation qui fait du « qui » une subsistance perdurante ? C'est un concept vulgaire du temps. Le concept d'esprit doit donc être *évité* en tant qu'il se fonde lui-même sur une telle interprétation du temps. Heidegger le soumet à la *Destruktion* au cours de cette dé-limitation *(Umgrenzung)* de l'analytique de l'être-là. Dire que l'essence de celui-ci est « existence », au sens que lui donne alors Heidegger, c'est dire aussi que « la " *substance* " de l'homme n'est pas l'esprit comme synthèse de l'âme et du corps mais l'*existence*[1] ».

Remarquons au passage que ce concept de l'indifférence ne donne aucun moyen de situer l'animal. Celui-

1. § 25, p. 117.

ci, Heidegger le reconnaît ailleurs, n'est certes pas un *Vorhandene*. Il n'a donc pas l'indifférence absolue de la pierre, mais il n'a pourtant aucune part au « nous » questionnant, point de départ de l'analytique du *Dasein*. Il n'est pas *Dasein*. Est-il indifférent ou non indifférent, et en quel sens ?

Descartes n'a donc pas déplacé l'ontologie médiévale. Celle-ci, en s'arrêtant à la distinction entre *ens creatum* et *ens infinitum* ou *increatum*, n'aurait pas interrogé l'être de cet *ens*. Ce qui passe pour la renaissance ou la modernité de la pensée philosophique n'est que l'« implant d'un préjugé funeste » qui a retardé une analytique ontologique et thématique du *Gemüt*[1]. A l'horizon, sinon au programme de toute cette déconstruction *(Destruktion)* de l'esprit, une tâche paraît assignée, dont il faudrait suivre la destinée ou le devenir ultérieur dans l'œuvre de Heidegger : l'« analytique ontologique thématique du *Gemüt* ». Y a-t-il un équivalent français pour ce dernier mot ? Un mot à mot ? Je n'en vois pas. Si un jour *Sein und Zeit* devait être traduit, je ne sais pas quel terme serait le moins inadéquat. Boehm et de Waelhens ont bien compris qu'il fallait éviter tous les mots français qui pourraient tenter mais aussitôt égarer le traducteur : esprit, âme, cœur. Ils ont alors imaginé un étrange stratagème, un recours étranger : reprendre le mot latin et cartésien, *mens*, ce qui non seulement ne *traduit* pas mais réintroduit dans le programme cela même qu'il fallait éviter. Du moins le détour artificiel par *mens* signale-t-il une difficulté. Il échappe à la pire confusion. Quelle serait la pire confusion ? Eh bien, justement la traduction de *Gemüt* par « esprit », au moment même où Heidegger prescrit, précisément dans ce contexte, d'éviter *(vermeiden)* ce mot. Or c'est celui vers lequel se précipite, comme pour tout brouiller, la traduction Martineau-Vezin.

La même dé-limitation vise aussi bien les « sciences

1. § 6, p. 25.

de l'esprit », l'histoire comme science de l'esprit ou la psychologie comme science de l'esprit *(geisteswissenschaftliche Psychologie)*, et tout l'appareil conceptuel qui s'organise autour de la *psyché* et de la vie chez Dilthey, Bergson, dans les personnalismes ou les anthropologies philosophiques. Heidegger fait la part des différences. Mais il inscrit dans le même ensemble tous ceux qui font référence à la vie et à la structure intentionnelle. Qu'il s'agisse de Husserl ou de Scheler, c'est la même incapacité à interroger l'être de la personne. On trouve des développements analogues dans *Les Problèmes fondamentaux de la phénoménologie* (§ 15). Bref, à ce point, le concept d'esprit, *ce* concept de l'esprit doit être déconstruit. Ce qui lui manque, outre toute question ontologique sur ce qui unit l'homme (âme, conscience, esprit *et* corps), c'est donc bien une analytique du *Gemüt*.

IV

Doit-on refermer ici *Sein und Zeit ?* Les nombreux développements consacrés à l'héritage de la greffe cartésienne n'ajoutent-ils rien à ces prémisses ? Est-ce là le dernier mot du livre sur le thème de l'esprit ?

Oui et non.

Oui, dans la mesure où les prémisses et la déconstruction ne seront *jamais* remises en cause. Ni dans *Sein und Zeit* ni plus tard.

Non, parce que la stratégie rhétorique se déplace lorsqu'un pas déjà s'avance dans la direction de cette analytique du *Gemüt*. Dès *Sein und Zeit,* Heidegger reprend en charge la valeur et le mot « esprit », simplement *entre guillemets*. Il l'assume ainsi sans l'assumer, il l'évite en ne l'évitant plus. Cet inévitement, certes, suppose maintenant et maintiendra désormais la délimitation antérieure. Il ne contredit pas, il confirme et reconduit la nécessité d'éviter *(vermeiden),* il le fera toujours. Et pourtant, avec le mot, fût-il entouré de guillemets, quelque chose de l'esprit, et sans doute ce qui fait signe vers le *Gemüt,* se laisse soustraire à la métaphysique cartésiano-hegélienne de la subjectité. Quelque chose que le mot « esprit » nomme encore entre guillemets se laisse ainsi sauver. L'esprit revient. Le mot « esprit » commence à redevenir acceptable. La catharsis des guillemets le libère de ses marques vulgaires, *uneigentlich,* en un mot latino-cartésiennes. Commence alors, à l'autre bout du même livre, le lent travail de réappropriation qui se confondra, je voudrais le démontrer, avec une re-germanisation.

Il s'agit cette fois de l'espace et du temps.

Quant à l'espace, d'abord, Heidegger commence, *c'est seulement un premier temps,* par éviter, purement et simplement, le concept traditionnel d'esprit. Le *Dasein* n'est pas une intériorité *spirituelle* dont il faudrait dériver la secondarité d'un devenir-spatial. Il a son propre être-dans-l'espace *(ein eigenes « im-Raum-sein »).* Mais celui-ci n'est possible que sur le fondement de son être-au-monde en général. On ne doit pas dire que l'être-dans-un-monde *(das In-Sein in einer Welt)* est une propriété spirituelle *(eine geistige Eigenschaft).* On ne doit pas dire que la spatialité de l'homme caractérise seulement son corps. Si on le disait, on retrouverait le problème obscur d'un être-ensemble, dans la forme du *Vorbandensein,* d'une chose corporelle *(Körperding)* et d'une chose spirituelle *(Geistding).* L'obscurité de la chose resterait entière. On céderait à l'opinion naïve *(naïve Meinung)* selon laquelle un homme, chose spirituelle, se verrait seulement *après coup (nachträglich)* transposé, transféré, déporté *(versetzt)* dans un espace [1].

Mais dans un *deuxième temps,* la même logique impose cette fois le recours aux guillemets. Le mot « esprit » revient, il n'est plus rejeté, évité, mais utilisé dans son sens déconstruit pour désigner quelque chose d'autre qui lui ressemble et dont il est comme le fantôme métaphysique, l'esprit d'un autre esprit. Entre les guillemets, à travers leur grille, on voit s'annoncer un double de l'esprit. Plus précisément, l'esprit visible dans sa lettre, à peine lisible, devient comme la silhouette spectrale mais déjà lisible, elle, d'un autre. La spectralité ne serait pas plus un accident de l'esprit que du *Geist,* de la chose et du mot. A travers le mot de la métaphysique cartésienne ou de la greffe subjective, en le traversant comme un

1. § 12, p. 56.

index qui montre au-delà de lui-même, Heidegger va nommer entre guillemets, c'est-à-dire *écrire* — négativement, indirectement, silencieusement — quelque chose qui n'est certes pas ce que l'ancien discours appelait l'« esprit », mais, *en tout cas, surtout pas* ce qu'il aurait considéré comme *le contraire de l'esprit :* la chose spatiale, le dehors, le corps, l'inanimé, etc. Il s'agit alors de marquer que la spatialité ne *survient* pas à un *Dasein* spirituel qui par le corps tomberait après coup dans l'espace. Au contraire, c'est parce que le *Dasein* n'est pas une chose *vorhandene* qu'il est spatial, mais tout autrement spatial que ce qu'on appelle les choses physiques et étendues. C'est donc *parce qu'*il est « spirituel » (cette fois entre guillemets, bien sûr) qu'il est spatial et que sa spatialité reste originale. C'est en raison de cette « spiritualité » que le *Dasein* est un être d'espace et, Heidegger le souligne même, *seulement en raison* d'une telle « spiritualité ». Nous devons nous rendre attentifs en premier lieu à ces signes muets, les guillemets et le soulignement :

> La spatialité du *Dasein* ne peut pas davantage s'interpréter comme une imperfection qui serait inhérente à l'existence en raison de la fatale « union de l'esprit à un corps ». Le *Dasein* peut au contraire, parce qu'il est « spirituel » *(« geistig »),* et *seulement pour cette raison (und nur deshalb)* être spatial selon une modalité qui reste essentiellement impossible à une chose corporelle étendue [1].

Plus loin dans le livre, les guillemets assurent la même surveillance autour du mot « esprit » quand il s'agit non plus de l'espace, cette fois, mais du temps. Pourtant, malgré l'analogie du mouvement logique ou rhétorique, l'enjeu n'est pas symétrique. Le développement appartient maintenant à une véritable thématique de l'esprit, plus précisément de l'interprétation hegélienne des rapports entre esprit et temps (§ 82). Si, comme le dit Hegel, « l'histoire, qui est essentielle-

1. § 70, p. 368.

ment histoire de l'esprit, se déroule " dans le temps " », si donc « le développement de l'histoire tombe *(fällt)* dans le temps », comment l'esprit peut-il ainsi tomber dans le temps, dans ce sensible pur, ce « sensible insensible » *(das unsinnliche Sinnliche)?* Pour que telle chute soit possible, l'essence du temps et l'essence de l'esprit doivent avoir été interprétées d'une certaine manière par Hegel. Cette double interprétation, Heidegger dit ne pas vouloir la critiquer *(kritisieren),* la traiter comme si elle n'était simplement pas de son goût. L'argumentation devient alors retorse et mériterait une longue analyse. Que faut-il faire apparaître ? que l'idée d'une chute de l'esprit dans le temps suppose un concept vulgaire du temps. C'est « contre » *(gegen)* ce concept hegélien du temps, contre ce concept vulgaire, *sur son fond,* que s'enlève la temporalité authentique, propre, non vulgaire, celle qui forme l'horizon transcendantal de la question de l'être dans *Sein und Zeit.* Car le concept hegélien du temps représente ou présente *(darstellt),* on l'a trop peu remarqué, dit Heidegger, « l'élaboration conceptuelle la plus radicale de la compréhension vulgaire du temps[1] ».

Si l'esprit « tombe » dans un temps lui-même déterminé en négation de la négation, il doit aussi se présenter, lui-même, comme négation de la négation. Son essence est le concept, à savoir la forme de la pensée quand elle se pense elle-même, le *se*-concevoir *(das sich begreifen)* comme saisie du non-moi *(als Erfassen des Nicht-Ich),* autrement dit une saisie de cette différence. Il y a donc dans le concept pur, essence de l'esprit, une différence de la différence *(ein Unterscheiden des Unterschieds).* Cela donne justement à l'essence de l'esprit la détermination apophantique formelle qui était requise, celle d'une négation de la négation. Et c'est bien une formalisation logique du *cogito* cartésien, c'est-à-dire de la conscience en tant que *cogito me cogitare rem,* saisie de soi comme saisie du

1. § 82, p. 428.

non-moi. La détermination hegélienne de l'esprit reste bien ordonnée, prescrite, réglée par l'époque du *cogito* cartésien. Elle appelle la même déconstruction. Hegel n'a-t-il pas salué en Descartes le Christophe Colomb de la modernité philosophique ?

S'il y a une identité de structure formelle entre l'esprit et le temps, à savoir la négation de la négation, il reste à expliquer que l'un semble « tomber » dans l'autre. Dans leur abstraction formelle, esprit et temps sont au-dehors, extériorisés, extranéés (*entäussert*), d'où leur parenté (*Verwandtschaft*). Mais Hegel conçoit toujours le temps vulgairement, comme « temps-du-monde nivelé » dont la provenance reste cachée. Il interprète encore le temps comme un *Vorhandenes*, un étant qui se tient là devant, en face de l'esprit lui-même entendu au sens de la subjectité. Le temps, l'être-là du concept, donc l'être-là de l'essence de l'esprit, serait *là devant*, face à l'esprit, hors de lui et comme son advers (*steht sie dem Geist als ein Vorhandenes einfach gegenüber*). Il faut être tributaire de cette interprétation vulgaire pour dire alors de l'esprit qu'il « tombe dans le temps », *dans* un temps qui est là *devant* lui, comme s'il lui était extérieur, opposé (*gegenüber*), présent à la manière d'un ob-jet. Mais que signifient cette chute et cette effectuation (*Verwirklichung*) de l'esprit dans un temps qui lui reste étranger ou extérieur, alors même qu'il a pouvoir sur lui ? Hegel n'en dirait rien, il laisserait cela dans l'obscurité. Il ne poserait pas davantage la question de savoir si la constitution essentielle de l'esprit *comme* négation de la négation n'est pas possible, justement, sur le fondement d'une temporalisation originaire et non vulgaire.

Or c'est précisément lorsqu'il entreprend d'expliciter cette temporalité originaire que Heidegger prend enfin le mot « esprit » à son compte, par deux fois, mais *deux fois entre guillemets*. Nous disions tout à l'heure que ces guillemets, quoique analogues, n'étaient pas simplement symétriques de ceux qui entouraient le mot « *geistig* » dans l'analyse de la spatialité du *Dasein*. Cela tient au privilège évident du temps. Selon le projet déclaré de *Sein und Zeit*, on sait que le temps forme l'horizon transcendantal de l'analytique existentiale, de la question du sens de l'être et de toute question qui s'y rapporte dans ce contexte.

Deux phrases, donc, et deux fois « *Der* " *Geist* " » entre guillemets. Voici la première phrase à la fin du même § 82 :

> L' « esprit » ne tombe pas d'abord dans le temps, mais il *existe (existiert,* souligné) comme *temporalisation (Zeitigung,* souligné) originaire de la temporalité. Celle-ci temporalise le temps du monde dans l'horizon duquel l' « histoire » [aussi entre guillemets, je le souligne, J.D.] comme advenir intratemporel peut apparaître.

Maintenant, toujours en jouant des guillemets, Heidegger va déplacer la chute. Le *Fallen* ne sera plus le *Fallen* de l'esprit dans le temps, mais l'abaissement, la descente ou la dégradation d'une temporalisation originaire dans une temporalité nivelée, inauthentique, impropre, telle qu'elle est représentée par l'interprétation vulgaire du cartésiano-hegélianisme : comme un *Vorhandenes*. Il y a bien, entre guillemets, un « esprit », mais il ne tombe pas dans le temps. Il y a bien une « chute », entre guillemets, mais elle fait tomber d'un temps à l'autre, je n'ose pas dire de temps en temps ou de temps à autre. Elle ne fait pas tomber *de l'esprit* dans le temps. Mais du temps dans le temps, un temps dans un autre. Et si l' « esprit », entre guillemets, devient la temporalisation même, on devrait aussi bien parler de la chute d'un esprit dans l'autre. Dans la phrase que je vais lire, le « *Fallen* » entre guillemets (citation de Hegel) renvoie au *Verfallen* tel qu'il s'écrit sans guillemets dans l'analytique du *Dasein :*

> L' « esprit » *(Der « Geist ») ne tombe pas dans* le temps, mais : l'existence factice *(die faktische Existenz)* « tombe » (« *fällt* ») en tant qu'elle déchoit *(als verfallende) depuis* (ou hors de, *aus :* souligné) la temporalité

originaire, propre (authentique : *ursprüngliche, eigentliche Zeitlichkeit).* Mais ce « tomber » lui-même a sa possibilité existentiale dans un mode de sa temporalisation qui appartient à la temporalité[1].

En un mot, en deux mots, en un mot ou deux, l'esprit ne tombe pas dans le temps, comme le dit Hegel. Dans un autre sens et avec les guillemets qui s'imposent, l'esprit est essentiellement temporalisation. S'il y a chute, comme le pense aussi Heidegger, c'est pour des raisons essentielles, celles qui forment pour *Sein und Zeit* l'horizon même de la question de l'être : il y a déchéance d'un temps dans l'autre. Ce n'est ni le mal ni un accident, ce n'est pas un mal accidentel. Mais nous apercevons déjà, derrière ou entre les guillemets, cet esprit qui n'est autre que le temps. Il revient en somme au temps, au mouvement de la temporalisation, il se laisse affecter en lui-même et non pas accidentellement, comme du dehors, par quelque chose comme la déchéance ou le *Verfallen.* Nous devrons nous en souvenir beaucoup plus tard quand Heidegger insistera sur l'essence spirituelle du mal. Mais il s'agira alors de la *Geistlichkeit* et non plus de la *Geistigkeit.* Cette spiritualité déterminera une valeur sémantique du mot *geistlich* que Heidegger voudra même déchristianiser alors qu'elle appartient couramment au code ecclésial. Un immense chemin reste donc à parcourir.

Nous sommes encore en 1926-1927. Le mot « esprit », malgré sa discrète turbulence, malgré ce dédoublement qui semble déjà l'affecter d'un spectre obsédant, Heidegger ne le prend pas à son compte, il l'héberge à peine. L'hospitalité offerte, en tout cas, ne va pas sans réserve. Même quand on l'accueille, le mot se trouve contenu sur le pas de la porte ou retenu à la frontière, flanqué de signes discriminants, tenu à distance par la procédure des guillemets. A travers ces artifices d'écriture, c'est le même mot, certes, mais

1. § 82, p. 436.

aussi un autre. Pour décrire cette situation, recourons un instant par commodité, provisoirement, à la distinction proposée par la *speech act theory* entre *usage* et *mention*. Ce ne serait pas du goût de Heidegger, mais peut-être s'agit-il aussi de mettre à l'épreuve les limites d'une telle distinction. Heidegger a commencé par *utiliser* le mot « esprit ». Plus précisément, il l'a d'abord *utilisé négativement*, il l'a mentionné comme ce mot dont il ne fallait plus se servir. Il a *mentionné* son *usage* possible comme ce qu'il fallait exclure. Puis, deuxième temps, il s'en est servi à son compte mais avec des guillemets, comme s'il mentionnait encore le discours de l'autre, comme s'il citait ou empruntait un mot dont il tenait à faire un autre usage. Ce qui compte le plus, c'est la phrase dans laquelle s'opère cet entrelacement subtil, en vérité inextricable, d' « usage » et de « mention ». La phrase transforme et déplace le concept. De ses guillements, comme du contexte discursif qui les détermine, elle appelle un autre mot, une autre appellation, à moins qu'elle n'altère le même mot, la même appellation, et ne rappelle à l'autre sous le même.

V

C'est la loi des guillemets. Deux par deux ils montent la garde : à la frontière ou devant la porte, préposés au seuil en tout cas et ces lieux sont toujours dramatiques. Le dispositif se prête à la théâtralisation, à l'hallucination aussi d'une scène et de sa machinerie : deux paires de pinces tiennent en suspension une sorte de tenture, un voile ou un rideau. Non pas fermé, légèrement entrouvert. Il y a le temps de cette suspension, six ans, le suspens du spectateur et la tension qui suit un générique. Puis d'un coup — d'un seul et non de trois — la levée des guillemets marque le lever de rideau. Coup de théâtre dès l'ouverture : c'est l'entrée en scène de l'esprit lui-même, à moins qu'il ne délègue encore son spectre, autrement dit son *Geist*.

Six ans après, 1933, voici en effet le *Discours de rectorat :* le lever de rideau, c'est aussi le spectacle de la solennité académique, l'éclat de la mise en scène pour fêter la disparition des guillemets. L'esprit dans les coulisses attendait son heure. Voici maintenant qu'il paraît. Il se présente. L'esprit *lui-même*, l'esprit dans son esprit et dans sa lettre, le *Geist* s'affirme sans guillemets. Il s'affirme à travers l'auto-affirmation de l'université allemande. L'affirmation de l'esprit s'enflamme. Je dis bien *s'enflamme :* non seulement pour évoquer le pathos du *Discours de rectorat* quand il célèbre l'esprit, non seulement à cause de ce qu'une référence à la flamme peut éclairer du terrifiant moment qui est en train de déployer ses spectres autour de ce théâtre, mais parce que vingt ans plus tard, exactement vingt ans, Heidegger dira du *Geist*, sans lequel on ne saurait penser le Mal, qu'il n'est *d'abord* ni *pneuma* ni *spiritus*, nous laissant ainsi conclure que le *Geist* ne s'entend pas plus dans la Grèce des philosophes que dans celle des Évangiles, pour ne rien dire de la surdité romaine : le *Geist* est flamme. Or cela ne se dirait et cela donc ne se penserait qu'en allemand.

Comment expliquer cette inflammation, et cette inflation tout à coup du *Geist ? Sein und Zeit*, c'était la prudence retorse, la sévère économie d'une écriture qui retenait la déclaration dans la discipline de marques très surveillées. Comment Heidegger en vient-il alors à la ferveur éloquente, à la proclamation parfois un peu édifiante qui se dédie à l'auto-affirmation de l'université allemande ? Quel est le saut de l'une à l'autre ? Qu'est-ce qui néanmoins de l'une à l'autre se confirme et continue ?

Chaque mot du titre, *die Selbstbehauptung der deutschen Universität*, est traversé, transi, éclairé, déterminé *(bestimmt)*, je veux dire à la fois défini et destiné, appelé par l'esprit. L'auto-affirmation, d'abord, serait impossible, elle ne s'entendrait pas, elle ne serait pas ce qu'elle est si elle n'était de l'ordre de l'esprit, l'ordre même de l'esprit. Le mot français « ordre » désignerait à la fois la valeur de commandement, de duction ou de conduction, la *Führung*, et la valeur de mission : l'envoi, l'ordre donné. L'auto-affirmation *veut* être (il faut souligner ce vouloir) l'affirmation de l'esprit à travers la *Führung*. Celle-ci est une conduction spirituelle, bien sûr, mais le *Führer*, le guide — ici le recteur — dit ne pouvoir conduire que s'il est lui-même conduit par l'inflexibilité d'un ordre, la rigueur, voire la rigidité *directrice* d'une mission *(Auftrag)*. Celle-ci est aussi et déjà spirituelle. Par conséquent, conduire de guide en guide, l'auto-affirmation de l'université allemande ne sera possible qu'à travers ceux qui conduisent en étant eux-mêmes conduits, dirigeants dirigés par l'affirmation de cette mission spirituelle. Plus tard, nous devrons reconnaître un passage entre cette *affirmation* et une certaine pensée du consentement, de l'engagement en forme de réponse, d'acquiescement responsable, d'accord ou de confiance *(Zusage)*, une sorte de parole donnée en retour. Avant toute question et pour rendre possible la question même.

Le caractère *allemand* de cette université n'est pas un prédicat secondaire ou contingent, il ne se dissocie pas de cette affirmation de l'esprit. Instance la plus haute de l'institution ainsi érigée, de cette « haute école » *(hohe Schule)* dirigée vers le haut depuis la hauteur, l'esprit ne peut que s'affirmer lui-même. Et cela, nous allons l'entendre, dans le mouvement d'une authentification ou d'une identification qui *se veulent proprement allemandes*.

Dès l'ouverture du *Discours*, Heidegger souligne lui-même l'adjectif « spirituel » *(geistig)*. Il y met ainsi le premier accent. Je le soulignerai à mon tour en lisant la traduction de Gérard Granel : non seulement parce que c'est le premier mot accentué par Heidegger mais parce que cet adjectif, *geistig*, c'est le mot qui, vingt ans plus tard, sera opposé à *geistlich*. Ce dernier n'aurait plus rien ni de platonico-métaphysique, ni de christiano-métaphysique, alors que *geistig*, dira alors Heidegger en son nom et non dans un commentaire de Trakl, reste pris dans les oppositions métaphysico-platonico-chrétiennes de l'ici-bas et du là-bas, du bas et du haut, du sensible et de l'intelligible. Et pourtant, dans le *Discours de rectorat*, la *Geistigkeit* à laquelle en appelle Heidegger s'oppose déjà à « l'interprétation christo-théologique du monde qui est venue ensuite » *(Die nachkommende christlich-theologische Weltdeutung*[1]*)*. Mais il n'y a pas encore de *Geistlichkeit*. Est-ce là une simple incohérence terminologique, un ajuste-

1. *L'auto-affirmation de l'université allemande,* traduction par Gérard Granel, T.E.R. bilingue, 1982, p. 10.

ment verbal qui prend un certain temps ? Dans une certaine mesure, sans doute, mais je ne crois pas que les choses s'y réduisent.

Voici donc le premier paragraphe du *Discours de rectorat*, la levée des guillemets qu'on emporte, le lever de rideau sur le premier acte, la célébration inaugurale de l'esprit : cortège, procession académique, l'esprit est en tête, et au plus haut, puisqu'il conduit ceux-là mêmes qui conduisent. Il précède, prévient et donne la direction à suivre — au *spiritus rector* (dont on connaît mieux aujourd'hui les directives) et à ceux qui le suivent :

> Prendre en charge le rectorat, c'est s'obliger à guider *spirituellement* cette haute école (*die Verpflichtung zur* geistigen *Führung dieser hohen Schule*). Ceux qui suivent, maîtres et élèves, ne doivent leur existence et leur force qu'à un enracinement commun véritable dans l'essence de l'université allemande. Mais cette essence ne parvient à la clarté, au rang et à la puissance qui sont les siens, que si d'abord et en tout temps les guideurs [*Führer :* je préfère « guide » à « guideur » mot assez rare, et peut-être néologique, qui risque de faire oublier que *Führer* est alors très commun en Allemagne] sont eux-mêmes des guidés — guidés par l'inflexibilité de cette mission spirituelle (*jenes geistigen Auftrags*) dont la contrainte imprime au destin du peuple allemand son caractère historique propre [1].

Cette dernière phrase parle donc de l'empreinte (*Gepräge*) marquée dans le destin du peuple allemand. Motif typologique, voire onto-typologique, dirait Lacoue-Labarthe. Sa récurrence dans le *Discours de rectorat* doit être interrogée rétrospectivement à la lumière de la lettre à Jünger (*Zur Seinsfrage*) et de ce qui s'y rapporte à l'accomplissement moderne de la subjectivité. Sans pouvoir m'engager dans ce problème, je signale que la figure de l'empreinte est ici associée, régulièrement et essentiellement, à celle de la

1. P. 5.

force. Heidegger dit parfois *Prägekraft*[1] ou *prägende Kraft*[2]. Or la force sera aussi régulièrement, aussi essentiellement associée à l'esprit, tel qu'il est désormais célébré sans guillemets.

Au centre du *Discours*, pour la première fois à ma connaissance (il ne le fera par la suite que deux fois, dans des textes sur Schelling et sur Trakl), Heidegger propose de l'esprit d'une définition. Elle se présente bien dans la forme définitionnelle : S est P. Et sans aucun doute possible, Heidegger la prend à son compte. Il ne mentionne plus le discours de l'autre. Ne parlant plus de l'esprit selon Descartes, Hegel ou plus tard Schelling ou Hölderlin, il lie cette détermination prédicative à une série de titres dont je n'ai pas besoin de souligner l'importance. J'en nommerai *quatre* pour préparer la lecture de cette définition.

1. Il y a d'abord le *questionnement*, le *Fragen* qui manifeste ici — et *se* manifeste *lui-même* — comme la volonté, volonté de savoir et volonté de l'essence. Avant même la définition de l'esprit, qui la réaffirme, cette volonté avait été affirmée plus haut dans le *Discours :*

> Vouloir l'essence de l'université allemande, c'est vouloir la science, au sens de vouloir la mission spirituelle historiale du peuple allemand *(Wille zum geschichtlichen geistigen Auftrag des deutschen Volkes)* en tant que peuple qui se sait lui-même dans son État. Science et destin allemand doivent, dans cette volonté de l'essence, parvenir *en même temps* à la puissance *[Macht]*, p. 7).

2. Il y a ensuite le *monde*, thème central de *Sein und Zeit*. Comme la requête du *Fragen*, il marque la continuité profonde de *Sein und Zeit* au *Discours*.

3. Il y a encore, toujours lié à la force, le thème de *terre-et-sang : « erd-und bluthaften Kräfte als Macht »...*

4. Il y a enfin et surtout, encore en continuité

1. P. 5.
2. P. 20.

essentielle et intérieure avec *Sein und Zeit*, l'*Entschlossenheit* : la *résolution*, la détermination, la décision qui donne sa possibilité d'ouverture à l'*Eigentlichkeit*, la propriété authentique du *Dasein*.

Voici maintenant ce paragraphe capital, avec ces *quatre déterminations de l'esprit* :

> Si nous voulons l'essence de la science au sens de *cette façon de tenir bon, questionnant (fragenden) et à découvert, au milieu de l'incertitude de l'étant en totalité*, alors cette volonté de l'essence crée pour notre peuple son monde de danger le plus intime et le plus extrême, c'est-à-dire son véritable monde *spirituel* (*seine wahrhaft* geistige *Welt* : *geistige* est souligné). Car l' « esprit » [entre guillemets, mais cette fois pour rappeler dans une définition encore négative l'esprit dont parlent les autres], ce n'est ni la sagacité vide, ni le jeu gratuit de la plaisanterie [*Spiel des Witzes* : cette distinction entre l'esprit et le mot d'esprit, entre *Geist* et *Witz*, rappelle le Kant de l'*Anthropologie* quand il notait qu'un trait de l'esprit français se marquait à ce que la langue française n'a qu'un mot, le mot « esprit » pour désigner *Witz* et *Geist*], ni le travail d'analyse illimité de l'entendement, ni même la raison du monde [allusion probable à Hegel], mais l'esprit est l'être-résolu à l'essence de l'être (*ursprünglich gestimmte, wissende Entschlossenheit zum Wesen des Seins*), d'une résolution qui s'accorde au ton de l'origine et qui est savoir. Et le *monde spirituel* (*geistige Welt*, souligné) d'un peuple, ce n'est pas la superstructure d'une culture, ni davantage un arsenal de connaissances et valeurs utilisables, mais c'est la puissance de conservation la plus profonde de ses forces de terre et de sang, en tant que puissance d'é-motion la plus intime (*Macht der innersten Erregung*) et puissance d'ébranlement la plus vaste de son existence (*Dasein*). Seul un monde spirituel (*Eine geistige Welt allein*) garantit au peuple la grandeur. Car il contraint à ce que la constante décision entre la volonté de grandeur d'un côté, et de l'autre le laisser-faire de la décadence (*des Verfalls*), donne son rythme à la marche que notre peuple a commencée vers son histoire future[1].

1. P. 13-14.

La célébration correspond proprement, littéralement, à une *exaltation* du spirituel. C'est une élévation. Il n'y va pas seulement du ton kérygmatique, de la proclamation ou de la déclamation. Mais d'une exaltation en laquelle se déclare et s'érige le plus haut. Comme toujours, le profond et l'altier s'allient dans le plus haut : le plus haut de ce qui guide les guides spirituels de *die hohe Schule* et la profondeur des forces de terre et de sang. Car c'est en elles que consiste justement le monde spirituel. Pour ce qui est clair dans cette exaltation, l'esprit n'y a plus le sens de la subjectivité métaphysique. Aucune contradiction avec *Sein und Zeit* à cet égard. L'esprit n'appartient pas à la subjectivité, *du moins* sous sa forme psychique ou égologique, car il n'est pas sûr que le volontarisme massif de ce *Discours* ne reste pas pris dans ladite époque de la subjectivité.

Une autre chose paraît aussi claire : en un sens qui *se voudrait* certes non hegélien, l'historicité est immédiatement et essentiellement déterminée comme spirituelle. Et ce qui est vrai de l'histoire est vrai du monde. Heidegger associe à plusieurs reprises, d'un trait d'union, les adjectifs *geistig* et *geschichtlich : geistig-geschichtlich* est le *Dasein* [1], *geschichtlich-geistig* le monde [2]. Cette association sera constante, deux ans plus tard, dans l'*Introduction à la métaphysique*. Mais encore dans le *Discours,* et toujours pour suivre cette trace de la question et de son privilège, j'insisterai sur ce point : l'union, le trait d'union entre esprit et histoire joue un rôle très significatif dans un passage qui fait du *Fragen* l'assignation même de l'esprit. La question est *de l'esprit* ou elle n'est pas :

> *Un tel* concept originel de la science oblige non seulement à l'« objectivité » (« *Sachlichkeit* »), mais encore et surtout à l'essentialité et à la simplicité de l'interrogation (*des Fragens*) au milieu du monde spirituel qui, historialement, est celui du peuple (*inmitten der geschichtlich-geistigen Welt des Volkes*). Et même, c'est de là seulement que l'objectivité peut recevoir son fondement véritable, c'est-à-dire trouver son genre et ses limites (*ibid.*).

L'auto-affirmation de l'université allemande : chaque mot du titre, disions-nous, est transi par la célébration

1. P. 17.
2. P. 18.

exaltante de cet esprit. Nous venons de voir comment la force de son empreinte marque l'auto-affirmation, signant du *même coup* l'être-allemand du peuple et de son monde, c'est-à-dire son université comme volonté de savoir et volonté d'essence. Il reste à confirmer que la même empreinte spirituelle s'inscrit dans l'organisation académique, dans la législation des facultés et des départements, dans la communauté (*Gemeinschaft*) des maîtres et des élèves :

> La faculté n'est une faculté que si elle se déploie en une capacité de législation spirituelle (*geistiger Gesetzgebung*) enracinée dans l'essence de la science, afin de donner aux puissances de l'existence (*Mächte des Daseins*), qui forment pour elle l'urgence, la forme de l'unique monde spirituel du peuple (*die* eine *geistige Welt des Volkes*) (*ibid.*).

Quant à ce qui s'y commande et recommande *de l'esprit*, ce *Discours* appelle *au moins* trois lectures, trois évaluations ou plutôt trois protocoles d'interprétation.

1. Dans la mesure où il contresigne l'assignation de l'esprit, l'auteur de ce discours, en tant que tel, ne peut se soustraire à aucune responsabilité.

Son discours est d'abord celui de la réponse et de la responsabilité. Responsabilité proprement assumée, voire revendiquée devant différentes instances. Celles-ci sont toutes associées entre elles en tant qu'elles s'unissent à l'esprit. L'esprit écrit leur trait d'union, le trait d'union entre le monde, l'histoire, le peuple, la volonté d'essence, la volonté de savoir, l'existence du *Dasein* dans l'expérience de la question.

2. Cette responsabilité s'exerce néanmoins selon une stratégie. Retorse, au moins double, la stratégie peut toujours réserver une surprise de plus à celui qui croit la contrôler.

D'une part, Heidegger confère ainsi la légitimité *spirituelle* la plus rassurante et la plus élevée à tout ce dans quoi et à tous ceux devant qui il s'engage, à tout ce qu'il cautionne et consacre ainsi à une telle hauteur. On pourrait dire qu'il spiritualise le national-socialisme. Et on pourrait le lui reprocher, comme il reprochera plus tard à Nietzsche d'avoir exalté l'esprit de vengeance dans un « esprit de vengeance spiritualisé au plus haut point » (*ein höchst vergeistigter Geist der Rache*[1]).

Mais, d'autre part, en prenant le risque de spiritualiser le nazisme, il a pu vouloir le racheter ou le sauver en le marquant de cette affirmation (la spiritualité, la science, le questionnement, etc.). Cela du même coup démarque l'engagement de Heidegger et interrompt une appartenance. Ce discours *semble* ne plus appartenir simplement au camp « idéologique » dans lequel on en appelle à des forces obscures, à des forces qui, elles, ne seraient pas spirituelles, mais naturelles, biologiques, raciales, selon une interprétation précisément non spirituelle de « terre et sang ».

3. La force à laquelle Heidegger en appelle, et encore en conclusion, quand il parle du destin de l'Occident, c'est donc une « force spirituelle » (*geistige Kraft*). Nous retrouverons d'ailleurs, mais déplacée,

1. *Qui est le Zarathoustra de Nietzsche ?* (p. 117, trad. A. Préau in *Essais et Conférences*, Gallimard, p. 140). Bien entendu, ceci n'est pas un « reproche », ni même une réfutation. Heidegger s'en défend toujours. Il ne critique ni ne réfute jamais. Ce serait là le « jeu de petits esprits » (*Kleingeisterei*). C'est ce qu'il explique précisément après le passage que je viens de citer (p. 117, trad. p. 141) et la question qu'il y pose. Il avait d'abord fait un mérite à Nietzsche d'avoir pensé « métaphysiquement » la vengeance — dont la dimension n'est pas d'abord « morale » ou « psychologique » (p. 108, trad. p. 130). Puis il esquisse ce mouvement qui conduit à la limite de la pensée nietzschéenne comme à l'accomplissement de la métaphysique, en ce lieu où quelque chose apparaît, dans la pensée de Nietzsche, que celle-ci ne peut plus penser. Et il s'agit justement de l'esprit de vengeance (*Geist der Rache*) qui ne serait peut-être pas surmonté (seulement « spiritualisé au plus haut point ») par ce discours sur l'empreinte (*Aufprägen*) dont parle Nietzsche : « *Dem Werden den Charakter des Seins* aufzuprägen — *das ist der* höchste Wille zur Macht. »

cette thématique de l'esprit et de l'Occident dans le texte sur Trakl.

Quel est le prix de cette stratégie ? Pourquoi se retourne-t-elle fatalement contre son « sujet », si on peut dire et comme c'est le cas de le dire, justement ? Parce qu'on ne peut se démarquer du biologisme, du naturalisme, du racisme dans sa forme génétique, on ne peut s'y *opposer* qu'en réinscrivant l'esprit dans une détermination oppositionnelle, en en faisant de nouveau une unilatéralité de la *subjectité*, fût-ce sous sa forme volontariste. La contrainte de ce programme reste très forte, elle règne sur la plupart des discours qui, aujourd'hui et pour longtemps encore, s'opposent au racisme, au totalitarisme, au nazisme, au fascisme, etc., et le font au nom de l'esprit, voire de la liberté de l'esprit [1], au nom d'une axiomatique — par exemple celle de la démocratie ou des « droits de l'homme » — qui, directement ou non, revient à cette métaphysique de la subjectité. Tous les pièges de la stratégie démarcatrice appartiennent à ce même programme, quelque place qu'on y occupe. On n'a de choix qu'entre les terrifiantes contaminations qu'il assigne. Même si toutes les complicités ne sont pas équivalentes, elles sont *irréductibles*. La question de savoir quelle est la moins grave de ces complicités se pose toujours, on ne saurait en exagérer l'urgence et le sérieux, mais elle ne dissoudra jamais l'irréductibilité de ce fait. Ce « fait », bien sûr, n'est pas simplement un fait. D'abord et au moins parce qu'il n'est pas encore *fait*, pas tout à fait : il appelle plus que jamais, pour ce qui en lui reste à venir depuis les désastres passés, à des responsabilités de « pensée » et d'« action » absolument inédites. C'est ce qu'il nous faudrait essayer de désigner, sinon de nommer, et de commencer à analyser ici.

1. Cette liberté de l'esprit court toujours le risque rigoureusement déterminé par le texte de Hegel que nous citions plus haut en note (p. 33) : celui d'une liberté seulement formelle et d'une universalité abstraite.

Dans le *Discours de rectorat* ce risque n'est pas seulement couru. Si son programme paraît diabolique, c'est que, *sans qu'il y ait là rien de fortuit*, il capitalise le pire, à savoir les deux maux à la fois : la caution au nazisme et le geste encore métaphysique. Cette équivoque tient aussi, derrière la ruse de guillemets dont on n'a jamais la bonne mesure (il y en a toujours trop ou trop peu), à ce que le *Geist* est toujours hanté par son *Geist :* un esprit, autrement dit, en français comme en allemand, un fantôme surprend toujours à revenir ventriloquer l'autre. La métaphysique revient toujours, je l'entends au sens du revenant, et le *Geist* est la figure la plus fatale de cette revenance. Du double qu'on ne peut jamais séparer du simple.

Ce que Heidegger finalement ne pourra jamais éviter *(vermeiden)*, l'inévitable même, n'est-ce pas ce double de l'esprit, le *Geist* comme *Geist* du *Geist*, l'esprit comme esprit de l'esprit qui vient toujours avec son double ? L'esprit est son double.

De quelque manière qu'on interprète cette équivocité redoutable, elle est inscrite, pour Heidegger, *dans l'esprit*. Elle est *de l'esprit*. Il le dira en parlant du mal spirituel dans le texte sur Trakl. Mais il le note déjà, sur un autre mode, au début de l'*Introduction à la métaphysique*, deux ans après le *Discours de rectorat*.

De même que, malgré le coup de théâtre, le lever de rideau ou la levée des guillemets, le *Discours* relance et confirme l'essentiel de *Sein und Zeit*, de même l'*Einführung*. (1935) répète l'invocation de l'esprit lancée dans le *Discours*. Elle la relance même, l'explique, l'étend, la justifie, la précise, l'entoure de précautions inédites.

La rhétorique, certes, n'est plus celle d'un traité, comme dans *Sein und Zeit*, ni celle d'un discours inaugural et emphatique, comme dans la *Rektoratsrede*. Il s'agit d'une parole enseignante qui participe des deux genres à la fois. Pas plus qu'en 1933, elle ne réhabilite le concept d'esprit déconstruit dans *Sein und Zeit*. Mais c'est encore au nom de l'esprit, celui qui guide dans la résolution vers la question, la volonté de savoir et la volonté d'essence, que l'autre esprit, son mauvais double, le fantôme de la subjectité se trouve conjuré par voie de *Destruktion*.

Cette duplicité se confond-elle avec l'équivocité ou l'ambiguïté que rappelle Heidegger tout au début de l'*Introduction*, quand il parle de la *Zweideutigkeit* dans laquelle se tient « toute forme essentielle de l'esprit [1] » ? Plus une figure de l'esprit est singulière, plus on est tenté de se méprendre à son sujet, par comparaison et par confusion. Or la philosophie est une des formes essentielles de l'esprit : indépendante, créatrice, rare parmi les possibilités et les nécessités du *Dasein* humain dans son historialité. En raison même de son essentielle rareté, une singularité appelle toujours les méprises, comme la *Zweideutigkeit* appelle la *Missdeutung*. La première mésinterprétation consiste à exiger d'abord, nous connaissons bien ce programme aujourd'hui encore, que la philosophie procure au *Dasein* et à l'époque d'un peuple les fondements d'une culture, puis à dénigrer la philosophie quand elle ne sert à rien de ce point de vue et ne sert en rien cette culture. Seconde attente, seconde méprise : cette figure de l'esprit, la philosophie, doit procurer à tout le moins système, synopse, tableau du monde *(Weltbild)*, carte du monde *(Weltkarte)*, une sorte de compas pour orientation universelle. Si la philosophie ne peut fonder la culture, qu'elle allège au moins et facilite le fonctionnement technico-pratique des activités culturelles, qu'elle soulage aussi la science en la déchargeant d'une réflexion épistémologique sur ses présupposés, ses concepts et ses principes fondamentaux *(Grundbegriffe, Grundsätze)*. Qu'attend-on du philosophe ? qu'il soit le fonctionnaire du fondamental. Plus vivaces aujourd'hui que jamais, ces malentendus sont entretenus, note Heidegger (et qui le contestera ?), par les professeurs de philosophie.

1. « *Jede wesentliche Gestalt des Geistes steht in der Zweideutigkeit* » (p. 7, trad. Gilbert Kahn, Gallimard, p. 16).

Auto-affirmation ou auto-présentation de l'esprit : tout ce que le *Discours de rectorat* annonce ainsi se trouve renommé dans l'*Einführung*... Dès le titre et le nom d'*Einführung*..., pourrait-on dire. L'assignation de la question y est immédiatement associée à celle de la *Führung* dite *spirituelle*. L'*Einführung*... s'ouvre sur une méditation de la question ou plus précisément sur l'*introduction à la question*, sur ce qui introduit, induit et conduit au-dedans de la question, le *Hineinführen in das Fragen der Grundfrage*[1].

Il n'y a de questionnement que dans l'*expérience* de la question. Les questions ne sont pas des choses, comme l'eau, la pierre, les souliers, les vêtements ou les livres. Le *Hineinführen* dans la question ne conduit pas, — n'induit pas *quelque chose*, il guide, il conduit vers l'expérience, l'éveil ou la production de la question. Mais comme rien ne doit dicter la question, ni la précéder dans sa *liberté*, le *Führen* est *déjà* questionnant. Il prévient, il est un pré-venir déjà questionnant de la question *(ein fragendes Vorangehen)*, un pré-questionnement, *ein Vor-fragen*. Si rien ne précède ainsi la question dans sa liberté, ni même l'introduction au questionnement, alors l'esprit de la conduction spirituelle *(geistige Führung)* dont parlent aussi bien le *Discours de Rectorat* que l'*Introduction à la métaphysique* se laisse interpréter, de part en part, comme possibilité du questionnement. Il répond et correspond à cette possibilité. A moins que celle-ci déjà ne lui réponde ou corresponde, dans les liens et obligations, voire les alliances d'une telle correspondance, comme dans l'exercice de cette coresponsabilité. Ce discours sur l'esprit est aussi un discours sur la liberté de l'esprit.

Dès lors que rien ne la précède, la duction spirituelle reste elle-même inconduite, elle rompt ainsi le cercle de la réflexion vide qui menaçait la question de l'être dans sa forme fondamentale : « Pourquoi y a-t-il de l'étant et non pas rien ? » C'était la première phrase

1. P. 15 ; trad., p. 27.

du livre. La machine réflexive risquait de la faire tourner à l'infini dans la question de la question : pourquoi le pourquoi ? etc. Heidegger parle plutôt d'un saut *(Sprung)* de la question. Le saut fait surgir, il libère le surgissement originaire *(Ursprung)* sans qu'on ait à introduire à la question depuis autre chose qu'une conduction *déjà* questionnante : *et c'est l'esprit même.* Celui-ci éveille, il s'éveille plutôt — plus tôt — depuis le *Vor-fragen* de la *Führung*. Rien ne prévient cette puissance d'éveil, dans sa liberté et sa résolution *(Entschlossenheit)*. Ce qui vient *avant* et *devant*, ce qui prévient et questionne avant tout *(vor)*, c'est l'esprit, la liberté de l'esprit. Comme *Führer*, il va ou vient en chemin, devant, au-devant, avant toute politique, toute psychagogie, toute pédagogie.

Car il faut, honnêtement, le préciser : au moment où il risque de mettre cette thématique de la *Führung* au service d'une politique déterminée, Heidegger donne à entendre qu'il rompt d'avance avec un tel service. Dans son essence spirituelle, cette libre conduction ne doit donner lieu à aucun suivisme, on ne doit lui reconnaître aucune suite, aucun suiveur, aucune *Gefolgschaft*, aucune agrégation de disciples ou de partisans. On peut étendre naturellement au Parti ce que Heidegger dit, pour les exclure, de l'École comme scolastique, apprentissage technique ou formation professionnelle. Sans doute aura-t-on du mal à entendre ce que peut signifier une *Führung* qui mande, demande ou commande sans suite, obéissance ou écoute d'aucune sorte. Si spirituelle qu'elle soit, dira-t-on, elle doit bien guider. Certes, dirait ici Heidegger, mais si on a du mal à l'entendre, cela signifie qu'on reste prisonnier d'une logique de l'entendement et qu'on n'accède pas à cette liberté de l'écoute, à cette fidélité ou à cette modalité du suivre qui n'aurait aucun rapport avec le suivisme de la *Gefolgschaft*. Peut-être. Il reste que, d'autre part, s'il ne se réduit pas davantage à ses modalités discursives ou à des énoncés interrogatifs, ce questionnement appartient de part en part, c'est-à-dire, essentiellement, à la volonté et à la volonté comme volonté de savoir. « *Fragen ist Wissen-wollen*[1]. »

Tout cela reconduit l'*Einführung*... au *Discours de rectorat*, et encore à la thématique de la résolution *(Entschlossenheit)*. Celle-ci joue un rôle décisif, en vérité celui de la décision même dans *Sein und Zeit*. Le paragraphe qui définit le questionnement comme volonté de savoir rappelle aussi que le vouloir lui-même est un être-résolu *(Entschlossensein)*.

Si en apparence du moins, l'apparence d'un ton moins emphatique, l'*Einführung*... commence à marquer un retrait politique au regard du *Discours de rectorat*, elle propose en vérité une sorte de diagnostic *géo-politique* dont toutes les ressources et toutes les références reviennent à l'esprit, à l'historialité spirituelle, avec ses concepts déjà éprouvés : *spirituelles* sont la chute ou la décadence *(Verfall)*, *spirituelle* est aussi la force.

Géopolitique, donc : l'Europe, la Russie et l'Amérique y sont nommées, ce qui veut dire encore la seule Europe, sans doute. Mais la dimension reste proprement géopolitique. La pensée du monde se détermine en pensée de la terre ou de la planète.

Heidegger dénonce donc une « déchéance spirituelle » *(geistigen Verfall)*. Les peuples sont en train d'y perdre leurs dernières « forces spirituelles ». Cette dernière expression revient fréquemment. Le *Verfall* de l'esprit ne peut se laisser penser que dans sa relation au destin de l'être. Si l'expérience de l'esprit paraît, dans le questionnement, proportionnelle au « danger », le peuple allemand, « notre peuple », ce « peuple métaphysique » *(das metaphysische Volk)* par excellence, est à la fois le plus spirituel (ce que Heidegger précisera clairement plus loin en parlant de la langue) et le plus exposé au danger. Car il est pris dans l'étau[2], au milieu *(in der Mitte)* entre ses voisins

1. P. 16 ; trad., p. 29.
2. P. 29 ; trad., p. 47.

européens, la Russie et l'Amérique[1]. C'est à lui que revient la « grande décision » *(die grosse Entscheidung)*, celle qui engagera le destin de l'Europe, le déploiement de « nouvelles forces *spirituelles* à partir de ce milieu » *(neuer geschichtlich* geistiger *Kräfte aus der Mitte)*. Emphase, *emphasis :* le mot « spirituel » est encore *souligné* à la fois pour marquer que là se trouve la détermination fondamentale du rapport à l'être et pour conjurer une politique qui ne serait pas *de l'esprit*. Un nouveau commencement est appelé. Il est appelé par la question « *Wie steht es um das Sein?* », qu'en est-il de l'être? Et ce commencement, qui est d'abord un re-commencement, consiste à répéter *(wiederholen)* notre existence historialement spirituelle *(Anfang unseres geschichtlich-geistigen Daseins)*. Le « nous » de ce « notre »..., c'est le peuple allemand. J'ai parlé hâtivement d'un *diagnostic* géopolitique, là où le discours n'est ni celui de la connaissance ni celui de la clinique ou de la thérapeutique. Mais la géopolitique nous reconduit encore de la terre et de la planète au monde et au monde comme monde de l'esprit. La géopolitique n'est autre qu'une *Weltpolitik* de l'esprit. Le monde n'est pas la terre. Sur la terre advient un obscurcissement du monde *(Weltverdüsterung)*[2] : la fuite des dieux, la destruction de la terre, la massification des hommes, la prééminence du médiocre.

1. Le réquisitoire contre l'Amérique, sa « pseudo-philosophie » et sa « psychologie patentée », etc., se poursuit longtemps. Elle atteint sans doute un sommet en 1941. Cf. *Concepts fondamentaux*, trad. P. David, Gallimard, p. 111, 120.
2. P. 34 ; trad., p. 54.

VI

Qu'appelons-nous le monde ? Qu'est-ce que le monde s'il s'obscurcit de la sorte ? Réponse : « Le monde est toujours monde *spirituel* » *(ibid.)*.

Le mot *geistig* est une fois de plus souligné. Naguère exclu, « évité », un peu plus tard sous surveillance rapprochée, à l'étroit, comprimé, contraint aux guillemets, voici qu'il enfle maintenant, clamé, acclamé, magnifié, venant en tête, sans doute, de tous les mots soulignés.

Puis Heidegger ajoute aussitôt, c'est la phrase suivante : « *Das Tier hat keine Welt, auch keine Umwelt* », l'animal n'a pas de monde, ni non plus de monde environnant. Conséquence inévitable : l'animal n'a pas d'esprit, puisque, nous venons de le lire, tout monde est spirituel. L'animalité n'est pas *de l'esprit*. Et on devrait tirer de cette proposition toutes les conséquences qui s'imposeraient quant à la détermination de l'homme comme *animal rationale*. Nous ne pourrons le faire ici. Pas plus que nous n'aurons le temps de déployer l'analyse que commanderait cette interprétation de l'animalité. Je me limite au schéma le plus indispensable. Sans se précipiter vers ce que cette proposition peut avoir de dogmatique dans sa forme et de traditionnel, on serait presque tenté de dire, mais à tort, de cartésien dans son contenu, on peut noter en premier lieu ce paradoxe : elle semble contredire expressément, au premier abord, les trois thèses longuement élaborées ou problématisées mais non réfutées, au contraire, que Heidegger avait présentées dans les conférences du semestre d'hiver 1929-1930 à Fribourg, en réponse à la question « Qu'est-ce que le monde ? »

Je rappelle ces trois thèses. 1. La pierre est sans monde *(weltlos)*. 2. L'animal est pauvre en monde *(weltarm)*. 3. L'homme est formateur de monde, si on peut traduire ainsi *weltbildend*.

Ces thèses ne préparent pas seulement à la question « qu'est-ce que le monde ? ». Elles doivent aussi répondre à une certaine question de la vie : comment l'essence de la vie peut-elle être accessible et déterminable ? Les sciences biologique et zoologique présupposent l'accès à l'essence du vivant animal, elles ne l'ouvrent pas. C'est du moins ce qu'affirme Heidegger dans un geste classique en soumettant les savoir régionaux à des ontologies régionales et celles-ci à une ontologie fondamentale, puis en disqualifiant toutes les logiques du cercle vicieux et de la dialectique à ce sujet [1]. Ces thèses se présentent donc comme « métaphysiques » et non scientifiques [2]. L'accès à cette dimension *métaphysique*, au sens positif où l'entendait alors Heidegger, est fermé aussi bien pour les sciences que pour des anthropologies philosophiques, comme celle de Scheler par exemple. Sciences et anthropologies doivent, en tant que telles, présupposer, sans pouvoir l'exhiber, le monde animal ou humain dont elles font leur objet.

Que veut dire « *weltarm* » ? Que veut dire cette pauvreté en monde ? Nous ne pourrons ici faire justice à l'analyse patiente, laborieuse, embarrassée, parfois aporétique de Heidegger. Le mot de pauvreté *(Armut)* pourrait, mais ce n'est qu'une première apparence, envelopper deux présuppositions ou deux hypothèses. D'une part, celle d'une *différence de degré* qui sépare-

1. Gesamtausgabe, Bd. 29/30, p. 276.
2. P. 277.

rait l'indigence de la richesse *(Reichtum)*. L'animal serait pauvre, l'homme serait riche en monde, donc en esprit, puisque le monde est spirituel : moins d'esprit pour l'animal, plus d'esprit pour l'homme. D'autre part, s'il est pauvre en monde, l'animal doit bien avoir *du monde*, et donc *de l'esprit*, à la différence de la pierre qui est sans monde : *weltlos*. Heidegger rejette purement et simplement la première hypothèse, quelque difficulté que cela entraîne dans le maintien de ce mot ici étrange, la « pauvreté ». La différence dont il parle entre la pauvreté et la richesse n'a pas de degré. Car justement, en raison d'une différence d'essence, le monde de l'animal — et si l'animal est pauvre en monde, donc en esprit, on doit bien pouvoir parler d'un monde de l'animal, et donc d'un monde spirituel — n'est pas une espèce ou un degré du monde humain [1]. Cette pauvreté n'est pas une indigence, un peu de monde. Elle a sans doute le sens d'une privation *(Entbehrung)*, d'un manque : l'animal n'a pas assez de monde, certes. Mais ce manque ne s'évalue pas comme un rapport quantitatif aux étants du monde. L'animal n'a pas un rapport moindre, un accès plus limité à l'étant, il a un rapport *autre*. Nous le qualifierons dans un instant. Mais les difficultés s'accumulent déjà entre deux valeurs incompatibles dans leur « logique », celle du manque et celle de l'altérité. Le manque de monde pour l'animal n'est pas un pur néant mais il ne doit pas être référé, sur une échelle de degrés homogène, à un plein ou à un non-manque dans un ordre hétérogène, par exemple celui de l'homme. Qu'est-ce qui justifie donc ce concept de manque ou de privation dès lors que le monde animal n'est plus une espèce du monde humain ? Car si l'animal est privé de monde, si donc il « n'a pas de monde », selon la formule brutale de l'*Introduction...*, il faut bien que son être-privé, son ne-pas-avoir de monde soit absolument différent d'une part de celui de la pierre — qui n'a pas de

1. P. 294.

monde mais n'en est pas privée — et d'autre part de l'avoir-un-monde de l'homme.

Cette analyse a certes l'intérêt de rompre avec la différence de degré. Elle respecte une différence de structure en évitant l'anthropocentrisme. Mais elle reste vouée à réintroduire la mesure de l'homme par la voie même qu'elle prétendait y soustraire, à savoir cette signification du manque ou de la privation. Celle-ci est anthropocentrique ou du moins référée au *nous* questionnant du *Dasein*. Elle ne peut apparaître comme telle et prendre sens que depuis un monde non animal, et de *notre* point de vue. De surcroît, ne peut-on dire tout aussi légitimement que l'avoir-un-monde a aussi pour l'homme la signification de quelque *unheimliche* privation de monde, et que ces deux valeurs ne s'opposent pas ?

Reprenons. Si l'animal n'a pas de monde, donc de monde spirituel, s'il n'est pas de l'esprit, ce ne-pas-avoir-de-monde *(Nichthaben von Welt)* a un sens radicalement différent de celui de la pierre qui, elle, est sans monde *(weltlos)* mais ne saurait justement en être privée. L'animal non plus n'a pas de monde puisqu'il en est privé, mais sa privation signifie que son non-avoir est un mode de l'avoir et même un certain rapport à l'avoir-un-monde. Le *sans* du *sans-monde* n'a pas le même sens, il ne dit pas la même négativité pour l'animal et pour la pierre. Privation dans un cas, pure et simple absence dans l'autre. L'animal a un monde sur le mode du ne-pas-avoir ou inversement il est privé de monde parce qu'il *peut* avoir un monde. Heidegger parle d'une « pauvreté » (ou privation) comme d'une forme du *ne-pas-avoir* dans le *pouvoir-avoir* *(Armut [Entbehren] als Nicht-haben im Habenkönnen)*[1]. Sans doute ce pouvoir, cette puissance ou cette potentialité n'ont-ils pas le sens d'une *dynamis* aristotélicienne. Ce n'est pas une virtualité orientée par un *telos*. Mais comment éviter le retour de ce schéma ?

1. § 50, p. 307.

L'animal *a* et *n'a pas* un monde. La proposition semble contradictoire et logiquement impossible, Heidegger le reconnaît[1]. Mais « la métaphysique et l'essentialité, ajoute-il, ont une autre logique que celle de l'entendement sain de l'homme ». Pour les raisons que nous avons reconnues, en vérité par méfiance envers la Raison hegélienne, Heidegger ne s'empresse pas de résoudre ces contradictions de l'entendement à partir d'une puissance spéculative et dialectique de la rationalité absolue. (Il faudrait ici, et précisément autour du problème de l'animalité, réélaborer la question du rapport de Heidegger à Hegel. Les différences une fois reconnues et aiguisées, de troublantes affinités pourraient s'annoncer de nouveau.) La contradiction logique entre les deux propositions (l'animal a et n'a pas de monde) signifierait seulement que nous n'avons pas encore suffisamment élucidé le concept de monde — dont nous suivons ici le fil conducteur puisqu'il n'est autre que celui *de l'esprit.* La spiritualité, Heidegger y insiste, voilà le nom de ce sans quoi il n'y a pas de monde. Il faut donc arriver à penser ce nœud qui entrelace les deux propositions : l'animal n'a pas de monde, l'animal a un monde. Et donc l'animal a et n'a pas d'esprit.

Nous disions à l'instant que la pauvreté devait marquer une différence qualitative, structurelle et non quantitative. Avec la pierre, la différence est claire. La pierre n'a pas d'accès à l'étant, elle n'a pas d'expérience. L'animal, lui, accède à l'étant mais, voilà ce qui le distingue de l'homme, il n'accède pas à l'étant *comme tel.* Cette privation *(Entbehrung)* n'est pas celle *(Privation)* que Heidegger situe dans *Sein und Zeit*[2] à l'intérieur de la structure du « en tant que », du « quelque chose en tant que quelque chose » *(die Struktur des Etwas als Etwas).* Cette structure de la « compréhension du monde » *(Weltverstehen)* peut ou doit donner lieu à une explication *(Auslegung)* anté-

1. P. 293.
2. § 32, p. 149.

prédicative et préverbale. Elle ne se confond pas avec l'« en tant que » de l'énoncé. L'expérience de la « privation » que décrit Heidegger dans ce contexte n'est pas plus originelle que celle du « voir compréhensif ». Elle la suppose et en dévie au contraire. Ce qui vaut ici pour le *Dasein* ne vaut pas pour l'animal, mais l'analogie décalée de ces deux « privations » reste troublante. L'animal peut avoir un monde puisqu'il accède à l'étant, mais il est privé de monde parce qu'il n'accède pas à l'étant *comme tel* et dans son être. L'abeille ouvrière, dit Heidegger, connaît la fleur, sa couleur et son parfum, mais elle ne connaît pas l'étamine de la fleur *comme* étamine, elle ne connaît pas les racines, le nombre d'étamines, etc. Le lézard, dont Heidegger décrit longuement et laborieusement le séjour sur la roche, au soleil (et on soupire alors après Ponge), ne se rapporte pas à la roche et au soleil *comme tels*, comme ce au sujet de quoi on peut se poser des questions, justement, et donner des réponses. Et pourtant, si peu que nous puissions nous identifier au lézard, nous savons qu'il a un rapport au soleil — et à la pierre qui, elle, n'en a aucun, ni au soleil ni au lézard.

Relevons ici un trait qui n'est pas seulement amusant. Il me paraît signifiant et nous devrions nous y arrêter si le temps nous en était donné. Dans *Zur Seinsfrage*, quelque vingt-cinq ans plus tard, on le sait, Heidegger propose d'écrire le mot « être » sous une rature en forme de croix *(kreuzweise Durchstreichung)*. Cette croix ne figurait ni un signe négatif ni même un signe tout court, mais elle devait rappeler le *Geviert*, le quadriparti précisément comme « jeu du monde » rassemblé en son lieu *(Ort)*, au croisement de la croix. Le lieu est toujours, pour Heidegger, lieu de rassemblement *(Versammlung)*. Ce jeu du monde ainsi rappelé par une rature de l'« être », la conférence sur *La chose* (1950) y déchiffre le devenir-monde du monde, *das Welten von Welt*, le monde qui est en tant qu'il (se) mondialise ou se mondanise *(Die Welt ist, indem sie weltet)*. On connaît le type et la nécessité de cette formulation. Elle signifie dans ce cas qu'on ne peut dériver ou penser le monde depuis autre chose que lui. Or voici vingt-cinq ans plus tôt, donc, une autre proposition de rature *(Durchstreichung)*. Elle concerne déjà le monde et un certain rapport à l'être de l'étant. Heidegger écrit :

> Quand nous disons que le lézard est étendu sur la roche, nous devrions raturer *(durchstreichen)* le mot « roche » pour indiquer que, sans doute, ce sur quoi le lézard est étendu lui est bien donné de *quelque façon* (*irgendwie*, souligné) mais n'est pas connu [ou reconnu] *comme* (*als*, souligné) roche. La rature ne veut pas dire seulement : quelque chose d'autre est appréhendé et comme quelque chose d'autre, mais : ce n'est surtout pas accessible *comme étant* (*überhaupt nicht* als Seiendes *zugänglich*)[1].

Rature du nom, donc, ici du nom de la roche qui désignerait la possibilité de nommer la roche elle-même, *comme telle* et accessible dans son être de roche. La rature marquerait dans *notre* langage, en évitant un mot, cette incapacité de l'animal à nommer. Mais celle-ci est d'abord l'incapacité à s'ouvrir au *comme tel* de la chose. Ce n'est pas de la roche *comme telle* que le lézard a l'expérience. C'est pourquoi le nom de la roche doit être raturé quand on veut désigner ce sur quoi le lézard est étendu. Ailleurs, plus tard, dans un texte que cite Michel Haar[2] : « Le saut de l'animal qui vit à l'homme qui dit est aussi grand sinon encore plus grand que celui de la pierre sans vie à l'être vivant. » Cette incapacité à nommer n'est pas d'abord ou simplement linguistique, elle tient à l'impossibilité proprement *phénoménologique* de dire le phénomène dont la phénoménalité comme telle, dont le *comme tel* même n'apparaît pas à l'animal et ne dévoile pas l'être de l'étant. Dans le langage de *Sein und Zeit* (§ 31), on dirait qu'il s'agit d'une privation de *Weltverstehen* et

1. P. 291-292.
2. *Le Chant de la terre*, Cahiers de l'Herne, 1987, p. 70.

non *dans* le *Weltverstehen*. Ici la rature du nom signifierait le non-accès à l'étant comme tel. A s'écrire ou à ne point s'écrire (car en raturant, Heidegger laisse lire ce qu'il rature et il dit ici même qu'on « devrait » raturer, mais il ne le fait pas, comme s'il raturait la rature, évitait d'éviter, évitait sans éviter), tout se passe comme si, pour l'animal qui manque l'accès à l'étant comme tel, celui-ci, l'être de l'étant, était raturé d'avance, mais d'une rature absolue, celle de la privation. Et on peut évoquer une rature, puisqu'il y a privation de ce qui donc devrait ou pourrait être accessible. On ne parle pas de privation ni de rature pour la pierre. Mais, je le répète pour souligner à la fois la subtilité de l'analyse et la difficulté que signale cette équivoque de la terminologie, il faut bien distinguer la privation *(Entbehrung)* pour l'animal de la privation *(Privation)* dans la compréhension du monde pour le *Dasein*. D'autre part, en raison d'un chiasme énigmatique qui rature la rature, la *Durchstreichung* dont il est ici question a un sens radicalement différent de celle qui oblitère le mot « être » dans *Zur Seinsfrage*. Que signale cette rature animale, si on peut dire ? Que signale plutôt le mot de « rature » que nous écrivons au sujet du « monde » animal et qui devrait, dans sa logique, gagner tous les mots dès lors qu'ils disent quelque chose du monde ? La rature rappelle une hébétude *(Benommenheit)* de l'animal. Heidegger en propose une description patiente mais, me semble-t-il, embarrassée. L'hébétude semble fermer l'accès à l'étant comme tel. En vérité elle ne le ferme même pas, puisque la fermeture suppose une ouverture ou une apérité, une *Offenbarkeit* à laquelle l'animal n'a même pas accès. Il faudrait aussi raturer le mot de fermeture. On ne peut pas dire que l'animal est fermé à l'étant. Il est fermé à l'ouverture même de l'étant[1]. Il n'accède pas à la différence entre l'ouvert et le fermé.

Si problématiques, si aporétiques même que restent

1. P. 361, par exemple.

ces thèses, pour nous mais aussi pour Heidegger qui semble le reconnaître, par exemple à la fin du § 63, leur stratégie et leur axiomatique seront d'une remarquable constance. Il s'agit toujours de marquer une limite absolue entre le vivant et le *Dasein* humain, de prendre ses distances non seulement avec tout biologisme et toute philosophie de la vie (et par là avec toute idéologie politique qui pourrait s'en inspirer plus ou moins directement) mais aussi, comme le rappelle justement Michel Haar, par rapport à une thématique rilkéenne qui lie l'ouvert et l'animalité, Sans parler de Nietzsche, mais nous y revenons dans un instant.

Sans doute faut-il reconnaître, jusque dans le détail, la force et la nécessité principielle de ces analyses qui rompent avec l'anthropomorphisme, le biologisme et ses effets politiques, tout en faisant droit à la structure phénoménale, subtile mais décisive du « comme tel ». Elles achoppent néanmoins, me semble-t-il, devant des difficultés essentielles. On pourrait montrer que tout y revient encore à ce que veut dire le mot « esprit », à la sémantique qui règle l'usage de ce terme. Si le monde est toujours monde spirituel, comme Heidegger ne cesse de le répéter dans l'*Introduction...* ; si, comme Heidegger le reconnaît aussi à la fin de ces analyses, les trois thèses, mais surtout la médiane, restent problématiques tant que le concept de monde n'est pas éclairci, c'est bien que le caractère spirituel du monde reste lui-même obscur. Or n'oublions pas que c'est en connexion avec l'analyse du monde, et comme prédicat essentiel du monde, que le mot « esprit » s'affranchit, si on peut dire, de ses guillemets et devrait porter au-delà de l'époque de la subjectivité cartésiano-hegélienne. Si bien que de l'esprit, il faudrait dire maintenant ce qu'on dit du monde pour l'animal : l'animal est pauvre en esprit, il a l'esprit mais il n'a pas l'esprit et ce non-avoir est un mode de son pouvoir-avoir de l'esprit. D'autre part, si la pauvreté privative marque bien la césure ou l'hétérogénéité entre le non-vivant et le vivant d'un côté, entre l'animal et le *Dasein* humain d'un autre côté, il reste que la négativité même dont on lit le résidu dans ce discours sur la privation ne peut pas éviter une certaine téléologie anthropocentrique, voire humaniste. C'est là un schème que la détermination de l'humanité de l'homme depuis le *Dasein* peut sans doute modifier, déplacer, décaler mais non détruire.

En parlant de téléologie, je ne prête pas à Heidegger le concept d'un progrès, conçu à la manière évolutionniste, d'une longue marche qui aurait orienté la vie animale vers le monde humain sur une échelle des êtres. Mais les mots de pauvreté et de privation impliquent, qu'on veuille ou non l'éviter, hiérarchisation et évaluation. L'expression « pauvre en monde » ou « sans monde », comme la phénoménologie qui la soutient, enveloppe une axiologie réglée non seulement sur une ontologie mais sur la possibilité de l'*ontologique* comme tel, sur la différence ontologique, l'accès à l'être de l'étant, puis la rature de la rature, à savoir l'ouverture au jeu du monde et d'abord au monde de l'homme comme *weltbildend*. Cette téléologie humaniste, je n'entends pas la critiquer. Il est plus urgent, sans doute, de rappeler que, malgré toutes les dénégations ou tous les évitements qu'on voudra, elle est restée *jusqu'ici* (du temps et dans la situation de Heidegger, mais cela n'a pas changé de fond en comble aujourd'hui) le prix à payer dans la dénonciation éthico-politique du biologisme, du racisme, du naturalisme, etc. Si j'analyse cette « logique », les apories ou les limites, les présuppositions ou les décisions axiomatiques, les inversions et les contaminations, surtout, dans lesquelles nous la voyons s'embarrasser, c'est plutôt pour exhiber puis formaliser les terrifiants mécanismes de ce programme, toutes les doubles contraintes qui le structurent. Est-ce une fatalité ? Peut-on y échapper ? Nul signe ne le laisse penser, ni dans les discours « heideggériens » ni dans les discours « anti-heideggériens ». Peut-on transformer ce programme ? Je ne le sais pas. En tout cas, on ne l'évitera pas d'un coup et sans le reconnaître jusque dans ses ruses les plus retorses et ses ressorts les plus subtils.

Quels sont les symptômes que cette situation laisse lire maintenant dans le texte de Heidegger ? Si l'analyse proposée met bien en lumière que l'animal n'est pas dans le monde humain sur le mode de la *Vorhandenheit*[1], pas plus que l'étant n'est en général pour l'animal sur le mode de la *Vorhandenheit*, alors on ne sait plus quelle modalité d'être réserver à l'animal — pour lui-même et pour nous, pour le *Dasein* humain. Il n'y a pas de *Dasein* animal, puisque le *Dasein* se caractérise par l'accès au « comme tel » de l'étant et à la possibilité corrélative du questionnement. Il est clair que l'animal peut être en quête d'une proie, il peut calculer, hésiter, suivre ou essayer une piste mais il ne saurait proprement questionner. De même, il peut se servir de choses, voire les intrumentaliser, il ne saurait accéder à une *tekhnè*. Qu'on me permette de le noter en passant, trois de mes fils conducteurs s'entrelacent en ce nœud : la *question*, l'*animal*, la *technique*[2].

1. P. 402.

2. Si l'animal ne peut proprement questionner au-delà de ses intérêts vitaux, le *Dasein* le peut-il, *proprement et en toute rigueur ?* Ne peut-on démontrer que la question ne fait que *différer*, selon les modes certes les plus surdéterminés (dans la différence *et* la différance de la différence), la quête et l'enquête, ne faisant ainsi que *détourner* l'intérêt vivant, l'altération, la mutation la plus discontinue restant aussi un détour ? Seul l'être-pour-la-mort, *pour la mort comme telle*, peut sembler suspendre et libérer la question dans son enracinement de vie. Et c'est sans doute ce que dirait Heidegger. Il soulignera plus tard que l'animal ne saurait avoir l'expérience *(erfahren)* de « la mort en tant que mort ». Et c'est pourquoi il ne saurait parler (*Unterwegs zur Sprache*, p. 215). Mais le *Dasein* a-t-il l'expérience de la mort *comme telle*, fût-ce par anticipation ? Qu'est-ce que cela voudrait dire ? Qu'est-ce que l'être-pour-la-mort ? Qu'est-ce que la mort pour un *Dasein* qui n'est jamais défini de façon *essentielle* comme un vivant ? Il ne s'agit pas ici d'opposer la mort à la vie, mais de se demander quel contenu sémantique on peut donner à la mort dans un discours pour lequel le rapport à la mort, l'expérience de la mort reste sans rapport à la vie du vivant. (Le problème de la vie fut abordé par Didier Franck au cours de ce colloque. Cf. aussi *Geschlecht...*, in *Psyché...*, *op. cit.*, p. 411, ici p. 164-165.)

Mais comme, d'autre part, l'animal, qui n'est pas un *Dasein,* n'est pas davantage pour nous *Vorhandensein* ni *Zuhandensein,* comme la possibilité originale d'un *Mitsein* avec lui n'est pas sérieusement envisagée, on ne peut le penser ou parler de lui ni en termes d'*existential* ni en termes de *catégorial,* pour reprendre le couple des concepts qui structurent l'analytique existentiale de *Sein und Zeit.* Ne peut-on dire alors que toute la déconstruction de l'ontologie, telle qu'elle s'engage dans *Sein und Zeit* et en tant qu'elle démet, en quelque sorte, le *spiritus* cartésiano-hegélien dans l'analytique existentiale, se trouve ici menacée dans son ordre, sa mise en œuvre, son dispositif conceptuel par ce qui s'appelle si obscurément encore l'animal ? Compromise plutôt par une *thèse* sur l'animalité qui suppose, c'est l'hypothèse irréductible et je crois dogmatique de la thèse, qu'il y a une chose, un domaine, un type d'étant homogène, qu'on appelle l'animalité *en général* pour laquelle n'importe quel exemple ferait l'affaire. Voilà une thèse qui, en son caractère *médian,* tel qu'il est nettement souligné par Heidegger (l'animal *entre* la pierre et l'homme), reste foncièrement téléologique et traditionnelle, pour ne pas dire dialectique.

Ces difficultés, telle est du moins la proposition que je soumets à la discussion, ne disparaissent jamais dans le discours de Heidegger. Elles font peser sur l'ensemble de sa pensée les conséquences d'une grave hypothèque. Et celle-ci trouve bien sa plus grande concentration dans l'obscurité de ce que Heidegger appelle l'esprit.

VII

Mais pour ce qui inspire ou guide ici Heidegger, peut-on distinguer entre l'obscurité du concept ou du mot *Geist* et l'obscurité de l'esprit lui-même ? Corrélativement, peut-on distinguer entre l'obscurité du concept de monde et l'obscurité, voire l'assombrissement du monde lui-même *(Weltverdüsterung)*, si le monde est toujours « monde de l'esprit » ? Peut-être vaut-il mieux parler ici d'*assombrissement* que d'*obscurcissement*. Ce dernier mot, choisi par Gilbert Kahn pour la traduction française, risque de rester trop intellectuel et de faire signe, dans un style cartésien ou valéryen, vers ce qui peut affecter la clarté de l'idée. Précisément parce qu'il y va du monde *(Weltverdüsterung)* et non de l'idée ni même de la raison ; parce que, dans la *profondeur* d'un pathos plus romantique, par son appel aux fondements *(Gründen)* et aux « profondeurs » *(Tiefe)* ce discours sur la *Führung* spirituelle ne donne pourtant pas de « règles pour la direction de l'esprit » *(ad directionem ingenii)*, peut-être le mot d'assombrissement lui convient-il mieux.

La question paraît inévitable, et précisément sous cette forme. Car dans le passage de l'*Einführung...* dont nous étions partis tout à l'heure, Heidegger méditait avant tout l'assombrissement du monde lui-même, et donc de l'esprit. Si le concept de monde et celui d'esprit, qui en est indissociable, restent obscurs, n'est-ce pas que le monde et l'esprit sont eux-mêmes — historiquement — assombris ? Assombris pour l'homme et non pour l'animal ? Il y a une *Entmachtung* de l'esprit. Elle correspond à cet assombrissement du monde. Elle destitue l'esprit en le privant de son pouvoir ou de sa force *(Macht)*, de sa dynastie. Je traduirai désormais *Entmachtung* par destitution puisque l'esprit y perd un *pouvoir* qui n'est pas « naturel ». Une telle perte n'a rien à voir avec un retour à l'hébétude animale. C'est justement à l'instant où il commence à élucider cette destitution de l'esprit que Heidegger déclare, dans le passage cité tout à l'heure, que « l'animal n'a pas de monde » :

> Que signifie « monde » lorsque nous parlons de l'assombrissement du monde ? Le monde est toujours monde *de l'esprit* (geistige *Welt*). L'animal n'a pas de monde, ni non plus de monde-environnant. L'assombrissement du monde implique cette *destitution (Entmachtung) de l'esprit,* sa dissolution, sa consomption, son refoulement et sa mésinterprétation *(Auflösung, Auszehrung, Verdrängung und Missdeutung)*. Nous essayons en ce moment d'élucider *(verdeutlichen)* cette destitution de l'esprit dans *une seule* perspective et précisément *celle* de la mésinterprétation de l'esprit. Nous avons dit : l'Europe se trouve dans un étau entre la Russie et l'Amérique, qui reviennent métaphysiquement au même quant à leur appartenance au monde [au caractère de leur monde, ou plutôt à leur caractère-de-monde, *Weltcharakter*] et à leur rapport à l'esprit *(Verhältnis zum Geist)*. La situation de l'Europe est d'autant plus fatale que la destitution de l'esprit provient de lui-même, et — même si elle a été préparée par quelque chose d'antérieur — s'est déterminée définitivement, à partir de sa propre situation spirituelle *(aus seiner eigenen geistigen Lage)*, dans la première moitié du XIXe siècle. Chez nous se produit à cette époque ce qu'on se plaît à appeler sommairement « l'effondrement *(Zusammenbruch)* de l'idéalisme allemand ». Cette formule est, pour ainsi dire, le bouclier derrière lequel se mettent à couvert la vacance déjà commencée de l'esprit *(die schon anbrechende Geistlosigkeit)*, la dissolution des forces spirituelles *(die Auflösung der geistigen Mächte)*, le refus de tout questionnement originaire *(alles ursprünglichen Fragens)*

> vers les fondations *(Gründen)* et finalement notre attachement à tout cela. Car ce n'est pas l'idéalisme allemand qui s'est effondré, c'est l'époque *(Zeitalter)* qui n'était plus assez forte *(stark)* pour demeurer à la mesure de la grandeur, de l'ampleur et de l'authenticité originelle *(Ursprünglichkeit)* de ce monde spirituel, c'est-à-dire pour le réaliser *(verwirklichen)* véritablement, ce qui signifie tout autre chose que d'appliquer simplement des sentences et des idées (des « points de vue » : *Einsichten*). Le *Dasein* a commencé à glisser dans un monde qui n'avait pas la profondeur *(Tiefe)* à partir de laquelle, chaque fois de façon nouvelle, l'essentiel vient à l'homme et revient vers lui, et ainsi le force à une supériorité qui lui permette d'agir en se distinguant. Toutes choses sont tombées au même niveau [...] La dimension prédominante est devenue celle de l'extension et du nombre...[1].

Ce discours sur la destitution de l'esprit appelle quelques remarques principielles.

1. Ce n'est pas un discours sur la *crise*. Sans doute Heidegger en appelle-t-il à une *décision* historiale supposant l'expérience d'un *krinein*. Sans doute s'agit-il aussi pour lui de réveiller l'Europe et la philosophie à leur responsabilité devant la tâche de la question et de la question originaire des fondements. Sans doute soupçonne-t-il en premier lieu une certaine objectivité techno-scientifique de réprimer ou d'oublier la question. Sans doute Husserl se demande-t-il aussi : « Comment se caractérise la figure spirituelle de l'Europe *(die geistige Gestalt Europas*[2]*)* ? » Et pourtant

1. P. 34-35 ; trad. légèrement modifiée, p. 54-55.
2. *La Crise de l'humanité européenne et la philosophie,* Husserliana Bd. VI, p. 318 et suiv., trad. Gérard Granel, p. 352. Cette figure de l'Europe est justement « spirituelle » dans la mesure où on ne lui assigne plus une circonscription géographique ou territoriale. Elle donne son titre à l' « unité d'une vie, d'une action, d'une création spirituelles ». Cette détermination « spirituelle » de l'humanité européenne peut-elle se concilier avec l'exclusion des « Esquimaux, des Indiens des ménageries foraines ou des Tziganes qui vagabondent en permanence dans toute l'Europe » ? Aussitôt après avoir posé la question « Comment se caractérise la figure spirituelle de

le discours heideggerien sur la destitution de l'esprit et sur la responsabilité de l'Europe reste, malgré tant d'analogies non fortuites, malgré la simultanéité (1935), radicalement hétérogène à la *Crise des sciences*

---

l'Europe ? », Husserl ajoute en effet : « *Im geistigen Sinn gehören offenbar die englischen Dominions, die Vereinigten Staaten usw. zu Europa, nicht aber die Eskimos oder Indianer der Jahrmarktsmenagerien oder die Zigeuner, die dauernd in Europa herumvagabundieren.* » La rétention des dominions anglais dans l'Europe « spirituelle » témoignerait assez dérisoirement, par le poids de comique dont s'alourdit ce sinistre passage, d'une inconséquence philosophique dont la gravité se mesure selon deux dimensions : 1. Il faudrait donc, pour sauver les dominions anglais, le pouvoir et la culture qu'ils représentent, distinguer par exemple entre les bons et les mauvais Indiens. Ce n'est pas très « logique », ni dans la logique « spiritualiste » ni dans la logique « raciste ». 2. Ce texte est prononcé en 1935 à Vienne !

Pourquoi faut-il rappeler ce passage, et le citer aujourd'hui ? Pour plusieurs raisons. 1. Sur l'exemple d'un discours qu'en général on ne soupçonne pas du pire, il est bon de rappeler que la référence à l'*esprit*, à la *liberté* de l'esprit et à l'esprit comme esprit *européen* a pu et peut toujours s'allier aux politiques qu'on voudrait lui opposer. Et cette référence à l'esprit, comme à l'Europe, n'est pas plus un ornement extérieur ou accidentel pour la pensée de Husserl que pour celle de Heidegger. Elle joue un rôle majeur et organisateur dans la téléologie transcendantale de la raison comme humanisme européocentrique. La question de l'animal n'est jamais très loin : « ... de même que l'homme, *et même le Papou* [je souligne, J.D.], représente un nouveau stade dans l'animalité par opposition à la bête, de même la raison philosophique représente un nouveau stade dans l'humanité et dans sa raison ». (*La crise de l'humanité européenne et la philosophie*, cité dans mon Introduction à *L'Origine de la géométrie* [p. 162] à laquelle je me permets de renvoyer ici). Le « nouveau stade » est évidemment celui de l'humanité européenne. Elle est (devrait être) traversée par le *telos* de la phénoménologie transcendantale comme elle devrait l'être, pour Heidegger, par la responsabilité du questionnement originaire sur l'être, au-delà même de la subjectivité transcendantale et de l'*animal rationale*. 2. On oppose souvent, à juste titre, Husserl et Heidegger, non seulement dans leur pensée mais dans leur histoire politique. Bien qu'il conteste les faits ou les récits, on accuse souvent Heidegger d'avoir participé aux persécutions dont Husserl a été la victime. Et ce fait demeure au moins, au-delà de toute contestation possible, qu'il a effacé (non pas raturé cette fois, mais effacé) la dédicace de *Sein und Zeit* à Husserl pour que le livre soit réédité, dans un geste qui reconstitue l'effacement en une ineffaçable, médiocre et hideuse

européennes et la phénoménologie transcendantale ou à la *Crise de l'humanité européenne et la philosophie*. On pourrait même aller plus loin : par l'appel que fait Husserl à une subjectivité transcendantale qui reste dans la tradition cartésienne, même s'il s'agit de la réveiller parfois contre Descartes, ce discours sur la crise constituerait justement l'un des symptômes de la destitution. Et s'il y a une « faiblesse » de l'époque pour expliquer le prétendu « effondrement de l'idéalisme allemand » dont nous parlions tout à l'heure, elle tiendrait pour une part à l'héritage cartésien tel qu'il fut interprété dans *Sein und Zeit*, à ce non-questionnement de l'être que suppose la métaphysique de la subjectivité, en particulier chez Hegel mais aussi chez Husserl.

Heidegger aurait sans doute dénoncé le même héritage cartésien dans *La Crise de l'esprit* (1919), cet autre discours d'entre les deux guerres où Valéry, dans un style si différent, se demande si on peut parler d'une « dégradation » dans l'histoire du « génie » ou de la « Psyché européenne ». Là encore, on ne peut ignorer le foyer commun vers lequel, entre 1919 et 1939, les discours de l'inquiétude se rassemblent ou se précipitent : autour des mêmes mots (l'Europe, l'Esprit) sinon dans le même langage. Mais on fausserait la perspective et on manquerait la différence la plus aiguë si on sélectionnait certaines analogies — troublantes et signifiantes quoique locales — entre tous ces

---

rature. Ce n'est pas ici le lieu de traiter de ces problèmes et de ces faits dans toute leur ampleur. Mais il est bon qu'il *n'y ait pas trop* de lacunes ou d'injustices dans ce procès interminable et constamment augmenté de nouveaux témoignages. Au titre de l'esprit et de l'Europe, puisque c'est ici notre seul propos, il ne faut pas oublier ce que certaines « victimes » ont écrit et pensé. Et toujours au nom de l'esprit. Heidegger aurait-il souscrit à ce que Husserl a dit des Tziganes ? aurait-il rejeté les « non-aryens » hors de l'Europe, comme le fit celui qui pourtant se savait « non aryen » lui-même, Husserl ? Et si la réponse est « non », vraisemblablement « non », est-il sûr que ce soit pour d'autres raisons que celles-là mêmes qui l'éloignaient de l'idéalisme transcendantal ? Ce qu'il a fait ou écrit, lui, est-ce pire ? Où est le pire ? voilà peut-être la question *de l'esprit*.

discours, sous prétexte par exemple que Heidegger aurait pu souscrire à telle ou telle formulation. Valéry se demande ainsi : « Le phénomène de la mise en exploitation du globe, le phénomène de l'égalisation des techniques et le phénomène démocratique, qui font prévoir une *demi-nutio capitis* de l'Europe, doivent-ils être pris comme des décisions absolues du destin ? Ou avons-nous quelque liberté *contre* cette menaçante conjuration des choses[1] ? »

1. *Variété*, p. 32. L'analyse comparative de ces trois discours, ceux de Valéry, de Husserl et de Heidegger, sur la crise ou la destitution de l'esprit comme esprit de l'Europe, ferait apparaître une singulière configuration, des traits paradigmatiques qui s'échangent de façon réglée. Valéry paraît parfois plus près de Husserl, parfois plus près de Heidegger, parfois éloigné des deux. Il dit « l'illusion perdue d'une culture européenne » (p. 16). Il commence par l'évocation de la cendre et des revenants. « Nous savions bien que toute la terre apparente est faite de cendres, que la cendre signifie quelque chose. Nous apercevions à travers l'épaisseur de l'histoire, les fantômes d'immenses navires qui furent chargés de richesse et d'esprit » (p. 11-12). Plus loin, c'est le célèbre passage sur l'« immense terrasse d'Elsinore, qui va de Bâle à Cologne, qui touche aux sables de Nieuport, aux marais de la Somme, aux craies de Champagne, aux granits d'Alsace », tous ces lieux depuis lesquels « l'Hamlet européen regarde des millions de spectres » (c'était seulement en 1919). Puis Valéry distingue l'Hamlet européen de son double, « un Hamlet intellectuel » qui « médite sur la vie et la mort des vérités. Il a pour fantômes tous les objets de nos controverses » et il « ne sait trop que faire de tous ces crânes » (Lionardo, Leibniz, Kant, Hegel, Marx) : « — Adieu, fantômes ! Le monde n'a plus besoin de vous. Ni de moi. Le monde, qui baptise du nom de progrès sa tendance à une précision fatale, cherche à unir aux bienfaits de la vie, les avantages de la mort. Une certaine confusion règne encore, mais encore un peu de temps et tout s'éclaircira ; nous verrons enfin apparaître le miracle d'une société animale, une parfaite et définitive fourmilière » (p. 20-22). Plus tard, en 1932, dans *La Politique de l'esprit-notre souverain bien*, Valéry propose une définition en somme assez classique, voire néo-hegélienne, négative-dialectique de l'esprit comme ce qui en somme « dit toujours non » et d'abord à soi-même. De cette définition, Valéry dit qu'elle n'est pas « métaphysique », par quoi il entend, très métaphysiquement, puissance physique, économique, énergétique de transformation et d'opposition : « Mais il faut à présent que je complète ce tableau du désordre et cette composition du chaos, en vous représentant celui qui le constate et qui l'alimente, celui qui ne peut ni le souffrir ni le renier, celui qui ne

2. Si l'*Entmachtung* voue l'esprit à l'impuissance ou à l'impouvoir, si elle le prive de sa force et du nerf de son autorité (la traduction de Gilbert Kahn dit « énervation » de l'esprit), qu'est-ce que cela signifie quant à

---

cesse, par essence, de se diviser contre soi-même. Il s'agit de l'*esprit*. Par ce nom d'esprit, je n'entends pas du tout une entité métaphysique [voilà les guillemets invisibles de Valéry] ; j'entends ici très simplement une *puissance de transformation* que nous pouvons isoler [...] en considérant [...] certaines modifications [...] que nous ne pouvons attribuer qu'à une action très différente de celle des énergies de la nature ; car elle consiste au contraire à opposer les unes aux autres ces énergies qui nous sont données ou bien à les conjuguer. Cette opposition ou cette coercition est telle qu'il en résulte ou bien un gain de temps, ou une économie de nos forces propres, ou un accroissement de puissance, ou de précision, ou de liberté, ou de durée pour notre vie. » (*Variété III*, p. 216-217.) L'économie négative de l'esprit, qui n'est autre que l'origine de sa liberté, oppose l'esprit à la vie et fait de la conscience un « esprit de l'esprit ». Mais cet esprit reste toujours *de l'homme*. Celui-ci « agit donc *contre nature*, et son action est de celles qui opposent l'*esprit* à la vie [...]. Il a acquis à différents degrés la *conscience de soi-même*, cette conscience qui fait que, s'écartant par moments de *tout ce qui est*, il peut même s'écarter de sa propre personnalité ; le *moi* peut quelquefois considérer sa propre personne comme un objet presque étranger. L'homme peut s'observer (ou croit le pouvoir) ; il peut se critiquer, il peut se contraindre ; c'est là une création originale, une tentative pour créer ce que j'oserai nommer l'*esprit de l'esprit* » (p. 220-221). Il est vrai que cette opposition de l'esprit à la vie est parfois appréhendée comme un simple phénomène, voire une apparence : « Ainsi l'esprit semble abhorrer et fuir le procédé même de la vie organique profonde [...] L'esprit, par là, s'oppose donc bien à l'allure de la machine à vivre... il développe [...] la loi fondamentale [...] de la sensibilité » (p. 222-223).

Sous la brillante singularité de l'aphorisme ou du trait d'esprit valéryen, on reconnaît ces invariants profonds, ces répétitions que son auteur oppose justement comme la nature à l'esprit. Les philosophèmes relèvent du même programme et de la même combinatoire que ceux de Hegel, de Husserl et de Heidegger. Simple dissociation ou permutation des traits. Par exemple : 1. S'il s'oppose à la nature et à la vie, l'esprit est histoire et « en général, *les peuples heureux n'ont pas d'esprit*. Ils n'en ont pas grand besoin » (p. 237). 2. L'Europe ne se définit pas par la géographie ou l'histoire empirique : « Vous m'excuserez de donner à ces mots d'Europe et d'Européen une signification un peu plus que géographique, un peu plus qu'historique, mais en quelque sorte *fonctionnelle* » (*Variété*, p. 41). Seul, ce dernier mot aurait suscité, dans ce grand et fabuleux colloque européen, les protestations des autres

la force ? que l'esprit *c'est* une force et *ce n'est pas* une force, il a et il n'a pas de pouvoir. S'il était force en lui-même, s'il était la force elle-même, il ne la perdrait pas, il n'y aurait pas d'*Entmachtung*. Mais s'il ne l'était pas, cette force ou ce pouvoir, l'*Entmachtung* ne l'affecterait pas essentiellement, elle ne serait pas *de l'esprit*. On ne peut donc dire ni l'un ni l'autre, on doit dire l'un et l'autre, ce qui dédouble chacun des concepts : le monde, la force, l'esprit. La structure de chacun de ces concepts est marquée par le rapport à son double : un rapport de hantise. D'une hantise qui ne se laisse ni analyser, ni décomposer, ni dissoudre dans la simplicité d'une perception. Et c'est parce qu'il y a du double que l'*Entmachtung* est possible. Seulement possible puisqu'un fantôme n'existe pas et ne se donne à aucune perception. Mais cette possibilité suffit pour que la destitution de l'esprit en devienne *a priori* fatale. Quand on dit de l'esprit ou du monde spirituel qu'il a et n'a pas de force — d'où la hantise et le double — s'agit-il là seulement d'énoncés contradictoires ? S'agit-il de cette contradiction de l'entendement à laquelle la pensée ne doit pas s'arrêter, comme Heidegger le disait au sujet de l'animal qui a et n'a pas le monde, l'esprit, la question ? Le

---

participants, les Allemands surtout : trop naturaliste et trop techniciste à la fois, ce fonctionnalisme, trop « objectiviste », « mécaniste », « cartésien », etc. 3. La crise comme destitution de l'esprit : « Qu'est-ce donc que cet esprit ? En quoi peut-il être touché, frappé, diminué, humilié par l'état actuel du monde ? D'où vient cette grande pitié des choses de l'esprit, cette détresse, cette angoisse des hommes de l'esprit ? » (*Variété,* p. 34. Cf. aussi *La Liberté de l'esprit,* 1939.) C'est bien ce qu'ils se demandent tous, dans ce symposium imaginaire, dans cette université invisible où se rencontrent pendant plus de vingt ans les plus grands esprits européens. Ils se font écho, discutent ou traduisent la même angoisse admirative : qu'est-ce qui nous arrive *donc ?* qu'est-ce qui arrive *donc* à l'Europe ? qu'est-ce qui arrive *donc* à l'Esprit ? D'où est-ce que cela nous arrive ? Est-ce encore *de l'esprit ?*

Et pour finir la cendre : « La connaissance ayant tout dévoré, ne sachant plus que faire, considère ce petit tas de cendres, et ce fil de fumée qu'elle fit du Cosmos et d'une cigarette » (*Cahiers,* t. XXVI, p. 26).

fantôme s'évanouirait-il devant la pensée comme un mirage de l'entendement, voire de la raison ?

3. Heidegger le dit, la destitution est un mouvement *propre* à l'esprit, il procède de son dedans. Mais il faut bien que ce dedans enveloppe aussi la duplicité spectrale, un dehors immanent ou une extériorité intestine, une sorte de malin génie qui s'introduit dans le monologue de l'esprit pour le hanter. Il le ventriloque et le voue ainsi à une sorte de désidentification auto-persécutrice. Heidegger nomme d'ailleurs, un peu plus loin dans ce même passage, le démonique. Ce n'est évidemment pas le Malin Génie de Descartes (en allemand, pourtant, *der böse Geist*). L'hypothèse hyperbolique du Malin Génie, *au contraire*, cède justement devant cela même qui figure le mal pour Heidegger, celui qui hante l'esprit dans toutes les formes de sa destitution : la certitude du *cogito* dans la position du *subjectum* et donc l'absence de questionnement originaire, le méthodologisme scientifique, le nivellement, la prédominance du quantitatif, de l'extension et du nombre, autant de motifs « cartésiens » dans leur type. Tout cela, qui s'accommode du mensonge et de la destruction, c'est le mal, l'étranger : étranger à l'esprit *dans* l'esprit. Quand Heidegger nomme le démonique [1], il précise dans une brève parenthèse : au sens de la malignité destructrice *(im Sinne des zerstörerisch Bösartigen).* Essence spirituelle du mal. Certaines formules de Heidegger sont ici littéralement schellingiennes. Nous les retrouverons dans le texte sur Trakl qui comporte en son centre une pensée du mal comme tourment *de* l'esprit. La « nuit spirituelle », ou le « crépuscule spirituel » *(geistliche)* (expressions de Trakl que Heidegger voudra soustraire aussi bien à la métaphysique de la *Geistigkeit* qu'à la valeur chrétienne de *Geistlichkeit* — mot qui va ainsi se trouver lui-même dédoublé) ne sont pas sans rapport profond avec ce qui est dit, vingt ans aupara-

1. *Einführung...*, p. 35 ; trad., p. 56.

vant, de l'assombrissement du monde et de l'esprit. De même, l'*Entmachtung* de l'esprit n'est pas sans rapport, dans l'*Introduction...*, avec la décomposition de l'homme, ou plutôt, nous y viendrons, avec le « *verwesende Geschlecht* », le *O des Menschen verweste Gestalt* de Trakl tel que Heidegger l'interprétera dans *Unterwegs zur Sprache*.

La destitution de l'esprit est ainsi une destitution *de soi*, une démission. Mais il faut bien qu'un autre de l'esprit, lui-même pourtant, l'affecte et le divise. Cela, Heidegger ne le dit pas, du moins sous cette forme, même s'il doit, me semble-t-il, impliquer la revenance de ce double quand il parle du démonique.

4. La démission de l'esprit produit et *se* produit comme *Umdeutung* et *Missdeutung :* à la fois comme différence ou mutation interprétative et comme mésinterprétation du sens de l'esprit, de l'esprit lui-même. On ne pourra pas suivre ici les quelques pages qui analysent les quatre grands types de *Um*-et *Missdeutungen*. Chaque mot le mériterait pourtant.

a) Il y a d'abord la démission de l'esprit dans l'intelligence *(Intelligenz)*, l'entendement *(Verständigkeit)*, le calcul *(Berechnung)*, la vulgarisation, la distribution massive *(massenhafte Verteilung)*, le règne des littérateurs et des esthéticiens, de ce qui est « *seulement-spirituel* » (*das* Nur-*Geistreiche :* au sens du bel esprit, du « avoir-de-l'esprit »). Cette prétendue culture intellectuelle de l'esprit ne manifeste ainsi que simulacre et manque d'esprit. Il va de soi que la forme des propositions que j'avançais tout à l'heure (paradoxes, contradictions discursives — et donc une structure de hantise) trahirait, aux yeux de Heidegger, la même démission de l'esprit devant l'autorité calculatrice de l'entendement. Dois-je préciser que je ne souscrirais pas à ce diagnostic ? Sans en proposer un autre, tout ce que je fais ou me propose de faire ici, c'est de commencer à penser, je ne dirai même plus à questionner, l'axiomatique de cette diagnose, le statut qu'elle assigne de façon encore bien hegélienne à l'entendement, et jusqu'à l'impératif, voire à la « piété » du questionnement. Nous y revenons plus loin.

b) Il y a ensuite l'instrumentalisation de l'esprit. Comme Bergson, et sur ce point du moins (on sait maintenant que Heidegger le lisait d'ailleurs plus que ses textes ne le donnent à croire), Heidegger associe en ce lieu l'intelligence *(Intelligenz)*, cette falsification de l'esprit, à l'instrument *(Werkzeug)* et à l'instrumentalisation. Le marxisme est nommé deux fois dans ce paragraphe : la transformation de l'esprit en intellect superstructurel et impuissant ou, symétriquement, si on peut dire, l'organisation du peuple comme masse vivante ou comme race. Voici au moins quelques lignes pour donner à entendre le ton de cet enseignement. Il vise le culte du corps aussi bien en Russie qu'en Allemagne. Je crois que c'est un an avant les mémorables Jeux olympiques de Berlin (encore l'axe gréco-allemand et l'élévation vers les « dieux du stade ») au cours desquels un *Führer* refusa de serrer la main de Jesse Owen, le coureur noir :

> [...] toute vraie force et vraie beauté du corps, toute sûreté et hardiesse de l'épée *(Kühnheit des Schwertes)*, mais aussi toute authenticité *(Echtheit)* et toute ingéniosité de l'entendement se fondent dans l'esprit, et ne trouvent leur élévation *(Erhöhung)* et leur déchéance *(Verfall)* que dans la puissance ou l'impuissance de l'esprit *(Macht und Ohnmacht des Geistes)*[1].

c) Quand le monde spirituel démissionne devant l'instrument, il devient culture ou civilisation *(Kultur)*. Pour l'expliquer, Heidegger cite sa conférence inaugurale de 1929 *(Qu'est-ce que la métaphysique ?)*. Il y prélève ce passage qui distingue entre la mauvaise unité de l'université, l'unité technique ou administrative, qui n'a d'unité que le nom, et l'unité *vraiment*

1. P. 36 ; trad. légèrement modifiée, p. 57.

spirituelle. Cette dernière seule est une vraie *unité* car le *propre* de l'esprit est justement d'unir. En cernant ce qui manque à l'université, Heidegger donne de l'esprit une définition qui, me semble-t-il, ne bougera plus dans son œuvre : « *eine usrprünglich einigende, verpflichtende geistige Macht* », une puissance spirituelle qui originairement unit et engage, assigne, oblige.

d) Quatrième forme de la démission : la référence à l'esprit peut devenir thème de propagande culturelle ou de manœuvre politique, notamment quand le communisme russe change de tactique et se recommande de l'esprit après avoir milité contre lui. L'argument de Heidegger paraît ici terriblement équivoque : *mutatis mutandis,* quoi de sa propre tactique — et cette tactique est aussi politique — quand elle change et passe d'une déconstruction à une célébration de l'esprit ?

Après avoir dénoncé cette quatrième mésinterprétation, Heidegger définit encore l'esprit, cette fois en citant le *Discours de rectorat.* Mais qu'est-ce qui devient alors spectaculaire dans cette citation ? Assez discrètement spectaculaire, néanmoins, pour qu'on n'y ait jamais prêté attention [1] ? Le jeu muet des guillemets. Car nous prenons au sérieux ce qui se joue en ce jeu. Nous nous intéressons toujours à cette dramaturgie — qui est aussi une pragmatique — des signaux de lecture, à l'enjeu de ces marionnettes typographiques, à ce tournemain, à une manuscription artisanale et si agile. La main calcule très vite. En silence elle machine, prétendument sans machine, l'alternance instantanée d'un *fort/da,* l'apparition soudaine, puis la

1. Beda Allemann écrit par exemple : « *Esprit* est un de ces mots que, dès *Être et Temps,* Heidegger n'emploie plus qu'entre guillemets. C'est une des paroles fondamentales de la Métaphysique absolue. » (*Hölderlin et Heidegger,* trad. F. Fédier, PUF, 1959, p. 219.) C'est le contraire qui est vrai, et massivement, nous ne cessons de le vérifier. Dès après *Sein und Zeit,* justement, Heidegger n'écrit plus *esprit* entre guillemets. Il lui arrive même, nous allons le voir dans un instant, d'effacer *après coup* les guillemets encore présents dans une publication antérieure, le *Discours de rectorat.*

disparition de ces petites formes aphones qui disent et changent tout selon qu'on les montre ou les cache. Et quand on les range après les avoir exhibées, on peut parler d'une répression, d'une suppression, d'autres diraient d'une dénégation, mettons d'une *mise au pas*. L'opération est proprement *conduite*, conduite de main de maître. Je rappelle qu'en allemand « guillemet » se dit *Anführungsstriche* ou *Anführungszeichen*. *Anführen*, conduire, prendre la tête, mais aussi duper, se payer la tête ou bourrer le crâne de quelqu'un.

A quoi tient ici le spectaculaire ? A ceci, sans doute : en cette unique occasion, la suppression, on n'ose pas dire la censure, des guillemets opère dans la citation d'un texte déjà publié. D'un texte du même auteur dont l'unique version publiée comporte des guillemets, ceux-là mêmes que la citation, du même auteur par le même auteur, tout à coup fait sauter. Dans la définition de l'esprit proposée par le *Discours de rectorat*, les guillemets restaient encore, résidu déjà tout à fait exceptionnel. Ils disparaissent dans la citation qu'en donne l'*Introduction*... deux ans après.

C'est la seule modification, et Heidegger ne la signale pas. Il indique pourtant jusqu'à la page du *Discours de rectorat* qu'il vient de citer. Il faut donc être très curieux pour percevoir une révision ainsi passée sous silence. Elle opère, peut-être avec la lucidité de l'inadvertance, comme l'effacement d'un remords par un autre : rature invisible, rature à peine perceptible de ce qui déjà, comme font chaque fois des guillemets, esquisse le mouvement poli d'une rature. Voici donc la définition de l'esprit (ouvrez les guillemets pour la citation, levez les guillemets autour de *Geist* dans la citation ainsi « actualisée »).

> L'esprit [entre guillemets dans le *Discours*] ce n'est ni la sagacité vide, ni le jeu gratuit de la plaisanterie, ni le travail d'analyse illimité de l'entendement, ni même la raison du monde, mais l'esprit [là les guillemets avaient déjà sauté dans le *Discours*] est l'être-résolu [ou l'ouverture déterminée : *Entschlossenheit*] à l'essence de l'être,

d'une résolution qui s'accorde au ton de l'origine et qui est savoir [1].

Comment réveiller l'esprit ? comment le conduire de la *démission* à la responsabilité ? en le rappelant au souci de la question de l'être et dans le même mouvement, en lui, à la prise en charge de l'envoi (*Sendung*), d'une *mission*, la mission historiale de *notre peuple*, en tant que milieu de l'Occident :

> L'esprit est le plein pouvoir donné aux puissances de l'étant comme tel et en totalité (*die Ermächtigung der Mächte des Seienden als solchen im Ganzen*). Là où l'esprit règne (*herrscht*), l'étant comme tel devient toujours et en toute occasion plus étant (*seiender*). C'est pourquoi le questionner vers l'étant comme tel en totalité, le questionner de la question de l'être, est une des questions fondamentales essentielles pour un réveil de l'esprit (*Erweckung des Geistes*), et par là pour le monde originaire d'un être-là historial, et par là pour maîtriser le danger d'assombrissement du monde, et par là pour une prise en charge de la mission historiale (*geschichtliche Sendung*) de notre peuple, en tant qu'il est le milieu de l'Occident [2].

Le réveil de l'esprit, la réappropriation de sa puissance passe donc, une fois encore, par la responsabilité du questionnement, telle qu'elle se trouve confiée, assignée, destinée à « notre peuple ». Que le même chapitre s'ouvre, en sa conclusion, sur la destinée de la langue (*Schicksal der Sprache*) en laquelle se fonde le rapport (*Bezug*) d'un peuple à l'être, cela montre bien que toutes ces responsabilités sont entrelacées, celle de notre peuple, celle de la question de l'être et celle de notre langue. Or au début

1. P. 37-38. Je cite la traduction de Gérard Granel (p. 13) puisque je l'avais fait plus haut pour ce même passage. Elle est assez différente de celle de Gilbert Kahn dans l'*Introduction*... (p. 59). Mais la différence ne concerne évidemment pas le jeu des guillemets.

2. P. 38 ; trad. légèrement modifiée, p. 59-60.

du chapitre sur la grammaire du mot « être », c'est encore la qualité *spirituelle* qui définit le privilège absolu de la langue allemande.

Pourquoi ce privilège incommensurable d'une langue ? Et pourquoi ce privilège se détermine-t-il au regard de l'esprit ? Quelle en serait la « logique », si on peut parler encore de logique dans une région où se décide l'originarité du langage et de la langue ?

La « logique » qui justifie un tel privilège est insolite, naturellement unique, mais irréfutable aussi et confiée à une sorte de paradoxie dont la formalité mériterait de longs développements. Elle appelle, selon l'humeur, les considérations les plus sérieuses ou les plus amusées. (C'est là ce que j'aime chez Heidegger. Quand je pense à lui, quand je le lis, je suis sensible à ces deux vibrations à la fois. C'est toujours terriblement dangereux et follement drôle, sûrement grave et un peu comique.) Dans le passage bien connu que je vais citer, je soulignerai deux traits auxquels on n'a peut-être pas prêté toute l'attention nécessaire :

> Le fait que la formation *(Ausbildung)* de la grammaire occidentale soit due à la réflexion *(Besinnung)* grecque sur la langue *grecque* donne à ce processus toute sa signification. Car cette langue est, avec l'allemande *(neben der deutschen)* [au point de vue des possibilités du penser], à la fois la plus puissante de toutes *(die mächtigste)* et celle qui est la plus spirituelle *(geistigste)*[1].

Deux traits à souligner, donc, et deux *dissymétries* fort singulières.

1. La première dissymétrie déséquilibre le rapport entre le grec et l'allemand d'une part, toutes les langues du monde d'autre part. Heidegger n'entend pas seulement rappeler qu'on pense toujours dans une langue et que quiconque l'affirme doit encore le faire dans sa langue sans pouvoir ni devoir s'installer dans

1. P. 43 ; trad. légèrement modifiée, p. 67.

quelque neutralité métalinguistique. Et en effet, on doit signer ce théorème dans sa langue. Une telle signature n'est jamais individuelle. Elle engage, par la langue, un peuple ou une communauté. Non, une telle proposition, qui pourrait correspondre à une sorte de relativisme linguistico-culturel et anthropologique — toutes les communautés pensent et pensent également dans leur langue — ne correspond pas à la pensée de Heidegger. Elle ne correspond pas, dirait-il, à la *pensée* en tant que celle-ci *correspond* uniquement avec l'être et ne peut lui correspondre que selon l'événement singulier d'une langue capable de nommer, d'appeler l'être ou de s'entendre, plutôt, appelée par l'être.

Que le privilège conjoint de l'allemand et du grec soit ici absolu au regard de la pensée, de la question de l'être, et donc de l'esprit, c'est ce que Heidegger implique partout. Mais dans l'entretien du *Spiegel*, il le dit d'une façon tranquillement arrogante, peut-être un peu naïve, à la fois armée et désarmée, et je dirais, dans « notre » langue, sans beaucoup d'esprit. Devant de telles sentences, on aurait envie de mettre un point d'exclamation très latin à mon titre : de l'esprit, que diable ! (retour du diable dans un moment, et du double au cœur du *Geist*).

Voici donc un certain Heidegger quand on lui tend le micro ou *der Spiegel*.

> Je pense à la parenté particulière qui est à l'intérieur de la langue allemande avec la langue des Grecs et leur pensée. C'est une chose que les Français aujourd'hui me confirment sans cesse. Quand ils commencent à penser, ils parlent allemand : ils assurent qu'ils n'y arriveraient pas dans leur langue [1].

On imagine la scène de ces confidences, ou plutôt de cette « confirmation ». Heidegger ne l'a certaine-

1. *Martin Heidegger interrogé par « Der Spiegel ». Réponses et questions sur l'histoire et la politique,* trad. Jean Launay, Mercure de France, 1976, p. 66-67.

ment pas inventée : « ils » vont se plaindre de leur langue auprès du maître et, on peut le supposer, dans la langue du maître. En son fond abyssal, cette déclaration n'est pas nécessairement sans vérité, elle devient même un truisme si l'on accepte une axiomatique fondamentale selon laquelle le sens de *Geist*, *Denken*, *Sein* et de quelques autres mots ne se laisse plus traduire et ne se pense donc qu'en allemand, même si on est français. Que peut-on dire et penser d'autre en allemand ? Mais l'assurance dogmatique, aggravée par le ton discourtois d'une déclaration proprement envahissante, dans ce qu'elle dit autant qu'en ce qu'elle montre, ferait douter à elle seule de son bien-fondé. L'insolence n'est même pas provocante, elle sommeille dans la tautologie. Fichte disait des choses analogues, au nom de la même « logique », dans son *Discours à la nation allemande :* celui qui pense et donc veut la « spiritualité » dans sa « liberté » et dans son « progrès éternel », celui-là est allemand, il est des nôtres *(ist unsers Geschlechts)* où qu'il soit né et quelque langue qu'il parle. Inversement, celui qui ne pense pas et ne veut pas une telle « spiritualité », même s'il est né allemand et semble parler allemand, même s'il a la compétence dite linguistique de l'allemand, il est « non allemand et étranger pour nous » *(undeutsch und fremd für uns)*, et il est à souhaiter qu'il se sépare de nous totalement[1].

2. Cette rupture avec le relativisme n'est pourtant pas un européo-centrisme. Il y aurait plusieurs manières de le démontrer. L'une d'entre elles consisterait à rappeler que ce n'est pas un européo-centrisme en raison de cette première surenchère : c'est un *centre-européo-centrisme*. Car une autre dissymétrie viendra rompre un jour, et justement au lieu du *Geist*, l'axe gréco-allemand. Vingt ans plus tard, Heidegger devra suggérer en somme que la langue grecque n'a

1. Septième discours, p. 121 ; trad. légèrement modifiée, p. 164.

pas de mot pour dire, donc pour traduire *Geist :* du moins une certaine *Geistlichkeit,* sinon la *Geistigkeit* du *Geist.* La langue grecque, c'est-à-dire aussi bien la langue de la philosophie que la langue des Évangiles. Car si, dans une lecture de Schelling, et du point de vue de Schelling, Heidegger semble concéder que le *Geist,* qui de toute façon n'a jamais été le *spiritus,* nomme du moins la même chose que *pneuma* [1], dans son *Gespräch* avec Trakl, il affirme que *Geist* et *geistlich,* chez Trakl, disent *d'abord* la flamme et non le souffle ou l'inspiration pneumatique. L'adjectif *geistlich* perdrait alors jusqu'à la connotation de spiritualité chrétienne qui l'oppose d'habitude au séculaire ou à la *Geistigkeit* métaphysique. Le *Geist* de cette *Geistlichkeit* ne serait pensable que dans *notre langue.*

Voici donc que des deux langues jumelées, le grec et l'allemand, qui ont en commun la plus grande richesse spirituelle, l'une seulement peut nommer ce qu'elles ont et sont en commun par excellence, l'esprit. Et nommer, c'est donner à penser. L'allemand est donc la seule langue, au bout du compte et de la course, à pouvoir nommer cette excellence maximale ou superlative *(geistigste)* qu'elle ne partage en somme que *jusqu'à un certain point* avec le grec. En dernière instance, elle est la seule langue dans laquelle l'esprit vient à se nommer lui-même. En dernière instance, en dernier lieu, car cet écart entre *Geist* et *pneuma* ne sera marqué qu'en 1953, au moment où sera aussi marquée la différence entre *geistig* et *geistlich,* puis, à l'intérieur de *geistlich,* la différence entre le sens traditionnellement chrétien et un sens plus originaire. Mais en 1935, dans l'*Introduction à la métaphysique,* ce que le grec et l'allemand ont en commun, c'est encore la plus grande *Geistigkeit,* celle qui sera définie, en vérité dénoncée, en 1953, comme un héritage platonicien.

Là encore, la violence de la dissymétrie ne doit pas surprendre. Elle confine aussi au truisme ou à la

1. *Schellings Abhandlung,* p. 154 ; trad. J.-F. Courtine, Gallimard, 1977, p. 221.

tautologie. Dire, comme le fait encore Heidegger dans l'*Introduction*..., que le privilège *partagé* par le grec et l'allemand est celui du *Geist*, c'était *déjà* interrompre le partage et accentuer une deuxième fois la dissymétrie. On ne peut pas demander son approbation au grec. S'il l'avait donnée, il l'aurait du moins donnée dans sa langue. Il aurait dit : oui, *pneuma* en effet, nos deux langues sont, du point de vue de la possibilité du penser *(noein ?)*, les plus pneumatiques ou pneumatologiques. Il se serait peut-être servi d'autres mots encore mais n'aurait pas manqué de revendiquer la prérogative du grec, seul à pouvoir dire et penser cela. Plus vraisemblablement, dans la logique de ce truisme fabuleux[1], on peut gager que le Grec n'aurait pas

1. Nous le suggérions plus haut, tout cela paraît « un peu comique » malgré la gravité des enjeux. Rester sensible à ce comique, savoir rire encore devant telle ou telle manœuvre, cela pourrait devenir un devoir (éthique ou politique, si l'on veut) et une chance, malgré le soupçon que tant de philosophes allemands, de Kant à Heidegger, ont expressément fait peser sur le *Witz*, le *wit* ou l' « esprit » (« français »), la chance *de l'esprit*. Dans ce concert des langues européennes, nous entendons déjà le grec, l'allemand, le latin, le français. Mais desserrons ici ce qui se tient peut-être trop près du *centre* européen, contraint, comprimé dans l' « étau », opprimé, voire réprimé dans le « milieu ». Pour reprendre souffle et respirer un peu, l'*excentricité* n'est-elle pas de rigueur ? Je rappellerai donc dans sa langue l'esprit anglais de Matthew Arnold. Ceux qui ont lu *Friendship's Garland* se souviennent de « ... the great doctrine of " Geist " », et comment dans la lettre 1, « I introduce Arminius and " Geist " to the British public ». Quelques fragments pour inviter à lire ou à relire quelqu'un qui, déjà au siècle dernier, ne fut sans doute pas tout à fait sourd à une certaine intraductibilité du *Geist*. Il sut en tout cas laisser le *Geist* intouché dans sa langue : « " Liberalism and despotism " ! cried the Prussian ; " let us go beyond these forms and words. What unites and separates people now is *Geist*. (...) There you will find that in Berlin we oppose " Geist ", — *intelligence*, as you or the French might say, — to " Ungeist ". The victory of " Geist " over " Ungeist " we think the great matter in the world. (...) We North-Germans have worked for " Geist " in our way (...) in your middle class " Ungeist " is rampant ; and as for your aristocracy, you know « Geist » is forbidden by nature to flourish in an aristocracy. (...) What has won this Austrian battle for Prussia is " Geist " (...)... I will give you this piece of advice, with which I take my leave : " *Get Geist*. " " Thank God, this d--d professor (to speak as Lord Palmerston) is now gone

songé un instant, et pour cause, à associer l'allemand à cette revendication. Pas même un instant, pas même par provision, comme le fait encore Heidegger en 1935.

---

back to his own *Intelligenz-Staat*. I half hope there may next come a smashing defeat of the Prussians before Vienna, and make my ghostly friend laugh on the wrong side of his mouth ". » Très liées à *Culture and Anarchy*, ces douze lettres fictives furent rassemblées en livre en 1871. Arnold prit un grand plaisir à jouer le rôle de l'*editor* et à écrire des notes : « I think it is more self-important and *bête* if I put Ed. after every note. It is rather fun making the notes. » C'était une lettre à son éditeur : *bête* y est en italique, puisqu'en français dans le texte, comme *esprit*, pour les mêmes raisons (voir plus haut), dans l'*Anthropologie* de Kant. C'est ce que je voulais souligner à mon tour. Et que cette fable du *Geist* passe par la bouche d'un esprit, d'un « ami fantôme », ce « ghostly friend » qu'on voudrait bien faire rire, espoir ambigu (« half hope »), « on the wrong side of his mouth ».

Be the way, *Get Geist* est à peine traduisible, et non seulement à cause de *Geist*, mais à cause de *Get*. *Profondément* intraduisible, la profondeur inapparente de ce *Get* qui dit à la fois *l'avoir, le devenir et l'être*. *Get Geist :* 1. ayez, sachez acquérir, obtenir, gagner ou appréhender (du ou le) *Geist* 2. Soyez ou devenez, apprenez à devenir *vous-même Geist*. Et *Geist* fonctionne alors comme attribut (devenez « esprit » comme on dirait « get mad », « get drunk », « get married », « get lost » « get sick », « get well » ou « get better ») et comme nom (« get religion » : convertissez-vous), bref, *devenez ou ayez, vous-même, l'esprit lui-même*. La résistance de cette intraductibilité, la mêmeté dans la relation à soi, en soi, d'un *Geist* qui est ce qu'il a, devient ce qu'il a ou aura dû être, ne la voit-on pas ainsi transférée, d'un trait d'esprit et sous la manche, de l'autre côté, à gauche, vers le *premier mot*, à savoir le *verbe* de la sentence babélienne : *Get Geist ?* L'esprit tient à la force performative et tout initiale de ces deux mots : injonction, demande, prière, désir, conseil, ordre, prescription. Aucun constat ne prévient la marque d'esprit, aucune histoire n'aura pu précéder ce remarquable trait d'esprit. Culture et anarchie. Au commencement — pas de commencement. L'esprit s'apostrophe en *ce verbe*, il se l'adresse et *se* dit, il se le dit, qu'il se le dise et que ce soit bien entendu : au commencement, il y aura eu, fantôme du futur antérieur, *Get Geist : de l'esprit*.

VIII

Au cours des mêmes années, on le sait, la stratégie de l'interprétation concerne aussi Nietzsche. Elle devait la soustraire à toute réappropriation biologiste, zoologiste ou vitaliste. Cette stratégie de l'interprétation est aussi une politique. L'extrême ambiguïté du geste consiste à sauver une pensée en la perdant. On y décèle une métaphysique, la dernière, et on y ordonne toutes les significations du texte nietzschéen. Comme chez Hegel, il s'agirait encore d'une métaphysique de l'absolue subjectivité. Mais la subjectivité inconditionnée n'est plus ici celle du vouloir qui *se sait lui-même*, à savoir de l'esprit, mais la subjectivité absolue du corps, des impulsions et des affects : la subjectivité inconditionnée de la volonté de puissance. L'histoire de la métaphysique moderne, qui détermine l'essence de l'homme comme *animal rationale*, se partage ainsi. Deux versants symétriques de la subjectivité inconditionnée : la rationalité comme esprit d'un côté, l'animalité comme corps de l'autre :

> L'essence inconditionnée de la subjectivité de ce fait se déploie nécessairement en tant que *brutalitas* de la *bestialitas*. [...] *Homo est brutum bestiale*[1].

1. *Nietzsche,* t. II, p. 200, trad. P. Klossowski, Gallimard, 1971, p. 160.

Mais cette chose que Nietzsche appelle « la bête blonde », nous devrions la penser métaphysiquement sans nous précipiter vers une philosophie de la vie, vers un vitalisme ou un biologisme, sans conférer la signification de « vital » ou de « biologique » à la totalité de l'étant. Il faudrait faire le contraire, qui est en même temps tout autre chose : réinterpréter le vital à partir de la volonté de puissance. Celle-ci « n'est rien de " vital " ni de " spirituel ", en revanche le " vital " (le " vivant ") et le " spirituel " sont, en tant que de l'étant, déterminés par l'être dans le sens de la Volonté de puissance[1] ».

De la même manière, la pensée de la race *(Rassengedanke)* s'interprète sur le mode métaphysique et non biologique[2]. En inversant ainsi le sens de la détermination, Heidegger allège-t-il ou aggrave-t-il cette « pensée de la race » ? Une métaphysique de la race, est-ce plus grave ou moins grave qu'un naturalisme ou un biologisme de la race ? De cette stratégie encore équivoque, laissons la question aussi suspendue.

Nietzsche ne proposerait donc pas une philosophie de la vie ou une explication darwiniste de la rationalité, donc de l'esprit au sens hegélien, cette autre part de l'animal rationnel. Heidegger s'en prend néanmoins à ceux pour qui l'esprit, selon Nietzsche, serait « " l'adversaire de l'âme " donc de la vie » *(« Geist als Widersacher der Seele », d.h. des Lebens*[3]*)*. Non, Nietzsche ne désavoue pas, il ne dénie pas l'esprit, il ne l'évite pas. L'esprit n'est pas l'adversaire *(Widersacher)* mais l'éclaireur *(Schrittmacher)*, il entraîne et encore une fois *conduit* l'âme dont il fraye la voie. Quand il s'oppose à l'âme, c'est-à-dire à la vie, quand il le fait durement, c'est en faveur et non au détriment de la vie.

Esprit/âme/vie, pneuma/psyché/zoè ou *bios, spiritus/anima/vita, Geist/Seele/Leben,* voilà les triangles et les

1. T. II, p. 300, trad., p. 241.
2. T. II, p. 309, trad., p. 247.
3. T. I, p. 581, trad., p. 451.

carrés dans lesquels nous feignons imprudemment de reconnaître des déterminations sémantiques stables, puis de circonscrire ou de contourner les abîmes de ce que nous appelons ingénument la traduction. Nous nous demanderons plus tard ce que pourrait signifier l'ouverture de ces angles. Et d'abord ce qui se passe entre l'esprit et la *psyché*.

Le rapport de l'esprit à l'âme situerait le foyer, si on peut dire, de ces *Leçons* de 1942 rassemblées sous le titre « L'essence du poète comme demi-dieu », notamment dans le chapitre consacré à « l'esprit qui fonde historialement » *(Der geschichtlich gründende Geist*[1]*)*. Il s'agit d'élucider certains vers de Hölderlin publiés en 1933 par Beissner :

nemlich zu Hauss ist der Geist
nicht im Anfang, nicht an der Quell. Ihn zehret die Heimath.
Kolonie liebt, und tapfer Vergessen der Geist.
Unsere Blumen erfreun und die Schatten unserer Wälder
den Verschmachteten. Fast wäre der Beseeler verbrandt.

Je ne me risquerai pas à traduire ces quelques vers, surtout pas les deux premiers dont la syntaxe, la place et l'intonation du « *nicht* » font depuis assez longtemps l'enjeu d'un débat dans lequel il n'est peut-être pas indispensable de s'engager ici.

« Qui est " l'esprit " ? » demande Heidegger[2]. Qui est l'esprit qui « *zu Hauss ist.../nicht im Anfang, nicht an der Quell...* » *?*

A cette époque, nous explique-t-il, le mot « esprit » a une signification univoque, même si elle n'est pas pleinement développée. Cette signification essentielle, Hölderlin la tient de la pensée de Hegel et de Schelling. Mais on s'égarerait à en conclure que Hölderlin a *emprunté* le concept métaphysique d'esprit pour l'assumer ici ou là dans la poésie. D'abord un

1. Gesamtausgabe, Bd. 53, p. 156 et suiv.
2. P. 157.

poète et un poète du rang de Hölderlin n'*emprunte* pas, il n'*assume* pas quelque chose comme un « concept ». Ensuite son *Auseinandersetzung* poétique avec la pensée métaphysique le conduit à lui donner congé, à la « surmonter » dans ce rapport même. Si son mot *Geist* se laisse déterminer par la métaphysique allemande, il ne lui est pas identique, il ne se réduit pas à ce que celle-ci pense, sur le mode systémique, dans ses concepts d'esprit subjectif ou objectif[1]. Pour ces systèmes métaphysiques, le *Geist* est l'inconditionné absolu qui détermine et *rassemble* tout étant. Il est donc, en tant qu'esprit, le « *gemeinsame Geist* », l'esprit de rassemblement (plutôt que l'esprit commun). Dans son concept métaphysique, en tant qu'il rassemble, l'esprit est, par excellence, la pensée, le penser même *(Denken)*. Il est proprement *(eigentlich)*, il est vraiment l'esprit en tant que, pensant l'essentiel, il rassemble — ce qu'il fait en *se pensant lui-même*, en se retrouvant ainsi chez lui, *auprès de lui-même (zu Hauss)*. Ses pensées ne lui appartiennent pas seulement, elles sont — et c'est le vers de Hölderlin — des pensées de l'esprit qui rassemble dans la communauté :

des gemeinsamen Geistes Gedanken sind.

On ne devrait pas y lire une proposition métaphysique « égarée » dans un poème. L'hymne médite poétiquement l'esprit comme ce qui est ; et ce qui est assigne à tout étant l'envoi ou le destin de son être. Cette assignation ou cette mission se dit tout au long de la chaîne de *Geschick, das Schickliche, Schicksal, Geschichte* dont l'intraductibilité n'est pas étrangère au fait que la langue dans laquelle cette chaîne se déploie

1. « Le travail de l'esprit, suivant la doctrine de l'idéalisme moderne, c'est l'acte de poser *(das Setzen)*. Parce que l'esprit est conçu comme sujet et donc représenté *(vorgestellt)* à l'intérieur du schéma sujet-objet, l'acte de poser (Thesis) doit être la synthèse entre le sujet et ses objets. » (*Unterwegs zur Sprache*, p. 248.)

est elle-même le *lieu propre*, voire l'idiome irremplaçable de cette mission assignatrice, de cet envoi de l'histoire même. L'homme ayant un rapport privilégié à l'étant comme tel, son ouverture à ce qui lui est envoyé — dispensé, destiné — lui confère une *Geschichtlichkeit* essentielle. Celle-ci lui permet d'être et d'avoir une histoire.

Supposons que cette interprétation de l'esprit — ce qui *rassemble* ou en quoi le rassemblant se rassemble — ne soit pas en effet une proposition métaphysique *égarée* dans le poème. Il faudra encore prendre au sérieux au moins une double évidence : la formulation heideggérienne en est la même, qu'il s'agisse, dix ans plus tard, de l'esprit dans l'œuvre de Trakl qu'il veut aussi soustraire à la pneumatologie ou à la spiritualité métaphysique et chrétienne, ou qu'il s'agisse, quelques années avant ces leçons sur Hölderlin, du cours sur Schelling *(Traité de 1809 sur l'essence de la liberté humaine)*. Ce cours accentue l'essence « unissante » de l'esprit qui est « unité originairement unissante » *(ursprünglich einigende Einheit)*[1].

A propos de *cette* unité Heidegger écrit alors : « En tant qu'unité l'esprit est πνεῦμα » (*Als solche Einheit ist der Geist* πνεῦμα).

Ce qu'il nomme alors *das Wehen* (mot qui dit le souffle mais n'est jamais loin de la souffrance ou du soupir, de la « spiration » essoufflée ou essoufflante de l'esprit) n'est que le souffle *(Hauch)* ou l'aspiration de ce qui proprement unit de la façon la plus originaire : l'amour. Mais pour Schelling, l'esprit est moins haut que l'amour, dont il est seulement le souffle. L'esprit manifeste le souffle de l'amour, l'amour dans sa respiration. Il est plus facile à nommer — et d'ailleurs il profère le Verbe — que l'amour qui, lui, « était présent » *(da war)*, si on peut dire, avant que le fond et l'existant ne se séparent. Comment désigner l'amour ? Comment nommer le Très-Haut de ce qui est au-dessus de l'esprit et qui ainsi meut l'esprit, l'inspire ou

1. P. 154, trad. J.-F. Courtine, légèrement modifiée, p. 221.

l'exhale ? Comment le désigner *(bezeichnen) ?* demande Schelling :

> Car même l'esprit n'est pas encore le Plus-Haut ; il n'est que l'esprit, c'est-à-dire le souffle de l'amour. Mais c'est l'amour qui est le Plus-Haut. Il est ce qui était présent avant que le fond et avant que l'existence ne fussent (en tant que séparés), cependant il n'était pas encore présent en tant qu'amour, mais... mais comment le désigner ? (p. 405-406) [1].

« Ici le " verbe " *(das Wort)* abandonne aussi le penseur », note alors Heidegger. « Ici » : en ce lieu où il s'agit de dire l'amour, le Plus-Haut, l'origine unique et unifiante du langage, autrement dit du souffle. « Aussi » le penseur, parce que le verbe, le mot *(das Wort)*, c'est donc le moment du souffle ou de l'esprit qui à un certain point manque de mot. Car, en tant que langage, il ne peut se retourner ou s'élever pour nommer ce qui, avant lui ou plus haut que lui, le met en mouvement : son origine, l'amour. Ce que dit ici Schelling, et que commente alors Heidegger, du désir infini en Dieu, de la séparation, de la nostalgie *(Sehnsucht)* et du mal dont la possibilité tient à la divisibilité du *Geist* en l'homme (et non en Dieu) [2], tout cela laisse des traces lisibles dans les lectures de Trakl. Et d'abord de Hölderlin, vers qui je reviens brièvement.

Que l'esprit fonde l'histoire et que l'envoi reste pour l'homme un avenir, le venir d'un avenir ou l'à-venir d'un venir, voilà ce que Hölderlin pense en poète. Et puisqu'en lui imposant ce mot de la langue française, j'ai beaucoup parlé de l'esprit comme d'un *revenant*, Heidegger dirait ici, dans un autre langage, qu'il faut penser la revenance à partir d'une pensée toujours à venir du venir. La revenance même reste à venir depuis la pensée en elle du venant, du venant en son venir même. Voilà ce que Hölderlin pense, ce dont il a

1. *Ibid.*
2. P. 169, trad., p. 243.

l'expérience et la garde en poète. Être poète *(dichten)* en ce sens, c'est être voué à cette expérience et à cette garde. En tant qu'il fonde historialement, l'esprit trouve son lieu, il a lieu d'abord dans le poète, dans l'âme *(Seele)* du poète. L'âme est ici le synonyme, un « autre mot » pour « *Mut* » ou « *Gemüt* ». Le *Gemüt* n'est pas l'esprit, mais le *Gemüt* du poète accueille, héberge l'esprit, il donne lieu en lui à la bien-venue de l'esprit, du *Geist* — venant ou revenant en lui.

> *Das Kommende in seinem Kommen wird erfahren und bewahrt im Dichten. Der geschichtlich gründende Geist muss daher zuerst seine Stätte finden im « Mut » des Dichters. Das andere Wort für das « Gemüt » ist « Seele » (p. 160).*

Ce qui manque à la métaphysique de la subjectivité, lisait-on dans *Sein und Zeit,* c'est une juste interprétation du *Gemüt.* Nul doute que Heidegger prétende la rencontrer ici à l'écoute de Hölderlin[1]. L'âme n'est pas le principe de la vie pour les animaux et les plantes mais l'essence du *Gemüt* qui accueille en lui les pensées de l'esprit :

> *Des gemeinsamen Geistes Gedanken sind*
> *Still endend in der Seele des Dichters*

Les pensées de l'esprit habitent l'âme du poète, elles y sont chez elles, indigènes, *heimisch.* Le poète donne l'âme plutôt qu'il ne donne la vie. Il est le *Beseeler,* non pas l'animateur ou le meneur de jeu mais celui qui insuffle l'âme. Il donne son espace à l'esprit, il le fait régner dans ce qui est. En disant ce qui est, il le laisse paraître dans sa *Begeisterung.* La *Begeisterung*

1. Peut-être aussi dans la lecture constante de Maître Eckart. Celui-ci écrit par exemple : « Or Augustin dit que, dans la partie supérieure de l'âme, qui se nomme *mens* ou *gemüte,* Dieu a créé, en même temps que l'être de l'âme, une puissance *(craft)* que les maîtres nomment réceptacle *(sloz)* ou écrin *(schrin)* de formes spirituelles ou d'images [« idées »] formelles. » *Renovamini... spiritu mentis vestrae,* trad. Jeanne Ancelet-Hustache, in *Sermons,* Le Seuil, 1979, t. III, p. 151. Cf. aussi *Psyché...,* p. 583 et suiv.

du poète, sa passion, son enthousiasme, je n'ose pas dire son « inspiration » (et comme « animateur », c'est toujours le mot latin qui semble trahir), ouvre ce dire de l'esprit : « *Dichten* » *ist das Sagen der Gedanken des Geistes : Dichten ist dichtender Geist.*

L'espace d'une conférence ne permet pas d'analyser la lecture proposée par Heidegger des vers

nemlich zu Hauss ist der Geist
nicht im Anfang, nicht an der Quell. Ihn zehret die Heimath.

Il faudrait entendre Adorno et Beda Allemann, qui ont contesté cette lecture. Il faudrait aussi prendre en compte l'attention subtile que Heidegger porte à la *Betonung* (comme dans *Der Satz vom Grund*), aux différentes possibilités de marquer l'accent tonal, celui du *nicht* par exemple dans les vers que je viens de citer [1]. Je dois me contenter d'isoler dans cette lecture les mots ou les motifs qui pourraient nous guider dans la reconnaissance d'un trajet. Ce mouvement suit une sorte de limite. Dès lors, il touche aux deux bords de la limite et rend le partage quasiment impossible. C'est la limite entre une pensée métaphysique de l'esprit, dont relèvent les philosophèmes systématiques de Hegel, de Schelling, mais aussi, pour une certaine dimension de son dire, de Hölderlin, et, d'autre part, l'autre part du partage, ces *Dichter* que sont le même Hölderlin, le même mais un autre, et Trakl.

Les mots ou les motifs qui pourraient nous guider dans ce trajet, ce sont d'abord, justement, ceux qui disent le *motif*, le *mouvement*, le *trajet*. Il s'agit toujours d'une pensée non pas du cercle mais du retour, d'une volte de la *Rückkehr* vers le chez soi (*Heimat, heimisch,* « *nemlich zu Hauss* »). Il appartient à l'essence de l'esprit qu'il ne soit proprement (*eigentlich*) que s'il est auprès de lui-même. C'est ainsi seulement que *der*

1. P. 161.

gemeinsame Geist se rassemble. Ce désir du rassemblement ou du remembrement installe en lui la nostalgie, cette *Sehnsucht* dont le cours sur Schelling nous rappelle que le terme *Sucht* n'y a rien à voir, étymologiquement, avec le *suchen* de la recherche, mais avec le mal, *siech,* la maladie, l'épidémie. Ce mal s'inscrit dans le désir, et comme le désir même, il porte en lui une motivité, une « mobilité *ad-versée* » (gegenwendige *Bewegtheit*) : sortir de soi et rentrer en soi [1]. Le mal de cette *Sehnsucht* qui pousse à sortir de soi pour rentrer en soi ou de rentrer en soi pour sortir de soi, c'est l'essence de l'esprit dont Hölderlin parle en poète. « Dans l'esprit, dit Heidegger, règne la nostalgie de sa propre essence [2]. » Dès lors, au commencement de cette expropriation-réappropriation, dans cette *ex-appropriation,* l'esprit n'est jamais chez lui. C'est depuis cette sorte de dé-propriation originaire que Heidegger interprète

Kolonie liebt, und tapfer Vergessen der Geist.

Il aime la colonie, et le vaillant oubli, l'Esprit [3].

Il faudrait analyser un autre motif. Je ne peux ici que le situer sur le même chemin. Ce serait celui du *feu.* Il croise celui du retour, et Heidegger l'interprète à travers l'expérience des Allemands, entre le premier vers de *Der Ister* qui dit au feu « viens », « viens maintenant ! », apostrophe qui, instituant le feu en ce qui vient, en la venue ou l'avenir de ce qui vient, vient elle-même, l'apostrophe, du feu qu'elle appelle et qui en vérité d'une volte la provoque, toujours l'aura déjà provoquée, fait parler comme le feu le poète :

Jezt komme, Feuer!

Maintenant viens, ô feu !

1. *Schelling...,* p. 150, trad., p. 216.
2. Gesamtausgabe, Bd. 53, p. 163.
3. Trad. F. Fédier, in Beda Allemann, *o.c.,* p. 219.

et cette lettre à Böllendorf (4 XII, 1801) qui parle d'un « feu du ciel » originairement aussi naturel aux Grecs qu'à nous la clarté de la *Darstellung*.

Hölderlin est celui qui a été frappé par le Dieu de la lumière. « Il *est*, dit Heidegger, sur le chemin de retour *(auf der Rückkehr)* de sa marche vers le feu » *(von der Wanderung zum « Feuer »)*.[1]

Et dans ce projet de strophe finale pour *Pain et vin*, le dernier des cinq vers qui retiennent ici Heidegger nomme la consumation, la brûlure, l'incendie, voire la crémation ou l'incinération du *Beseeler*, de celui qui anime, de celui qui porte l'âme, autrement dit le don de l'esprit. Hölderlin, le *Beseeler*, est consumé dans le feu, près de devenir cendre :

Unsere Blumen erfreun und die Schatten unserer Wälder
den Verschmachteten. Fast wäre der Beseeler verbrandt.[2]

Nos fleurs enchantent et les ombres de nos bois
Celui qui se consume. Il serait presque en cendres l'animant.

Pourquoi ai-je ainsi filtré ces lectures de Nietzsche, de Schelling et de Hölderlin ? Pourquoi n'avoir laissé le passage qu'à ce feu de l'esprit ? C'est qu'on peut commencer, telle est du moins mon hypothèse, à y reconnaître, dans son équivoque[3] ou son indécision même, le chemin de bordure ou de partage qui devrait passer, selon Heidegger, entre une détermination grecque ou chrétienne, voire onto-théologique, du *pneuma* ou du *spiritus*, et une pensée du *Geist* qui serait autre et plus originaire. Saisi par l'idiome allemand, *Geist* donnerait à penser plutôt, plus tôt, la flamme.

1. Gesamtausgabe, Bd. 53, p. 170.
2. P. 166.
3. Vérité des guillemets : cette équivoque se concentre dans l'interprétation des guillemets dont Nietzsche entoure le mot de « vérité » (cf. *Nietzsche*, t. I, p. 511 et suiv., trad., p. 397 et suiv.).

IX

Qu'est-ce que l'esprit ?

Tout semble se passer comme si, dès 1933, date à laquelle, levant enfin les guillemets, il commence à parler *de l'esprit* et au nom *de l'esprit*, Heidegger n'avait cessé d'interroger l'être du *Geist*.

Qu'est-ce que l'esprit ? Réponse ultime, en 1953 : le feu, la flamme, l'embrasement, la conflagration.

C'est donc *vingt années plus tard*, et quelles années !

Mais de l'« année » *(Jahr)* nous allons parler, et précisément pour nous approcher de ce que « plus tard » signifie parfois. Ce qui vient très tard, le plus tard, peut aussi rapprocher d'une origine, pour *revenir* plutôt à l'origine avant l'origine, plus tôt encore que le commencement.

Le *Gespräch* avec Trakl[1], cette collocution du *Denker* et du *Dichter*, frappe la réponse. Entre le penseur et le poète, le *Gespräch* ne signifie pas l'entretien, comme on traduit parfois, ni le dialogue, ni l'échange, ni la discussion, encore moins la communication. La parole des deux qui parlent, la langue qui parle *entre* eux se divise et se rassemble selon une loi, un mode, un régime, un genre qui ne peuvent recevoir

1. *Die Sprache im Gedicht, Eine Erörterung von Georg Trakls Gedicht*, 1953, in *Unterwegs zur Sprache*, Neske, 1959, p. 35 et suiv., trad. in *Acheminement vers la parole*, Gallimard, 1976, J. Beaufret, W. Brokmeier, F. Fédier, p. 39 et suiv.

leur nom que de *cela même* qui est dit là, par la langue ou la parole de ce *Gespräch*. La langue parle *dans* la parole. Elle y parle d'elle-même, elle se rapporte à elle-même en se différant. Ici, nous ne lirons pas un *Gespräch* entre Heidegger et Trakl *au sujet de l'esprit*. Le *Gespräch* ne sera défini comme un mode déterminé de la parole que depuis ce qui se dit de l'esprit, de l'essence du *Geist* tel qu'il se partage et rassemble dans la conflagration.

Qu'est-ce que l'esprit ?

La réponse s'inscrit en des sentences qui traduisent certains énoncés poétiques de Trakl sous une forme qu'on dirait ontologique, si l'ontologie était encore le régime dominant de ces textes.

« *Doch was ist der Geist ?* », demande en effet Heidegger. Qu'est-ce que l'esprit ? Réponse : « *Der Geist ist das Flammende...* » (p. 59). Plus loin, « *Der Geist ist Flamme* » (p. 62).

Comment traduire ? L'esprit est ce qui enflamme ? Plutôt ce qui s'enflamme, mettant feu, mettant le feu *à soi-même ?* L'esprit est flamme. Une flamme qui enflamme ou qui *s'*enflamme : les deux à la fois, l'un et l'autre, l'un l'autre. *Con*flagration des deux dans la con*flagration* même.

Essayons d'approcher notre langue de cet embrasement. Embrasement *de* l'esprit, en ce double génitif par lequel l'esprit affecte, *s'*affecte et *se trouve* affecté de feu. L'esprit *prend* feu et il *donne* le feu, disons l'esprit *en-flamme*, en un ou deux mots, verbe et nom à la fois. Ce qui se prend et se donne à la fois, c'est le feu. Le feu de l'esprit. N'oublions pas ce qui fut dit plus haut et que nous allons relire encore : l'esprit donne l'âme *(psyché)*, il ne la rend pas seulement dans la mort.

L'esprit *en-flamme*, comment l'*entendre ?* Non pas : qu'est-ce que cela veut dire ? Mais comment cela sonne-t-il et résonne-t-il ? Quoi de la consonance, du chant, de la louange et de l'hymne dans ce *Gespräch* avec un poète ? Et pour ouvrir cette question, il faut peut-être penser cela même, ceux-là mêmes dont

Heidegger dit « leur chant est le dire poétique » *(Ihr Singen ist das Dichten)*. A quoi il ajoute, relançant la question : comment ? combien ? Qu'est-ce que ça veut dire, le dire poétique ? Qu'appelle-t-on ainsi ? Qu'est-ce qui (s')appelle ainsi ? « *Inwiefern ? Was heisst Dichten*[1] *?* »

Dans ce *Gespräch*, on ne décidera pas si le penseur parle en son nom ou dans la correspondance avec Trakl. Devant de tels énoncés, on ne décidera pas si des guillements visibles ou invisibles, voire des mar-

1. P. 70, trad., p. 72. La voie nécessaire conduirait ici de la parole au dire *(Sagen)*, du dire au dire poétique *(Dichten)*, de celui-ci au chant *(Singen, Gesang)*, à l'accord de la consonance *(Einklang)*, de celle-ci à l'*hymne* et donc à la *louange*. Je n'indique pas ici un ordre de conséquence, ni la nécessité de *remonter* d'une signification à une autre. Il s'agit seulement de faire signe vers une problématique dans laquelle je ne peux m'engager ici (j'essaie de le faire ailleurs, cf. *Comment ne pas parler*, in *Psyché. Inventions de l'autre*, p. 570 et suiv.) et dans laquelle ces significations paraissent indissociables pour Heidegger. L'hymne excède l'énoncé ontologique, théorique ou constatif. Il appelle à la louange, il chante la louange au-delà de ce qui est, voire peut-être, nous y revenons plus loin, au-delà de cette forme de « piété » de la pensée que Heidegger nomma un jour la question, le questionnement *(Fragen)*. Dans ce texte-ci, Heidegger confie toute son interprétation, en des moments décisifs, à la place et à l'écoute d'un ton, d'un mot qui porte le *Grundton*, et c'est le mot souligné *(betont)* : « un », *Ein*, dans « Ein *Geschlecht...* » (*Dieses betonte* « Ein *Geschlecht* » *birgt den Grundton...*) (p. 78). Il appelle sans cesse à écouter ce que dit le poème en tant qu'il le chante dans un *Gesang*. On traduit parfois ce mot par *hymne* mais Heidegger insiste aussi sur la valeur de rassemblement. Le *Gesang* est à la fois *(in einem)*, dit-il, « *Lied*, tragédie et *epos* » (p. 65). Quelques années plus tard, Heidegger précise encore ce lien entre le chant *(Lied)* et l'hymne (l'acte d'honorer, de louer, *laudare*, de chanter la louange). Une louange toujours se chante. A propos de *Das Lied* de Stefan George : « Pensant — assemblant — aimant, tel est le dire : s'incliner paisiblement dans le bonheur de l'allégresse, vénérer dans la jubilation *(ein jubelndes Verehren)*, célébrer *(ein Preisen)*, chanter la louange *(ein Loben) : laudare. Laudes*, c'est le nom latin pour les chants *(Laudes lautet der lateinische Name für die Lieder)*. Dire des chants signifie chanter *(Lieder sagen heisst : singen)*. Le plain-chant *(der Gesang)* est le recueil où se rassemble le chant *(die Versammlung des Sagens in das Lied)*. (*Das Wort*, 1958, in *Unterwegs...*, p. 229 ; trad., p. 214. Cf. aussi *Der Weg zur Sprache*, 1959, à propos de Hölderlin cette fois, de *Gespräch* et de *Gesang*, p. 266, trad., p. 255.*)*

ques encore plus subtiles, doivent suspendre l'assignation d'une *simple* responsabilité. Pour en décider, il faudrait faire précéder une telle assignation d'une longue méditation sur ce que Heidegger dit en commençant de la parole double et doublement adressée, le *Gespräch* et la *Zwiesprache* entre le penseur et le poète. Il faudrait encore méditer la différence mais aussi la réciprocité *(Wechselbezug)* entre l'*Erörterung* (la situation, la pensée du site, *Ort*) et l'*Erläuterung* (la lecture élucidante, l'« explication ») d'un *Gedicht*, la différence entre le *Gedicht* et les *Dichtungen*, etc. De même que je ne peux traduire ces mots sans de longs protocoles, je devrai, faute de temps, m'en tenir à cette affirmation massive que je crois peu contestable : des énoncés comme ceux que je viens de citer et de traduire par l'*esprit en-flamme* sont évidemment des énoncés *de* Heidegger. Non pas les siens, les productions du sujet Martin Heidegger, mais des énoncés auxquels il souscrit sans la moindre réticence apparente. D'une part, il les oppose à tout ce à quoi il est en train de s'opposer, et qui forme un contexte suffisamment déterminant. D'autre part, il les soutient d'un discours dont le moins qu'on puisse dire est qu'il ne comporte pas l'ombre d'une réserve. Il n'y aurait donc aucune pertinence à réduire ces énoncés de forme ontologique à des « commentaires ». Rien n'est plus étranger à Heidegger que le commentaire dans son sens courant, à supposer que ce mot en ait un autre et dont le concept puisse prétendre à quelque rigueur. Sans doute les énoncés heideggériens se laissent-ils ici *porter, conduire, initier* par des vers de Trakl qu'ils semblent pourtant *précéder* ou *attirer, guider* à leur tour. *Agir* même. Mais c'est de l'allée et venue selon ce double mouvement *(ducere/agere)*, c'est de cette double orientation que parle précisément le *Gespräch*. L'année, l'esprit, le feu, ce sera cela même, un revenir de l'allée-venue. Et pourtant nous essaierons, *jusqu'à un certain point, et à titre provisoire*, de discerner ce qui revient à Heidegger. Ce qu'il dit de la flamme et de l'esprit se laisse, certes, initier par les vers de Trakl. Des vers que Heidegger isole et choisit de façon discrète mais active. L'esprit et la flamme s'allient par exemple dans le dernier poème, *Grodek*, qui nomme « *Die heisse Flamme des Geistes* », « la flamme ardente de l'esprit », ou à l'ouverture du poème *An Luzifer : « Dem Geist leih deine Flamme, glühende Schwermut.* » « A l'esprit cède ta flamme, fervente mélancolie. »

La question compte, dès lors, non pas de savoir qui dit « l'esprit-en-flamme » — ils le disent tous deux à leur manière — mais de reconnaître ce que Heidegger, lui, dit *de l'esprit* pour *situer* une telle parole, à la fois l'expliquer et la reconduire à son lieu — si elle en a un et qui lui soit absolument propre.

Le *Geist*, cette fois, celui dont parle Trakl, dont il parle en poète, Heidegger ne songe pas à en déconstruire le sens ou à le réinscrire dans la métaphysique, voire dans la théologie chrétienne. Il entend montrer au contraire que le *Gedicht* de Trakl (son œuvre poétique sinon ses poèmes) n'a pas seulement franchi les limites de l'onto-théologie : il nous donne à penser un tel franchissement qui est aussi un affranchissement. Encore équivoque chez Hölderlin, on vient de le voir, cet affranchissement est *univoque* chez Trakl. Jamais Heidegger n'a d'ailleurs essayé de sauver l'univocité poétique comme il le fait dans tel passage de ce texte que je dois me contenter de citer : « Unique en son genre, la rigueur de la langue essentiellement plurivoque de Trakl est, en un sens plus élevé, si univoque *(eindeutig)* qu'elle reste même infiniment supérieure à toute exactitude technique du concept dans son univocité simplement scientifique[1]. »

Cette *Erörterung* du *Gedicht* de Trakl est, me semble-t-il, un des textes les plus riches de Heidegger : subtil, surdéterminé, plus intraduisible que jamais. Et bien entendu des plus problématiques. Avec une violence que je ne peux ni dissimuler ni

1. P. 75.

assumer, je devrai en extraire le spectre qui répond aux noms et aux attributs de l'esprit (*Geist, geistig, geistlich*). Comme je continue d'étudier ce texte, d'autre part, avec une patience plus décente, j'espère pouvoir un jour, au-delà de ce qu'une conférence me permet aujourd'hui, lui rendre justice en analysant aussi son geste, son mode ou son statut (s'il en a un), son rapport au discours philosophique, à l'herméneutique ou à la poétique, mais encore ce qu'il dit du *Geschlecht*, du mot *Geschlecht*, et aussi du lieu (*Ort*), comme de l'animalité. Pour l'instant, je suivrai seulement le passage de l'esprit.

Heidegger semble d'abord se fier au mot *geistlich* qu'il rencontre dans *Verklärter Herbst, Automne transfiguré*. Au moment de cette rencontre non fortuite et dès les premières pages, des décisions déterminantes ont été prises, qui s'autorisaient déjà de l'idiome haut-allemand. Tout semble s'ouvrir, en ce *Gespräch*, et se laisser guider par l'interprétation d'un vers de *Frühling der Seele (Printemps de l'âme)* :

Es ist die Seele ein Fremdes auf Erden.

Oui, l'âme est sur la terre une chose étrangère.

Heidegger disqualifie aussitôt toute écoute « platonicienne ». Que l'âme soit une « chose étrangère », cela ne signifie pas qu'on doive la tenir pour emprisonnée, exilée, tombée dans l'ici-bas terrestre, déchue dans un corps voué à la corruption (*Verwesen*) de ce qui manque d'être et véritablement n'est pas. Heidegger ainsi nous propose bien un changement de sens dans l'interprétation. Ce changement de sens va contre le platonisme, il revient à inverser, justement, le *sens même*, la direction ou l'orientation dans le mouvement de l'âme. Ce renversement du sens — et du sens de sens — passe d'abord par l'écoute de la langue. De la langue allemande, Heidegger aura d'abord rapatrié le mot *fremd*, le reconduisant vers son origine « *althochdeutsch* », *fram*, qui, dit-il, « signifie proprement » *(bedeutet eigentlich)* : être en chemin vers *(unterwegs nach)* ailleurs et en avant *(anderswohin vorwärts)*, avec le sens de destination *(Bestimmung)* plutôt que d'errance. Et il en conclut que, loin d'être exilée *sur terre* comme un étranger déchu, l'âme se trouve en route *vers la terre : Die Seele* sucht die Erde erst, flieht sie nicht, l'âme *cherche* seulement la terre, elle ne la fuit pas [1]. L'âme est étrangère parce qu'elle n'habite pas encore la terre — un peu comme le mot « *fremd* » est étranger parce que sa signification n'habite pas encore, parce qu'elle ne l'habite plus, son propre lieu « *althochdeutsch* ».

Dès lors, par une de ces métonymies qui font tous les miracles de ce parcours, Heidegger assigne à l'âme *(ein Fremdes* d'un *autre* poème, *Sebastian im Traum)* le déclin auquel appelle une grive. Puis il distingue ce déclin *(Untergang)* de toute catastrophe ou de tout effacement dans le *Verfall*. Or le mot « spirituel » *(geistlich)* appartient à la même strophe que le vers « Oui, l'âme est sur la terre une chose étrangère » :

..................Geistlich dämmert
Bläue über dem verhauenen Wald...

C'est donc *geistlich*, spirituellement, que le bleu azuré du ciel devient crépusculaire *(dämmert)*. Ce mot, *geistlich*, revient souvent dans l'œuvre de Trakl. Heidegger annonce alors qu'il faudra le méditer. Et ce sera en effet un des fils majeurs, sinon le plus visible, dans cet entrelacs. L'azur devient crépusculaire « spirituellement », *geistlich*. Or ce devenir-crépusculaire, cette *Dämmerung*, qui ne signifie pas un déclin *(Untergang)* ni une occidentalisation, est d'une nature essentielle *(wesentlichen Wesens)* [2]. Qu'est-ce qui le prouverait, selon Heidegger ? Eh bien, un *autre* poème de Trakl, justement intitulé *Geistliche Dämmerung*, dont le dernier vers dit la « nuit spirituelle » *(die geistliche*

1. P. 41.
2. P. 47.

Nacht). A partir de ce crépuscule ou de cette nuit spirituelle se détermine la spiritualité de l'année *(das Geistliche der Jahre)* dont parle un *autre* poème, *Unterwegs*. Qu'est-ce que l'année ? L'année, *das Jahr*, c'est un mot d'origine indo-européenne. Il rappellerait la marche *(ier, ienai, gehen)*, en tant qu'elle traduit la course ou le cours du soleil. C'est donc ce *Gehen*, cette allée du jour ou de l'année, matin ou soir, levant ou couchant *(Gehen, Aufgang, Untergang)* que Trakl détermine ici sous le mot de *das Geistliche*. Le crépuscule ou la nuit, en tant que *geistlich*, ne signifie pas la négativité d'un déclin mais ce qui abrite l'année ou recèle ce cours du soleil [1]. Spirituelle est l'allure de l'année, l'allée-venue révolutionnaire de cela même qui va *(geht)*.

Ce parcours spirituel permettrait d'interpréter la décomposition ou la corruption *(Verwesen)* de la forme humaine dont parle *Siebengesang des Todes (O des Menschen verweste Gestalt)*. Mais il guide aussi, et par là même, l'interprétation de ce deuxième coup *(Schlag)* qui frappe le *Geschlecht*, c'est-à-dire à la fois l'espèce humaine et la différence sexuelle. Ce deuxième coup transforme la dualité simple de la différence *(Zwiefache)* en y imprimant la dissension agonistique *(Zwietracht)*. Il ne s'agit pas ici d'une histoire de l'esprit, au sens hegélien ou néo-hegélien, mais d'une spiritualité de l'année : ce qui *va (geht, gehen, ienai, Jahr)* mais va *revenant* plutôt vers le matin, vers le plus tôt. En précipitant de façon indécente une certaine formalisation, disons que le propos de Heidegger, au bout du compte, reviendrait à montrer que le matin et la nuit de *cette* spiritualité sont plus originaires, dans le *Gedicht* de Trakl ainsi entendu, que le lever et le coucher du soleil, l'Orient et l'Occident, l'origine et la décadence qui ont cours dans l'interprétation dominante, c'est-à-dire métaphysico-chrétienne. Ce matin et cette nuit seraient plus originaires que toute histoire onto-théologique, toute

1. *Ibid.*

histoire et toute spiritualité appréhendées dans un monde métaphysico-platonicien ou chrétien.

Que signifie alors ce supplément d'originalité ? A-t-il le moindre contenu déterminable ? Cela pourrait être une des formes de la question vers laquelle nous nous acheminons. Mais aussi un premier signe vers ce qui précède ou excède le questionnement même.

Le *Geschlecht* est déchu *(verfallene)*. Sa déchéance ne serait ni platonicienne ni chrétienne. Il est déchu parce qu'il a perdu sa juste frappe *(den rechten Schlag)*. Il se trouverait ainsi en route vers la juste frappe de cette différence simple, vers la douceur d'une dualité simple *(die Sanftmut einer einfältigen Zwiefalt)* pour délivrer la dualité *(das Zwiefache)* de la dissension *(Zwietracht)*. C'est en chemin, le chemin d'un retour vers cette juste frappe, que l'âme suit une chose étrangère *(ein Fremdes)*, un étranger *(Fremdling)*.

Qui est cet étranger ? Heidegger en suit le pas dans le poème de Trakl. L'étranger, l'autre (ener « dans la vieille langue[1] »), celui-là *(Jener)*, là-bas, celui de l'autre rive, c'est celui qui s'enfonce dans la nuit du crépuscule spirituel. Pour cela il part, il se sépare, dit adieu, se retire, dé-cède. Il est *der Abgeschiedene*. Ce mot dit couramment le solitaire ou le mort (le défunt, le décédé). Mais sans être ici soustrait à la mort, il se trouve surtout marqué par la séparation de qui s'éloigne vers un autre levant *(Aufgang)*. Il est mort, bien sûr, et il est le mort qui se sépare en tant qu'il est aussi le dément : *der Wahnsinnige*, mot que Heidegger veut là encore réveiller sous sa signification courante. Il rappelle en effet que *wana* « veut dire » *ohne*, « sans », et que *Sinnan* « signifie originairement » *(bedeutet ursprünglich) :* voyager, tendre vers un lieu, prendre une direction. Le sens est toujours le sens d'un chemin (*sent* et *set* en indo-européen) : l'étranger, celui qui a dé-cédé, n'est pas simplement mort, ni fou, il est en chemin vers un ailleurs. Voilà ce qu'il faudrait entendre quand Trakl écrit : *Der Wahnsinnige ist*

1. P. 50 et suiv.

gestorben (le dément est mort) ou *Man begräbt den Fremden* (on met en terre l'Étranger).

Cet étranger, dirait la traduction commune, est mort, fou et enterré. Son pas le porte dans la nuit, comme un *revenant,* vers l'aube plus matinale de ce qui n'est pas encore né, vers l'ingénéré *(das Ungeborene),* Artaud dirait peut-être l'*in-né.*

« Revenant » n'est pas un mot de Heidegger, et celui-ci n'aimerait sans doute pas qu'on le lui impose en raison des connotations négatives, métaphysiques ou parapsychiques qu'il s'empresserait d'y dénoncer. Pourtant je ne l'effacerai pas, à cause de l'esprit, de tous les dédoublements de l'esprit qui nous attendent encore et surtout de ce qui me paraît l'appeler dans le texte de Trakl, tel que du moins je serais tenté de le lire. Mais plus encore par fidélité à ce qui, dans le texte même de Heidegger, entend l'aller et le venir de ce mort comme un *re-venir* de la nuit vers l'aube, et finalement le revenir d'un esprit. Pour comprendre cette re-venance qui va vers un matin plus jeune, pour entendre que la fin du « *verwesenden Geschlechtes* », de l'espèce en décomposition, *précède le commencement,* que la mort vient avant la naissance, et le « plus tard » avant le « plus tôt », il faut justement accéder à une essence *plus originaire* du temps. Il faut revenir « avant » cette interprétation du temps qui règne, au moins depuis Aristote, sur notre représentation. En tant que fin du *verwesenden Geschlechtes,* la fin semble précéder le commencement *(Anbeginn)* de l'espèce ingénérée *(des ungeborenen Geschlechtes).* Mais ce commencement, ce matin plus matinal *(die frühere Frühe),* a déjà relevé, surpassé, en vérité devancé *(überholt)* la fin. Et l'essence originaire du temps *(das ursprüngliche Wesen der Zeit)* aura été justement gardée en cette archi-origine. Si l'on ne comprend pas comment la fin semble précéder le commencement, c'est que cette essence originaire est gardée sous un voile. Nous sommes encore prisonniers de la *représentation* aristotélicienne du temps : succession, dimension pour un *calcul* quantitatif ou qualitatif de la durée. Cette dimension peut se laisser représenter de façon soit mécanique, soit dynamique, soit même en rapport avec la désintégration de l'atome[1].

Une fois de plus, après un immense parcours, c'est depuis une pensée plus originaire du temps qu'on s'ouvrira à une pensée plus appropriée de l'esprit. Car une question s'impose alors à Heidegger devant toutes les significations que nous venons de reconnaître et de déplacer, et qui toutes déterminent l'*Abgeschiedenheit* de l'Étranger : si le poète dit du crépuscule, de la nuit, de l'année de l'étranger, de son cheminement, de son départ, de son dé-cès *(Abgeschiedenheit)* en somme, qu'ils sont *spirituels*, que veut alors dire ce mot, *geistlich ?*

Pour une écoute superficielle, note Heidegger, Trakl semble se limiter au sens courant du mot, à son sens chrétien et même à celui d'une certaine sacralité ecclésiale. Certains vers de Trakl semblent même encourager cette interprétation. Pourtant d'autres vers manifestent clairement, selon Heidegger, que le sens clérical ne domine pas. Le sens prévalent tend plutôt vers le « plus tôt » de qui depuis un long temps est mort. Mouvement vers cette *Frühe* plus que matinale, cette initialité plus que printanière, celle qui vient avant même le premier temps du printemps *(Frühling)*, avant le principe du *primum tempus*, à l'avant-veille. Cette *Frühe* veille en quelque sorte le printanier même et c'est elle que promet déjà le poème *Frühling der Seele (Printemps de l'âme)*.

Il faut insister sur la promesse. Le mot *versprechen* (promettre) dit cette singulière *Frühe* que promet *(verspricht)* un poème intitulé *Frühling der Seele*. Mais nous le retrouvons aussi près de la conclusion, vingt pages plus loin quand Heidegger parle de l'Occident (*Abendland* et *Abendländisches Lied* sont les titres de deux autres poèmes). Se référant au poème intitulé *Herbstseele (Âme d'Automne)*, il distingue entre l'Occident que donne à penser Trakl et celui de l'Europe

1. P. 57.

platonico-chrétienne. Il écrit de cet Occident ce qui vaut aussi pour la *Frühe* archi- ou pré-orientale — et souligne encore la promesse : « Cet Occident est plus ancien, à savoir *früher*, plus précoce [plus initial, mais aucun mot ne convient ici] et par là promettant plus *(versprechender)* que l'Occident platonico-chrétien et tout simplement que celui qu'on se représente à l'européenne[1]. »

Versprechender : promettant davantage non parce qu'il serait plus prometteur, parce qu'il promettrait plus, plus de choses, mais promettant mieux, plus propre à la promesse, plus proche de l'essence d'une authentique promesse.

Cette promesse ne pose rien, elle ne pro-met pas, elle ne met pas en avant, elle parle. Cette *Sprache verspricht,* pourrait-on dire, et c'est, dirais-je (Heidegger ne le dit pas ainsi), dans l'ouverture de cette *Sprache* que se croisent la parole du *Dichter* et celle du *Denker* en leur *Gespräch* ou leur *Zwiesprache*. Naturellement la promesse de ce *Versprechen* peut se corrompre, se dissimuler ou s'égarer. C'est même ce mal de la promesse que médite ici Heidegger quand il parle de l'Occident européen platonico-chrétien et du *Verwesen* de l'humanité ou plutôt du *Geschlecht*. Ce *Verwesen* est aussi une corruption du *Versprechen,* une corruption fatale qui ne survient pas comme un accident à la *Sprache*.

Dans un autre contexte[2], feignant de jouer sans

1. P. 59-77. Cf. « Terre et ciel de Hölderlin », à propos de « La crise de l'esprit » de Valéry (1919), in *Approches de Hölderlin,* Gallimard, 1973, trad. F. Fédier, p. 231. Pour tout ce dont nous débattons ici, cf., dans ce dernier ouvrage, pp. 55-58, 66, 73-78, 83-87, 107-120, 154-157, 211, 229 et passim.

2. Paul de Man, *Allegories of Reading,* Yale University Press, 1979, chap. 11, *Promises (Social Contract), in fine,* p. 277. Traduction française parue depuis aux éditions Galilée. J'ai abordé ces problèmes et cité certaines références de Heidegger à la promesse (cf. par exemple *Qu'appelle-t-on penser ?* p. 83, trad. A. Becker, G. Granel, PUF, 1959, p. 133) dans *Mémoires — for Paul de Man,* Columbia University Press, 1986, chap. 3, *Acts, The meaning of a given word*. Version française parue depuis aux éditions Galilée.

jouer avec la célèbre formule de Heidegger (*Die Sprache spricht*), Paul de Man écrivit : *Die Sprache verspricht.* Il ne jouait pas, le jeu travaille dans la langue même. Cette formule, il l'a un jour précisée en *Die Sprache verspricht sich :* la langue ou la parole promet, *se* promet mais aussi elle se dédit, elle se défait ou se détraque, elle déraille ou délire, se dérériore, se corrompt tout aussitôt et tout aussi essentiellement. Elle ne peut pas ne pas promettre dès qu'elle parle, elle est promesse, mais elle ne peut pas ne pas y manquer — et cela tient à la structure de la promesse, comme à l'événement qu'elle institue néanmoins. Le *Verwesen* est un *Versprechen.* En disant cela, j'ai peut-être, sans doute même (comment en être sûr ?), quitté l'ordre du commentaire, si quelque chose de tel existe. Heidegger souscrirait-il à une interprétation qui ferait de ce *Versprechen* autre chose qu'une modalité ou une modification de la *Sprache ?* Il y verrait plutôt, plus tôt, l'avènement même, dans la promesse, pour le meilleur et pour le pire, de la *parole donnée.* Reste à savoir si ce *Versprechen* n'est pas la promesse qui, ouvrant toute parole, rend possible la question même et donc la précède sans lui appartenir : la dissymétrie d'une affirmation, d'un *oui* avant toute opposition du *oui* et du *non.* L'appel de l'être, toute question y répond déjà, la promesse a déjà eu lieu partout où vient le langage. Celui-ci toujours, *avant toute question* [1], et dans la question même, revient à de

1. Avant toute question, donc. C'est précisément en ce lieu que vacille la « question de la question » qui nous harcèle depuis le début de ce trajet. Elle vacille à cet instant où elle n'est plus une question. Non qu'elle se soustraie à la légitimité infinie du questionnement mais elle verse dans la mémoire d'un langage, d'une expérience du langage plus « vieille » qu'elle, toujours antérieure et présupposée, assez vieille pour n'avoir jamais été présente dans une « expérience » ou un « acte de langage » — au sens courant de ces mots. Ce moment — qui n'est pas un moment — est *marqué* dans le texte de Heidegger. Quand il parle de la promesse et du « *es gibt* », bien sûr, et au moins implicitement, mais de façon littérale et fort explicite dans *Das Wesen der Sprache,* in *Unterwegs zur Sprache,* notamment p. 174 et suiv. (trad., p. 158

la promesse. Ce serait aussi une promesse *de l'esprit.*

En promettant mieux, en s'accordant à ce qui est le plus essentiellement promesse dans la meilleure promesse, ce qui est *versprechender* annonce donc l'avant-

---

et suiv.). Tout part du point d'interrogation *(Fragezeichen)* quand on interroge l'essence de la parole. Qu'est-ce que l'essence de la parole ? l'essence *(das Wesen)* ? de la parole *(der Sprache)* ? Schématisons. Au moment où nous posons l'ultime question, c'est-à-dire quand nous interrogeons *(Anfragen)* la possibilité de toute question, à savoir la parole, il faut bien que nous soyons *déjà* dans l'élément de la parole. Il faut bien que la parole parle déjà pour nous — qu'elle nous soit en quelque sorte parlée et adressée *(muss uns doch die Sprache selber schon zugesprochen sein). Anfrage* et *Nachfrage* présupposent cette avance, cette adresse prévenante *(Zuspruch)* de la parole. Celle-ci est *déjà* là, d'avance *(im voraus)* au moment où toute question peut surgir à son sujet. Par quoi elle excède la question. Cette avance est, avant tout contrat, une sorte de promesse ou d'alliance originaire à laquelle nous devons avoir en quelque sorte déjà acquiescé, déjà dit *oui*, donné un gage, quelles que soient la négativité ou la problématicité du discours qui peut s'ensuivre. Cette promesse, cette réponse qui se produit *a priori* en forme d'acquiescement, cet engagement de la parole envers la parole, cette parole donnée par la parole et à la parole, c'est ce que Heidegger nomme alors régulièrement *Zusage*. Et c'est au nom de cette *Zusage* qu'il remet en question, si on peut encore dire, l'ultime autorité, la prétendue dernière instance de l'attitude questionnante. Je ne traduirai pas le mot *Zusage* parce qu'il rassemble des significations que nous dissocions en général, celles de la promesse et de l'acquiescement ou du consentement, de l'abandon originaire à ce qui se donne dans la promesse même. « De quoi faisons-nous l'expérience *(Was erfahren wir)*, quand nous méditons *(bedenken)* assez cela même ? Que le questionnement *(Fragen)* n'est pas le geste propre de la pensée *(die eigentliche Gebärde des Denkens)* [le mot *Gebärde*, geste et gestation, est lui-même un thème de méditation ailleurs, p. 22], mais — l'écoute de la *Zusage* de ce qui doit venir à la question. » (P. 175, trad., p. 159.)

La question n'est donc pas le dernier mot dans le langage. D'abord parce que ce n'est pas le premier mot. En tout cas, avant le mot, il y a ce mot parfois sans mot que nous nommons le « oui ». Une sorte de gage pré-originaire qui précède tout autre engagement dans le langage ou dans l'action. Mais qu'il précède le langage ne veut pas dire qu'il lui soit étranger. Le gage engage dans la langue — et donc toujours dans *une* langue. La question elle-même est ainsi gagée, ce qui ne veut pas dire liée ou contrainte, réduite au silence, bien au contraire, par le gage de la *Zusage*. Elle répond d'avance, et quoi qu'elle fasse, à ce gage et de ce gage. Elle est par lui engagée

veille : ce qui a déjà eu lieu, en quelque sorte, avant même ce que nous appelons, dans notre Europe, l'origine ou le premier temps du printemps. Qu'une promesse annonce ou salue ce qui a eu lieu « avant »

---

dans une responsabilité qu'elle n'a pas choisie et qui lui assigne jusqu'à sa liberté. Le gage aura été donné avant tout autre événement. C'est pourtant, dans sa prévenance même, un *événement*, mais un événement dont la mémoire devance tout souvenir et auquel nous lie une foi qui défie tout récit. Aucune rature n'est possible pour un tel gage. Aucun retour en arrière.

Après avoir rappelé que, dans l'histoire de notre pensée, le questionnement aura été le trait *(Zug)* qui donne sa mesure à la pensée parce que celle-ci fut d'abord fondatrice, toujours en quête du fondamental et du radical, Heidegger revient sur l'un de ses énoncés antérieurs. Non pour le mettre en question, justement, encore moins pour le contredire, mais pour le réinscrire dans un mouvement qui le déborde : « A la fin d'une conférence intitulée *La question de la technique*, il fut dit il y a quelque temps : " Car le questionnement *(das Fragen)* est la piétié *(Frömmigkeit)* de la pensée ". » Pieux *(fromm)* est ici entendu dans le sens ancien de « docile » *(fügsam)*, à savoir docile à ce que la pensée a à penser. Il appartient aux expériences provocatrices de la pensée que parfois celle-ci ne prenne pas suffisamment en vue les aperçus qu'elle vient d'atteindre, faute d'en prendre la mesure pour en venir à bout. Il en va ainsi avec la phrase citée : « le questionnement est la piété de la pensée » (p. 175-176).

A partir de là, toute la conférence *Das Wesen der Sprache* sera ordonnée à cette pensée de la *Zusage*. On comprend que Heidegger se défende de procéder alors à un « retournement » *(Umkehrung)* artificiel et formel, « vide ». Mais il faut bien l'admettre, la pensée d'une affirmation antérieure à toute question et plus propre à la pensée que toute question doit avoir une incidence illimitée — non localisable, sans circonscription possible — sur la *quasi*-totalité de son chemin de pensée antérieur. Ce n'est pas une *Umkehrung*, mais c'est autre chose qu'un tournant *(Kehre)*. Le tournant appartient encore à la question. Heidegger le dit expressément. Ce pas transforme ou déforme, comme on voudra, tout le paysage dans la mesure où celui-ci s'était constitué *devant la loi* inflexible du questionnement le plus radical. Pour me limiter à quelques indications parmi d'autres, je rappelle que le point de départ de l'analytique du *Dasein* — donc le projet de *Sein und Zeit* lui-même — était assigné par l'ouverture du *Dasein* à la question ; et que toute la *Destruktion* de l'ontologie visait, notamment dans la modernité post-cartésienne, un questionnement insuffisant de l'être du sujet, etc. Ce bouleversement rétrospectif peut paraître dicter un nouvel *ordre*. On dirait par exemple : maintenant il faut tout recommencer l'*auparavant*, voilà le style de la temporalité ou de l'historialité, voilà une venue de l'événement, *Ereignis* ou *Geschehen*, qu'il faut penser pour s'approcher du spirituel, du *Geistliche* dissimulé sous la représentation

---

en prenant pour point de départ l'en-gage de la *Zusage* afin de construire un tout autre discours, ouvrir un tout autre chemin de pensée, procéder à une nouvelle *Kehre* sinon à une *Umkehrung* et emporter, geste fort ambigu, ce reste d'*Aufklärung* qui dormait encore dans le privilège de la question. En fait, sans croire qu'il soit désormais possible de ne pas tenir compte de ce bouleversement profond, nous ne pouvons néanmoins prendre au sérieux l'impératif d'un tel re-commencement. Pour plusieurs raisons.

1. Tout d'abord, ce serait ne rien entendre à la nécessité irréversible d'un chemin qui, depuis l'étroit et périlleux passage vers lequel il conduit une pensée, permet, très tard, de voir autrement, à un moment donné, son unique passé (frayage, chemin de langue et d'écriture) qui inscrit en lui tout le reste, y compris le passage en question, le passage au-delà de la question. Même si on peut alors revenir sur ses pas, et justement grâce à ce passage découvert, le retour ne signifie pas un nouveau départ, depuis un nouveau principe ou quelque degré zéro.

2. Un nouveau point de départ ne serait pas seulement impossible, il n'aurait aucun sens pour une pensée qui ne s'est jamais soumise à la loi du système et a même fait du systémique en philosophie l'un de ses thèmes et l'une de ses questions les plus explicites.

3. L'ordre auquel se fie le chemin de pensée de Heidegger n'a jamais été un « ordre des raisons ». Ce qui soutient un tel ordre chez Descartes, par exemple, y appelle les questions dont nous avons déjà parlé.

Autant de raisons de ne pas re-commencer quand il est trop tard, toujours trop tard. Et la structure de ce gage peut ainsi se traduire : « Il est déjà trop tard, toujours trop tard. » Ces raisons une fois comprises, la rétrospection peut, en vérité *doit* conduire, au lieu de tout disqualifier ou de tout recommencer, à une autre stratégie et à une stratigraphie. Le parcours de Heidegger traverse, constitue ou laisse certaines strates jusqu'ici peu visibles, moins massives, parfois presque inapparentes, et aussi bien pour lui, Martin Heidegger. Dans leur rareté, leur précarité ou leur discrétion même, ces strates paraissent après coup marquantes dans la mesure où elles restructurent un espace. Mais elles ne le font qu'en assignant autant de nouvelles tâches pour la pensée comme pour la lecture. D'autant plus que, dans l'exemple qui nous occupe, il s'agit précisément de l'origine même de la responsabilité. Beaucoup plus et autre chose qu'un exemple. A partir de quoi on peut chercher, dans l'ensemble de l'œuvre de Heidegger, *avant* qu'il ne soit question du gage de la *Zusage* dans la parole, *avant* qu'il ne soit question de l'*en-gage*, *avant*

chrétienne ou platonicienne. Le « il faut » de ce « il faut penser » accorde en vérité sa modalité à celle de la promesse. La pensée est la fidélité à cette promesse. Ce qui veut dire qu'elle n'est que ce qu'elle doit être si elle écoute — si à la fois elle entend et obéit.

---

que le privilège de la question ne soit mis en question, *avant*, si l'on veut une date, 1958, des repères et des signes permettant de situer d'avance et dans sa nécessité le passage ainsi découvert. Ces signes et ces repères existent, on est maintenant mieux préparé à les reconnaître, à les interpréter, à les réinscrire. Et cela n'est pas seulement utile pour *lire* Heidegger et servir quelque pitié herméneutique ou philologique. Au-delà d'une exégèse toujours indispensable, cette re-lecture dessine une autre topologie pour de nouvelles tâches, pour ce qui reste à situer des rapports entre la pensée heideggérienne et d'autres lieux de pensée — ou de l'en-gage —, des lieux qu'on se représente comme des régions mais qui n'en sont pas (l'éthique ou la politique, mais aussi, encore, la philosophie, la science, toutes les sciences, et de façon immédiate, ces discours instables et insituables que sont la linguistique, la poétique, la pragmatique, la psychanalyse, etc.).

Quels pourraient être rétrospectivement ces signes et ces repères ? Je ne peux dans une telle note qu'en indiquer quelques-uns parmi d'autres, de la façon la plus sèche.

A. Tout ce qui concerne, dans *Sein und Zeit* (§§ 58, 59, 60) le sens de l' « appel » *(Rufsinn)* et l'imputabilité (plutôt que la responsabilité ou la culpabilité), le « *Schuldigsein* » avant toute « conscience morale ».

B. Tout ce qui concerne, dans *Sein und Zeit* et dans l'*Introduction à la métaphysique*, l'*Entschlossenheit* et la possibilité d'assumer *(übernehmen)* la mission *(Sendung)* (*Introduction...*, p. 38, trad., p. 59) et donc le questionnement originaire qu'elle assigne. L'ouverture à l'assignation de la question, la responsabilité, la résolution à l'égard de la question sont nécessairement présupposées par le questionnement même. Elles ne se confondent pas avec lui. La question n'est pas suspendue mais soutenue *par* cette autre piété, tenue et suspendue *à* elle.

C. Tout ce qui concerne la *Verlässlichkeit*, une certaine « fiabilité » originaire, dans *L'Origine de l'œuvre d'art* (je me permets de renvoyer ici à *La Vérité en peinture*, Flammarion, 1979, p. 398 et suiv.).

D. Tout ce qui concerne le « oui » et le « non » dont le dire *(Sagen)* n'est pas d'abord un énoncé *(Aussagen)* logique ou propositionnel — dans ce passage du *Schelling* qui traite d'ailleurs symétriquement de l'affirmation et de la négation (p. 143, trad. J.-F. Courtine, p. 248).

E. Tout ce qui concerne la promesse (*Versprechen* ou *Verheissen*)

On vient de voir pourquoi cet usage du mot *geistlich* ne devait pas être chrétien. Et pourquoi, malgré tant d'apparences, Trakl ou du moins le *Gedicht* de Trakl ne *devait* pas être essentiellement chrétien. Heidegger

---

par exemple dans *Qu'appelle-t-on penser?* (voir plus haut, p. 112, note 2).

Mais puisque mon propos m'engageait à privilégier les modalités de l' « éviter » *(vermeiden)* — et notamment la dramaturgie silencieuse des signes pragmatiques (guillemets ou rature par exemple), j'en viens à ce troisième exemple de rature : celle du point d'interrogation. Heidegger avait d'abord suggéré que le point d'interrogation, après *das Wesen?* ou *der Sprache?*, atténuait ce qu'un discours sur l'essence de la parole pouvait avoir de prétentieux ou aussi bien de familier dans son titre. Or après avoir rappelé que cette écoute confiante de la *Zusage* était le geste même de la pensée, sa portée ou son comportement *(Gebärde)* les plus propres, il conclut à la nécessité, une certaine nécessité (à ne pas confondre avec la certitude dogmatique), de raturer encore les points d'interrogation *(die Fragezeichen wieder streichen)* (p. 180).

[Pause, un instant : pour rêver à la figure du corpus heideggérien le jour où l'on se serait effectivement livré sur lui, avec toute l'application et la conséquence requises, aux opérations par lui prescrites à un moment ou à un autre : « éviter » le mot « esprit », le mettre à tout le moins entre guillemets, puis raturer tous les noms qui se rapportent au monde chaque fois qu'on parle de quelque chose qui, comme l'animal, n'a pas de *Dasein*, et donc n'a pas ou n'a que peu de monde, puis raturer partout le mot « être » sous une croix, enfin raturer sans croix tous les points d'interrogation quand il s'agit du langage, c'est-à-dire, indirectement, de tout, etc. On imagine la surface d'un texte livrée à la voracité rongeuse, ruminante et silencieuse d'un tel animal-machine, à son implacable « logique ». Celle-ci ne serait pas simplement « sans esprit », elle serait une figure du mal. La lecture perverse de Heidegger. Fin de la pause.]

Dans la mesure où, en cette situation singulière qui la rapporte à un tel gage, la pensée est une « écoute » *(Hören)* et un se-laisser-dire *(Sichsagenlassen)* et non un questionnement *(kein Fragen)*, « nous devons, dit Heidegger, raturer encore les points d'interrogation ». Ce qui ne signifie pas, ajoute-t-il, un retour à la forme habituelle du titre. Cela n'est pas possible. Le « se laisser dire » qui pousse à raturer le point d'interrogation n'est pas une docilité passive, encore moins un ouï-dire. Mais ce n'est pas davantage une activité négative s'employant à tout soumettre à la dénégation raturante. Elle souscrit. Avant nous, avant tout, par-dessous ou par-dessus tout, elle inscrit la question, la négation ou la dénégation, elle les en-gage sans mesure dans la correspondance avec la langue ou la parole *(Sprache)*. Celle-ci doit d'*abord* prier, s'adresser, se fier, se confier,

inscrit ici des guillemets invisibles dans l'usage du *même* mot. Celui-ci se trouve ainsi partagé par une différence intérieure. Quant à l'adjectif *geistig*, qu'il a pourtant, comme nous l'avons vu, largement utilisé

---

s'en remettre à nous, et même l'avoir *déjà* fait *(muss sich die Sprache zuvor uns zusagen oder gar schon zugesagt haben)*. Le *déjà* est ici essentiel, il dit quelque chose de l'essence de cette parole et de ce qui en-gage en elle. Au moment où, présentement, elle se fie ou s'adresse à nous, elle l'a *déjà* fait, et ce passé ne revient jamais, ne redevient jamais présent, il renvoie toujours à un événement plus ancien qui nous aura d'avance engagés dans cette souscription de l'en-gage. Envers cette adresse prévenante *(Zuspruch)*. Par deux fois Heidegger écrit ceci qui semble justement défier la traduction : *Die Sprache west als dieser Zuspruch* (p. 180-181). A quelques lignes d'intervalle, le traducteur français propose deux formulations différentes : 1. « La parole se déploie en tant que cette parole adressée. » 2. « La parole se déploie en tant que cette adresse » (p. 165). Les deux traductions sont justes même si elles sont vouées à être incomplètes et à tenter, en vain, de se compléter. L'adresse, ici, est à la fois la direction, la relation, quasiment l'apostrophe du rapport à *(zu) et* le contenu de ce qui est adressé avec *prévenance* (c'est un des sens courants de *Zuspruch :* assistance, consolation, exhortation), dans la prévenance toujours antérieure de cet appel qui s'adresse à nous. Non pas seulement dans la parole *(Sprache)* mais dans la langue *(Sprache)*, l'en-gage engageant dans une langue autant que dans la parole. La parole est engagée dans la langue. Et ce qui se « déploie » ici *(west)*, c'est l'essence *(Wesen)* de la *Sprache*. Tout langage sur le *Wesen* doit se redéployer autrement à partir de ce qui s'écrit ainsi « *Das Wesen der Sprache : Die Sprache des Wesens* » (p. 181). Les deux points effacent une copule et font office de rature. Rature de l'être, de *Sein* et de *ist*, non de *Wesen*. A la place de cette rature ou de ces deux points, la copule « est » réintroduirait la confusion en ce lieu et relancerait la question là où elle se laisse déborder.

La pensée de l'*Ereignis* se mesure à cet acquiescement qui répond — en-gage — à l'adresse. Et le propre de l'homme n'advient qu'en cette réponse ou en cette responsabilité. Il le fait du moins et seulement quand l'homme acquiesce, consent, se rend à l'adresse qui lui est adressée, c'est-à-dire à *son* adresse, celle qui ne devient proprement la sienne qu'en cette réponse. Après avoir nommé l'*Ereignis* en ce contexte, Heidegger rappelle que la *Zusage* n'erre pas dans le vide. « Elle a déjà touché *(Sie hat schon getroffen)*. Qui d'autre que l'homme ? *Denn der Mensch ist nur Mensch, insofern er dem Zuspruch der Sprache zugesagt, für die Sprache, sie zu sprechen, gebraucht ist.* » (P. 196, trad., p. 181.)

Lors du colloque d'Essex auquel je faisais plus haut allusion,

sans guillemets et pris à son compte, continûment, depuis 1933, voici qu'il le congédie brutalement, sans autre forme de procès. Avec ce qui peut ressembler à une inconséquence flagrante, il fait comme s'il n'avait pas célébré la *Geistigkeit* du *Geist* pendant vingt ans. Ce mot, au nom duquel, et depuis quelle hauteur, il avait dénoncé toutes les formes de la « destitution de l'esprit », voici qu'il l'inscrit dans la forme massive et grossièrement typée de la tradition métaphysico-platonicienne, celle qui serait responsable ou symptomatique de ce *Verwesen* du *Geschlecht* : la corruption de l'espèce humaine dans sa différence sexuelle. Voici qu'il *reconnaît* en ce mot tout le platonisme. Il vaut mieux citer ici le passage où réapparaît le *vermeiden,* le geste d'*éviter* que j'avais mentionné en commençant. Il résonne comme un écho retardé du même mot dans *Sein und Zeit,* un quart de siècle auparavant. Mais un abîme amplifie désormais la résonance. Heidegger vient de noter que *geistlich* n'a pas le sens chrétien. Il feint alors de se demander pourquoi Trakl a dit *geistliche* et non *geistige Dämmerung* ou *geistige Nacht.* Voici :

> Pourquoi donc évite-t-il *(vermeidet er)* le mot « *geistig* » ? Parce que le « *Geistige* » nomme le contraire opposé au matériel *(Stofflichen).* Ce contraire représente *(stellt... vor)* la différence entre deux domaines et nomme, dans un langage platonico-occidental, l'abîme *(Kluft)* entre le suprasensible *(noeton)* et le sensible *(aistheton).*
>
> Le spirituel ainsi compris *(Das so verstandene Geistige)* qui est devenu entre-temps le rationnel, l'intellectuel et l'idéologique appartient avec ses oppositions à l'appréhension du monde *(Weltansicht)* du « *verwesenden Geschlechtes* », du *Geschlecht* en décomposition [1].

Françoise Dastur avait rappelé à mon attention ce passage de *Unterwegs zur Sprache* qui justement passe la question. Je lui dédie cette note en gage de reconnaissance.

1. P. 59.

La dégradation du spirituel en « rationnel », « intellectuel », « idéologique », c'est bien ce que Heidegger condamnait en 1935. De ce point de vue la continuité du propos paraît incontestable. Mais, en 1935, il parlait au nom de la *Geistigkeit* et non de la *Geistlichkeit*, surtout pas de cette *Geistlichkeit* (non chrétienne). Il parlait au nom de ce qu'il vient à l'instant de définir comme l'origine platonicienne de la mésinterprétation et de la dégradation de l'esprit. Il en parlait du moins *littéralement*, puisqu'il se servait tout le temps du mot « *geistig* », mais la distinction entre la lettre et autre chose (par exemple l'esprit) n'a précisément aucune autre pertinence ici que platonico-chrétienne.

Voilà donc des approches *négatives* de l'essence de l'esprit. Dans son essence la plus propre, telle que le poète et le penseur permettent de l'approcher, le *Geist n'est ni* la *Geistlichkeit* chrétienne *ni* la *Geistigkeit* platonico-métaphysique.

Qu'est-il donc ? Qu'est-ce que le *Geist ?* Pour répondre à cette question sur un mode affirmatif, et toujours à l'écoute de Trakl, Heidegger invoque la flamme.

L'esprit *en-flamme,* comment l'entendre ?

Ce n'est pas une figure, ce n'est pas une métaphore. Heidegger en tout cas contesterait toute lecture rhétorisante[1]. On ne pourrait tenter d'ajuster ici les concepts de la rhétorique qu'après s'être assuré de quelque sens propre de l'un ou de l'autre de ces mots, l'esprit, la flamme, dans telle ou telle langue déterminée, dans tel ou tel texte, dans telle ou telle phrase. Nous en sommes loin et tout revient à cette difficulté.

Faute de pouvoir suivre ici Heidegger pas à pas, je marquerai seulement de quelques *traits* la lecture que j'aimerais proposer. Pourquoi des traits, justement ?

1. Je me permets de renvoyer sur ce point à « La mythologie blanche », in *Marges — de la philosophie,* Minuit, 1972 et à « Le retrait de la métaphore », in *Psyché. Inventions de l'autre,* Galilée, 1987.

parce que le motif du trait va inciser, si on peut dire, le dedans de la flamme. Et il s'agira de tout autre chose que ce que nous appelons en français un trait d'esprit.

1. *Premier trait.* Heidegger ne rejette pas simplement la détermination de l'esprit comme *spiritus* et *pneuma*, dans le passage que je vais citer, il la dérive plutôt, il affirme la dépendance du souffle, du vent, de la respiration, de l'inspiration, de l'expiration et du soupir au regard de la flamme. C'est parce que le *Geist* est flamme qu'il y a *pneuma* et *spiritus*. Mais l'esprit n'est pas *d'abord*, il n'est pas originairement *pneuma* ou *spiritus*.

2. *Deuxième trait.* Dans ce mouvement, le recours à la langue allemande paraît irréductible. Il semble faire dépendre la sémantique du *Geist* d'une « signification originaire » *(ursprüngliche Bedeutung)* confiée à l'idiome allemand *gheis*.

3. *Troisième trait.* Dans la détermination affirmative de l'esprit — *l'esprit en-flamme* — se loge déjà la possibilité interne du pire. Le mal a sa provenance dans l'esprit même. Il naît de l'esprit mais précisément d'un esprit qui n'est pas la *Geistigkeit* métaphysico-platonicienne. Le mal n'est pas du côté de la matière ou du sensible matériel qu'on oppose généralement à l'esprit. Le mal est spirituel, il est aussi le *Geist*, d'où cette autre duplicité interne qui fait d'un esprit le malin fantôme de l'autre. Cette duplicité affecte, dans le passage que je vais lire, jusqu'à la pensée de la cendre, cette blancheur de la cendre qui appartient au destin consumé, consumant, à la conflagration de la flamme qui s'embrase d'elle-même. La cendre, est-ce le Bien ou le Mal de la flamme ?

Je traduis d'abord quelques lignes avant d'isoler d'autres traits :

> Mais qu'est-ce que l'esprit ? Dans son dernier poème, *Grodek*, Trakl parle de la « flamme brûlante de l'esprit »

(heissen Flamme des Geistes) (201). L'esprit est ce qui flambe (*das Flammende :* l'esprit en flamme) et c'est peut-être en tant que tel seulement qu'il souffle (qu'il est un souffle, *ein Wehendes*). Trakl ne comprend pas l'esprit d'abord comme *pneuma,* pas spirituellement (*nicht spirituell :* très rare occurrence de ce mot chez Heidegger), mais comme la flamme qui enflamme [ou s'enflamme : *entflammt :* le propre de l'esprit est cette spontanéité auto-affective qui n'a besoin d'aucune extériorité pour prendre feu ou pour donner le feu, pour passer extatiquement hors de soi ; il se donne l'être hors de soi, comme on va le voir : l'esprit en flamme — donne et prend feu tout seul, pour le meilleur et pour le pire, puisqu'il s'affecte aussi du mal et qu'il est le passage hors de soi], il lève [ou débusque, *aufjagt*], il déplace [ou dépose ou effraie, transporte ou transpose, déporte : *entsetzt,* un mot, toute une sémantique qui joue un rôle important dans ce texte et réapparaîtra bientôt dans la dérivation étymologique de « *Geist* »], il rend insaisissable *(ausser Fassung bringt).* L'embrasement est le rayonnement d'une lueur rougeoyante. Ce qui s'embrase est l'être-hors-de-soi *(das Ausser-sich)* qui éclaircit et fait briller, qui cependant aussi *(indessen auch)* peut dévorer sans se lasser et tout consumer jusqu'au blanc des cendres *(in das Weisse der Asche verzehren kann).*

« La flamme est le frère du plus pâle », c'est ce qu'on lit dans le poème *Verwandlung des Bösen* (129) *(Transmutation du Malin).* Trakl envisage l'« esprit » à partir de cette essence qui se trouve nommée dans la signification originaire *(in der ursprünglichen Bedeutung)* du mot « *Geist* »*;* car *gheis* veut dire : être lancé *(aufgebracht),* transporté [ou transposé, déporté : *entsetzt,* encore — et c'est, je crois, le prédicat le plus déterminant], hors de soi (*ausser sich)*[1].

1. P. 59-60.

X

Ce n'est ni le lieu ni le moment, il est trop tard, de réveiller les guerres de l'étymologie, ni, ce qui serait si souvent ma tentation, tous les fantômes qui s'agitent dans les coulisses de ce « théâtre alchimique », comme dirait Artaud. Et l'un des fantômes les plus obsédants, parmi les philosophes de cette alchimie, ce serait encore Hegel qui, j'avais essayé de le montrer ailleurs [1], situait le passage de la philosophie de la nature

1. *Glas*, Galilée, 1974, notamment p. 14, 20, 22, 31, 70, 106, 262-263. Puisqu'il s'agit de la continuité d'une tradition en ces lieux où se croisent les thématiques du feu, du foyer, de la garde et de la nation, il convient de citer encore Hegel : « Nous verrons dans l'*histoire de la philosophie* que dans les *autres pays d'Europe,* où les sciences et la formation de l'intelligence ont été cultivées avec zèle et considération, la philosophie, à la réserve du nom, *est disparue et a péri jusqu'en son souvenir et son idée même, mais qu'elle s'est conservée comme propriété particulière (Eigentümlichkeit) dans la nation allemande.* Nous avons reçu de la nature la *mission supérieure (den höheren Beruf)* d'être les gardiens du feu sacré *(die Bewahrer dieses heiligen Feuers),* comme la famille des Eumolpides à Athènes avait la garde des mystères d'Eleusis et les insulaires de Samothrace la charge de la conservation et du soin d'un culte supérieur, comme jadis l'Esprit de l'Univers *(der Weltgeist)* s'était réservé la nation juive pour la conscience suprême afin qu'il s'élève du milieu d'elle comme un esprit nouveau. » *Leçons sur l'histoire de la philosophie,* trad. J. Gibelin légèrement modifiée, Gallimard, 1954, p. 14. Le discours avait commencé par évoquer, *lui aussi,* « toutes les forces de l'esprit », l' « esprit du monde », et la « pure spiritualité ». A ce point, en marge de cette adresse inaugurale à l'université, Hegel faisait allusion au « pâle fantôme » *(schale Gespenst)* qui s'oppose au

à la philosophie de l'esprit dans cette combustion depuis laquelle, comme l'effluve sublime d'une fermentation, le *Geist* — le gaz — s'élève ou se relève audessus des morts en décomposition pour s'intérioriser dans l'*Aufhebung*.

Délaissons donc l'étymologie et les fantômes — mais n'est-ce pas la même question ? — et tenonsnous-en provisoirement à la logique interne de ce discours, plus précisément à la manière dont se constitue cette intériorité, cette internalisation *familiale* plutôt, cette domestication en un lieu où la pensée de l'esprit paraît la plus idiomatique, quand la flamme du *Geist* ne brûle, pour le meilleur et pour le pire, qu'au foyer d'une seule langue. J'en ai dit un mot tout à l'heure en marquant la double dissymétrie qui déterminait le couple gréco-allemand. Qu'est-ce qui vient de se préciser à cet égard ? Nous avons en apparence un triangle de langues, le grec *(pneuma)*, le latin *(spiritus)*, l'allemand *(Geist)*. Heidegger ne disqualifie pas l'immense sémantique du souffle, de la respiration ou de l'inspiration qui s'est imprimée dans le grec ou dans le latin. Il les dit seulement moins originaires[1]. Mais ce supplément d'originalité qu'il

---

sérieux et au besoin supérieur de l'intelligence prussienne. Sur l'interprétation du judaïsme par Hegel, cf. aussi *Glas*, p. 43-105 et *passim*. Et sur ce qui « relie au fantôme de Heidegger », ou ce qui peut se passer, par exemple au téléphone, « avec le ghost ou le Geist de Martin », cf. *La Carte postale...*, p. 25-26.

1. D'une part cela pourrait rejoindre, jusqu'à un certain point et de façon traditionnelle, les réserves formulées par Hegel à l'endroit d'une *pneumatologie* (cf. plus haut, p. 33). Mais d'autre part, on pourrait aussi contester la distinction entre le *pneuma* et la flamme ou le gaz d'un feu dont la signification ne serait marquée que dans le mot *Geist*. Les choses sont certainement plus enchevêtrées. On doit d'abord rappeler qu'Aristote parle, dans *De la respiration* (XV, 478a 15), d'un « feu psychique ». Il est vrai toutefois que *psyché* n'est pas *pneuma ;* et Aristote associe plutôt le *pneuma* au feu et à la chaleur solaires, à la vapeur et au gaz qui en sont les effets naturels. Mais outre l'immense problème ouvert ici même par la détermination de la *physis*, il est difficile de dissocier absolument le *pneuma* de la chaleur et du feu, même si la source en reste aussi « naturelle » que

assigne à l'allemand n'a de sens et ne peut être dit qu'à l'intérieur d'un triangle ou d'une triade linguistico-historiale, et seulement si l'on accrédite une sorte d'*histoire du sens* de la « chose » *pneuma-spiritus-Geist* qui est à la fois européenne et porte, par le *Geist* ainsi interprété, au-delà ou en deçà de l'Europe occidentale dans sa représentation habituelle.

A qui reprocherait à Heidegger de ne pas se soucier d'autres langues, qu'est-ce que celui-ci pourrait dire ? D'abord ceci, peut-être : ce qu'il pense dans sa langue — et on ne pense pas hors d'une langue — se tient dans ce triangle intra-traductionnel. Le *Geist* aurait un sens plus originaire que *pneuma* et *spiritus* mais il se serait tenu historialement dans un rapport de traduction tel que le penseur allemand habite *cet* espace, et seulement dans ce lieu triangulaire *hors duquel* on peut rencontrer, certes, toutes sortes de significations d'égale dignité, au moins, appelant elles-mêmes à des analogies tentantes mais dont la traduction par *pneuma, spiritus* ou *Geist* témoignerait d'une légèreté abusive et finalement violente pour les langues ainsi assimilées.

Je ne discuterais pas la « logique » très forte de cette réponse si le triangle historial pouvait légitimement se fermer. Or il ne se ferme, semble-t-il, que par l'acte

---

le soleil. Je renvoie ici à la riche analyse de Hélène Ioannidi, « Qu'est-ce que le psychique ? », in *Philosophia*, n°s 15-16, Athènes, 1985-1986, p. 286 et suiv. On y lit par exemple ceci, à propos du rapport entre le sperme et l'âme : « La chaleur animale n'est pas du feu mais du *pneuma*, air chaud, gaz. La nature du *pneuma* est analogue à l'élément astral, " ... le feu n'engendre aucun animal, et il est manifeste qu'aucun être ne se forme dans la matière en feu, qu'elle soit humide ou sèche. Au contraire, la chaleur solaire a le pouvoir d'engendrer ainsi que la chaleur animale, non seulement celle qui se manifeste par le sperme, mais s'il se produit quelque autre résidu naturel, il n'en possède pas moins lui aussi un principe vital. " Émis par le mâle, le principe psychique est contenu dans le corps séminal que le mâle émet. Le principe psychique comprend à la fois ce qui est inséparable du corps et ce quelque chose de divin, l'intellect, qui en est indépendant. » (P. 294, l'auteur ajoute en note : « Sous ce terme [*pneuma*], dit une note de P. Louis, Aristote entend naturellement vapeur, gaz, air, fluide. »)

d'une brutale forclusion. « Forclusion » figure ici un mot reçu dans différents codes (juridique ou psychanalytique) pour dire trop vite et trop fermement quelque chose de cet *évitement* que nous tentons prudemment de penser ici. Telle « forclusion », donc, paraît sans doute significative en elle-même, dans son contenu, mais je ne m'y intéresse ici que pour sa valeur de symptôme, en quelque sorte, et pour soutenir une question de droit : qu'est-ce qui justifie « historialement » la fermeture de ce triangle ? Est-ce qu'il ne reste pas ouvert dès l'origine et par sa structure même sur ce que le grec puis le latin des Écritures ont *dû* traduire par *pneuma* et *spiritus*, à savoir la *ruah* hébraïque ?

Une précision d'abord, quant aux dimensions ultimes de cette question : elle concerne moins un évitement *historial*, comme je viens hâtivement de le suggérer, que la détermination même d'une historialité en général depuis les limites qu'un tel évitement viendrait arrêter. Ce que Heidegger nomme *Geschichte*, avec toutes les significations qu'il y associe, se déploierait dans l'avènement et comme l'institution même de ce triangle.

Sans pouvoir invoquer ici l'énorme corpus des textes prophétiques et de leur traduction, sans faire plus que rappeler ce qui permet de lire toute une pensée juive comme une inépuisable pensée du *feu*[1], sans citer, dans les Évangiles, les indices d'une pneumatologie qui se tient en rapport de traduction ineffaçable avec la *ruah*, je ne me référerai qu'à telle distinction paulinienne, dans la première Épître aux Corinthiens (II, 14) entre *pneuma* et *psyché*. Correspondant à la distinction entre *ruah* et *néphéch*, elle appartient, si elle ne l'ouvre pas, à la tradition théologico-philosophique dans laquelle Heidegger

1. Les références seraient ici trop nombreuses. L'une des plus singulières, dans ce contexte, renverrait à Franz Rosenzweig, à ce qu'il dit du feu, de l'esprit, du sang et de la promesse dans *L'Étoile de la rédemption,* Le Seuil, coll. « Esprit », 1982, trad. A. Dezczanski et J.-L. Schlegel, p. 352 et suiv.

interprète encore les rapports de *Geist* et de *Seele*[1].

Cet immense problème une fois signalé, ne peut-on s'interroger sur la légitimité de la clôture historiale de la parole dans laquelle Heidegger répète et prétend excéder la course européenne de l'Orient en Occident ? Sans compter que parmi d'autres traits, par exemple ceux qui font d'elle, parfois, un « esprit saint » *(ruah haqqodech, ruah qodech)*, la *ruah* peut aussi, comme le *Geist*, porter le mal en elle. Elle peut devenir *ruah raa*, l'esprit malin. Heidegger délimite non seulement telle ou telle mésinterprétation de la *Geistigkeit* au nom d'une authentique *Geistigkeit*, comme il le faisait en 1933-1935, mais tout le discours européen et christiano-métaphysique qui s'en tient au mot *geistig* au lieu de penser le *geistlich* dans le sens que lui donnerait Trakl. Dès lors, c'est sa propre stratégie de 1935, tout entière commandée par un usage encore

1. Là encore les références seraient trop nombreuses et sans doute inutiles. Précisons toutefois que Paul distingue entre l'« homme psychique » *(psychikos anthropos)* — on traduit aussi par « *animalis homo* » ou « homme naturel » — et l'« homme spirituel » *(pneumatikos) (spiritualis)*. Le premier n'accueille pas ce qui vient de l'esprit de Dieu *(ta tou pneumatos tou theou)*. Esprit saint qui peut être aussi, en tant que *pneuma*, une parole soufflée. Mathieu : « ... car ce n'est pas vous qui parlerez ; c'est l'Esprit de votre père *(to pneuma tou patros)* qui parlera en vous. » (X, 20, trad. J. Grosjean et M. Léturmy, Gallimard, 1971, p. 33). Le *pneuma (spiritus)* peut être saint *(agion, sanctus)* ou impur *(akatharton, immundus)* (cf. par exemple Mathieu, XII, 43, Marc, I, 26 ; III, 11, etc.).

A ma connaissance, Heidegger ne fait allusion à l'esprit saint *(pneuma agion)* qu'une seule fois, dans un contexte différent. Mais le feu n'est pas très loin. Il s'agit de *glossa, lingua, langue, language,* cette famille de mots qui rend d'autre part si difficile, on le sait, la traduction de *Sprache*, à la fois parole, langage et langue. Heidegger note que, de ce point de vue, « *Die Sprache ist die Zunge* », la parole — la langue — est la langue ; et il cite la traduction de la Vulgate par Luther : « ... " Et il leur apparut des langues *(Zungen)*, dispersées *(zerteilt)* comme de feu *(wie von Feuer)*... et ils commencèrent de prêcher avec d'autres langues *(mit anderen Zungen)* ". Néanmoins cette nouvelle capacité de discourir *(Reden)* n'est pas comprise comme une simple faconde (*Zungenfertigkeit* " langue bien pendue ") mais emplie du *pneuma agion,* le souffle saint *(vom heiligen Hauch)*. » (*Unterwegs zur Sprache*, p. 203, trad. légèrement modifiée, p. 189.)

limité du mot *geistig*, qui se trouve du même coup visée, comprise, compromise, voire déconstruite par cette nouvelle délimitation.

Or c'est à cet instant que Heidegger ferme ou enferme violemment l'Européen dans des idiomes qui avaient pourtant *incorporé* la traduction d'une langue au moins et d'une historialité qui n'est ici jamais nommée, pensée, et qui peut-être en effet ne se soumettrait plus à l'épochalité historiale et à l'histoire de l'être. Quel serait donc le lieu le plus approprié pour les questions que nous indiquons ici ? Peut-être celui que Heidegger situe lui-même au-delà de l'histoire ou de l'épochalité de l'être : une certaine pensée de l'*Ereignis*.

L'allusion à la *ruah raa*, à l'esprit malin, me conduit vers un autre des traits qu'il me faut souligner. L'esprit — *en-flamme* — déploie son essence *(west)*, dit Heidegger, selon la possibilité de la douceur *(des Sanften) et* de la destruction *(des Zerstörerischen)*. Le blanc de la cendre, pourrait-on dire, figure ici cette destruction selon le mal radical. Le mal et la méchanceté sont spirituels *(geistlich)* et non simplement sensibles ou matériels, par simple opposition métaphysique à ce qui est *geistig*. Heidegger y insiste avec des formules parfois littéralement schellingiennes, dans le sillage du *Traité de 1809 sur l'essence de la liberté humaine* et du *Cours* qu'il y consacre en 1936. Pourquoi cette continuité peut-elle paraître à la fois naturelle et troublante ? C'est que les formules « schellingiennes » qui soutiennent cette interprétation de Trakl semblent appartenir, à suivre le *Cours* de Heidegger lui-même, à cette métaphysique du mal et de la volonté qu'il s'agissait alors de délimiter plutôt que d'assumer. De plus, Heidegger essayait aussi, en 1936, de soustraire cette pensée schellingienne du mal, si métaphysique qu'elle fût encore, ou parce qu'elle avait l'authenticité d'une grande métaphysique, à un espace purement chrétien [1]. Mais les distinc-

1. Après avoir reconnu qu'il est « tout aussi impossible en philosophie de revenir d'un seul bond jusqu'à la philosophie

tions ne peuvent jamais être si simples dans la topologie enchevêtrée de ces déplacements. Certaines des formules de l'essai sur Trakl rappellent le *Cours* sur Schelling précisément dans ce geste pour aller, si on peut dire, au-delà du christianisme. Mais les mêmes formules confirment une métaphysique du mal, une métaphysique de la volonté, c'est-à-dire aussi cette métaphysique de l'*humanitas* et de l'*animalitas* que nous avons reconnue dans l'enseignement des mêmes années (*Introduction...*, 1935) et sur laquelle, me semble-t-il, Heidegger n'est jamais revenu[1]. Un

---

grecque que d'abolir par décret le christianisme tel qu'il a fait son entrée dans l'histoire occidentale et par conséquent dans la philosophie », après avoir précisé que le commencement de la philosophie fut « grandiose » pour avoir « dû surmonter son plus puissant antagoniste, le mythique en général, l'asiatique en particulier », Heidegger ajoute : « Il est sûr que Schelling, à partir du traité sur la liberté, met de plus en plus l'accent sur la positivité du christianisme ; mais quand on a dit cela, on n'a encore rien décidé relativement à l'essence et à la signification de sa pensée métaphysique, qui par là n'est toujours pas comprise, et même demeure incompréhensible. [...] avec cette interprétation [du mal comme péché] l'essence du mal vient au jour plus nettement, même si c'est dans une direction tout à fait déterminée. Mais le mal ne se réduit pas au péché et il ne se laisse pas saisir uniquement à titre de péché. Dans la mesure où notre interprétation s'attache à la véritable question métaphysique fondamentale, à la question de l'être, ce n'est pas sous la figure du péché que nous questionnons le mal, mais c'est dans l'optique de l'essence et de la vérité de l'être que nous cherchons à le situer. Et par là même il apparaît aussi, de façon médiate, que l'horizon éthique ne suffit pas pour concevoir le mal, et que, bien plus, l'éthique et la morale ne visent au contraire qu'à légiférer en vue de fixer l'attitude à adopter vis-à-vis du mal, au sens de la victoire à remporter sur lui, du rejet ou de la minoration du mal. » (*Schelling*, p. 175, trad. J.-F. Courtine, p. 251-252.)

1. Même quand, dans *La Lettre sur l'humanisme* par exemple, ces mêmes thèses se renforcent pour s'opposer à « la métaphysique », à la métaphysique de la volonté ou à celle qui « pense l'homme à partir de l'*animalitas* » et non « en direction de son *humanitas* ». « Le corps de l'homme est quelque chose d'essentiellement autre qu'un organisme animal. L'erreur du biologisme n'est pas surmontée du fait qu'on adjoint l'âme à la réalité corporelle (*dem Leiblichen*) de l'homme, à cette âme l'esprit, et à l'esprit le caractère existentiel et qu'on proclame plus fort que jamais la haute valeur de l'esprit... » (trad. R. Munier, Aubier, p. 59).

seul exemple parmi tant d'autres possibles, et je le choisis pour des raisons de *proximité*. Heidegger écrit à propos de *Métamorphose du Malin*, aussitôt après avoir évoqué la « signification originelle » du mot *Geist* :

> Ainsi compris, l'esprit déploie son essence *(west)* dans la possibilité de la douceur et de la destruction. La douceur ne soumet pas à quelque répression *(schlägt keineswegs nieder)* l'être-hors-de-soi de la conflagration *(des Entflammenden)*, mais la tient rassemblée *(versammelt)* dans la paix de l'amitié. La destruction provient de l'effrénement qui se consume *(verzehrt)* dans sa propre insurrection et presse ainsi le malin *(das Bösartige betreibt)*. Le mal est toujours le mal d'un esprit. Le mal, et sa malignité, n'est pas le sensible, le matériel. Il n'est pas non plus d'une nature simplement « spirituelle » *(« geistiger » Natur)*. Le mal est spirituel *(geistlich)* [...] [1].

Or il écrivait dans son *Schelling* :

> [...] un animal ne peut jamais être « méchant », même si parfois nous nous exprimons en ces termes. A la méchanceté appartient en effet l'esprit *(Denn zur Bosheit gehört Geist)*. L'animal ne peut jamais sortir de l'unité propre au degré déterminé qui est le sien dans la nature. Même quand un animal est « rusé », « malicieux », cette malice reste limitée à un champ tout à fait déterminé, et quand elle se manifeste, c'est toujours en des circonstances également très déterminées ; alors elle entre en jeu de façon automatique. L'homme est au contraire cet être qui peut renverser les éléments qui composent son essence, qui peut renverser l'ajointement ontologique *(die Seynsfuge)* de son *Dasein* et le disjoindre *(ins Ungefüge)*. [...] C'est donc à l'homme qu'est réservé le privilège douteux de pouvoir tomber plus bas que l'animal, tandis que l'animal n'est pas capable de cette mé-version *(Verkehrung)* des principes. [...]. Le fondement du mal réside donc dans la manifestation de la volonté primordiale *(Urwillen)* du fond premier [2].

1. P. 60.
2. P. 173-174 ; trad. J.-F. Courtine, p. 249.

Situons enfin un *dernier trait*, le *trait lui-même, Riss*. Ce mot trace aussi la différence. Il revient souvent pour dire le retrait par lequel l'esprit se rapporte à lui-même et se divise dans cette sorte d'adversité interne qui donne lieu au mal, en l'inscrivant en quelque sorte à même la flamme. On dirait une écriture de feu. Celle-ci n'est pas un accident. Elle ne survient pas après coup et de surcroît à la flamme de lumière. La flamme écrit, elle s'écrit elle-même, à même la flamme. Trait de conflagration, l'esprit en-flamme — trace la route, il fraye la voie :

> Dans la mesure où l'essence de l'esprit réside dans la conflagration *(in Entflammen)*, il fraye la voie *(bricht er Bahn)*, lui donne l'éclaircie et le met en chemin. Flamme, l'esprit est la tempête *(Sturm)* qui « monte à l'assaut du ciel » *(« den Himmel stürmt »)* et se livre « à la chasse de Dieu » *(« Gott erjagt »)*. L'esprit poursuit *(jagt)* l'âme en chemin *(in das Unterwegs)*... *(Unterwegs...*, p. 60).

Le frayage de ce trait (trace, attraction, contraction) rapporte ainsi, et d'abord, l'esprit à l'âme. L'esprit jette et poursuit l'âme en chemin, dans le chemin ouvert par son feu, et c'est l'être-en-chemin *(Unterwegs)* de la migration mais aussi du devancement, de la précipitation ou de l'anticipation *(wo sich ein Vorauswandern begibt)* selon cette temporalité qui fait paraître la fin avant le commencement. C'est ainsi que l'esprit transpose, dépose et déporte dans l'étranger *(versetzt in das Fremde)*, il transporte l'âme. Ainsi, de nouveau, « *Es ist die Seele ein Fremdes auf Erden* ». Cette déportation est un don. « L'esprit est ce qui fait don de l'âme » *(Der Geist ist es, der mit Seele beschenkt)*. C'est pourquoi il est aussi, formule encore hölderlinienne, le « *Beseeler* ». Inversement, l'âme garde *(hütet)* l'esprit, elle le « nourrit », et cela de façon si essentielle que, on peut le présumer, ajoute Heidegger, il n'y aurait pas d'esprit sans âme. *Garde* et *nourriture* accentueraient encore, dans le sens d'une tradition, la féminité de l'âme. Elle se trouve ici indissociablement accouplée, et nous n'invoquerons pas la grammaire des genres, à un esprit masculin qui entraîne, chasse, poursuit, met en chemin et marque de son trait — de surcroît un trait de flamme[1].

Solitaire et voyageuse, l'âme doit assumer le poids de son destin *(Geschick)*. Il lui faut se rassembler en l'Un, porter et se porter vers l'essence qui lui est assignée, la migration — mais non l'errance. Elle doit se porter *au-devant, à la rencontre* de l'esprit *(dem Geist entgegen)*. Ferveur du *Gemüt*, flamme ou ardente mélancolie, elle doit consentir ou se prêter à l'esprit :

Dem Geist leih deine Flamme, glühende Schwermut

L'âme est *grande* à la mesure de cette flamme et de sa douleur :

O Schmerz, du flammendes Anschaun
Der grossen Seele! (Das Gewitter [183])

Or voici le *trait*, le partage ou l'adversité même au-dedans de la douleur, car la douleur a en elle-même, en propre, une essence d'adversité *(Dem Schmerz eignet ein in sich gegenwendiges Wesen)*. C'est dans le trait *(Riss)* de la flamme que la douleur emporte, déchire ou arrache l'âme :

« " *Flammend* " *reisst der Schmerz fort* », dit Heideg-

1. Voir ce que nous disions plus haut, de la hauteur, de la direction et de l'érection. Pour éviter encore une fois toute assignation simple et unilatérale, on pourrait citer aussi Emmanuel Levinas : « Le problème, dans chacun des alinéas que nous commentons en ce moment, consiste à concilier l'humanité des hommes et des femmes avec l'hypothèse d'une spiritualité du masculin, le féminin n'étant pas son corrélatif, mais son corollaire, la spécificité féminine ou la différence des sexes qu'elle annonce ne se situant pas d'emblée à la hauteur des oppositions constitutives de l'Esprit. Audacieuse question : comment l'égalité des sexes peut-elle provenir de la priorité du masculin ? » (« Et Dieu créa la femme », in *Du sacré au saint,* Minuit, 1977, p. 141). J'ai cité et interprété ce passage dans « En ce moment même dans cet ouvrage me voici », in *Psyché. Inventions de l'autre,* p. 195. Cette interprétation concerne aussi les questions des guillemets (p. 191 et passim), de la cendre (p. 184-202), et du psychisme (p. 166) chez Levinas.

ger en commentant *Das Gewitter*, « L'orage ». *Sein Fortriss zeichnet die wandernde Seele in die Fuge des Stürmens und Jagens ein...* La traduction est difficile. Comme je le fais souvent, je paraphrase plutôt — et le mot *Fuge* résiste plus qu'un autre : le trait qui l'emporte inscrit l'âme voyageuse dans l'ajustement, l'accordement juste de la tempête et de la poursuite qui, montant à l'assaut du ciel *(den Himmel stürmend)*, voudrait se livrer à la chasse de Dieu *(Gott erjagen möchte)*. A travers toutes ses modifications *(Riss, Fortriss, Rückriss,* mais aussi *Zug, Bezug, Grundzug, ziehen)*, le trait ou le retrait de ce qui *a trait* inscrit le mal. Le trait incise la douleur dans l'essence du *rapport à soi de l'esprit* qui se rassemble et se divise ainsi. C'est dans la douleur que l'esprit donne l'âme. Qui à son tour le porte. En l'âme règne donc le trait fondamental *(Grundzug)* de la douleur. C'est son essence. Et c'est l'essence du Bien. Selon le même trait fondamental, le Bien n'est le Bien que dans la douleur. Celle-ci emporte *(fortreisst)*, elle emporte proprement *(eigentlich)* dans le retrait de son trait déchirant *(als zurückreissender Riss)*.

Trait doublement remarquable. Redoublé, double marque lui-même, et à même l'esprit, il est l'esprit en lequel il s'inscrit, se trace, se retire ou se rétracte. Il appartient à la flamme qu'il partage. Et il a une affinité essentielle avec le coup, la frappe, l'empreinte *(Schlag)* à partir desquels Heidegger interprète, dans sa langue, le *Geschlecht*, dans sa juste frappe puis dans le mauvais coup qui le dépose ou le corrompt en *verwesendes Geschlecht* dont la dualité est vouée à la dissension *(Zwietracht)*. Le coup, le juste mais aussi le mauvais, le second, la plaie, la malédiction (ce sont des mots de Heidegger) qui frappent le *Geschlecht* humain, ce sont des coups de l'esprit. Le lexique paraît encore souvent schellingien[1]. Une seule cita-

1. Voir par exemple ce qui est dit du discord *(Zwietracht)*, de la « " distinction " en tant que frappe (caractère) » et du revirement comme « *Umschlag* », *Schelling...*, p. 215-217, trad., p. 305-307.

tion : « Mais qui a la garde de cette puissante douleur afin qu'elle nourrisse la flamme brûlante de l'esprit ? Ce qui porte la frappe de cet esprit *(Was vom Schlage dieses Geistes ist)* appartient à ce qui met en chemin. Ce qui porte la frappe de cet esprit, cela s'appelle " geistlich " » (p. 66).

D'autre part, la différence ou la dualité inscrite par le trait, voire par la frappe, Heidegger ne la pense pas comme une *divison*. C'est le rapport à soi de l'esprit lui-même comme *rassemblement*. Le trait rassemble. Le mot de *Versammlung* (rassemblement) traverse, domine et surdétermine toute cette méditation. Il rassemble tout ce qui est rassemblement : le lieu *(Ort)*, le dé-cès *(Abgeschiedenheit)*, l'âme que la solitude porte vers l'« unique » et rassemble dans l'Un *(in das Eine* [1]), le *Gemüt* et finalement l'un lui-même *(Ein)* de *Ein Geschlecht*, cet Un qui serait le seul mot souligné dans l'œuvre de Trakl. Cet Un n'est pas, dit Heidegger, l'identité, l'indifférence ou l'uniformité sexuelle, mais le matin le plus matinal auquel sa marche aura destiné l'Étranger. Or la *Versammlung*, ce rassemblement en l'Un, Heidegger l'appelle aussi *Geist*, et il le fait dans des formules qui là encore rappellent souvent Schelling. La séparation de ce qui prend son départ dans le dé-cès n'est autre, en son embrasement même, que l'esprit, « *der Geist und als dieser das Versammelnde* » : l'esprit et, comme tel, ce qui rassemble [2].

Il est trop tard et je ne vous retiendrai pas jusqu'au matin.

En schématisant à l'extrême, peut-être aperçoit-on ici *deux chemins* de pensée. Ils se croiseraient sous le pas de Heidegger. Et sans critiquer, sans même poser de questions pour faire semblant de conclure, je retiendrai seulement, dans la description très sèche de ces deux chemins, ce qui peut encore nous dire, du moins je l'imagine, quelque chose de *nos* pas, comme

1. P. 61.
2. P. 66.

d'une certaine croisée de *nos* chemins. D'un *nous* qui peut-être n'est pas *donné*.

L'un des chemins, on peut en suivre la piste dans la lecture de Trakl, reconduirait à la spiritualité d'une promesse qui, sans lui être opposée, serait étrangère au christianisme, et même à l'origine du christianisme (ce à quoi nous pouvons donner quelques noms), étrangère encore plus radicalement à la métaphysique platonicienne et à toute sa conséquence, étrangère à une certaine détermination européenne de la course orient-occidentale. Le plus matinal de la *Frühe*, en sa meilleure promesse, serait en vérité d'une *autre* naissance et d'une *autre* essence, *hétérogène à l'origine* de tous les testaments, de toutes les promesses, de tous les événements, de toutes les lois et assignations qui sont notre mémoire même. *Hétérogène à l'origine :* cela s'entend à la fois, d'une seule fois, en trois sens : 1. hétérogène dès l'origine, originairement hétérogène ; 2. hétérogène par rapport à ce qui s'appelle l'origine, autre que l'origine et irréductible à elle ; 3. hétérogène *et* ou *en tant qu'*à l'origine, hétérogène à l'origine (1 et 2) parce qu'à l'origine de l'origine. Hétérogène *parce que* c'est et *bien que* cela soit à l'origine. « *Parce que* » et « *bien que* » *à la fois,* voilà la forme logique de la tension qui fait vibrer toute cette pensée. Le cercle qui, à travers la mort, le déclin, l'Occident, fait retour vers le plus originaire, celui vers lequel nous appelle le *Gespräch* entre Heidegger et Trakl, serait tout autre que les cercles ou révolutions analogues dont nous avons hérité la pensée, depuis ce qu'on appelle les Testaments jusqu'à Hegel ou Marx, et quelques autres modernes. Dès lors ces mots, le « cercle », la « mort », le « déclin », l'« Occident », seraient des paléonymes. Ils ne méritent que les guillemets nécessaires pour les suspendre dans une écriture ou une lecture qui doit nous porter au-delà. De cette piste-là, je serais tenté de dire que, d'une part, elle semble promettre, saluer ou sauver *plus* ou *mieux*, puisqu'elle appelle à tout autre chose. Annonce plus provocante, commotionnante, irruptive. Mais d'autre part, du moins pour ce qui la met à l'épreuve dans la lecture de Trakl, cette piste paraît peu praticable, fût-ce comme l'impraticable même. Jusque dans le détail de ce que j'oserai appeler l'explication de texte, en tout cas l'élucidation (*Erläuterung*, que Heidegger distingue de l'*Erörterung)*, les gestes pour arracher Trakl à la pensée chrétienne du *Geist* me paraissent laborieux, violents, parfois simplement caricaturaux, et au total peu convaincants. J'essaierai de m'en expliquer ailleurs. C'est par référence à une silhouette fort conventionnelle et doxique du christianisme que Heidegger peut prétendre déchristianiser le *Gedicht* de Trakl. Ce qui est *hétérogène à l'origine* ne serait autre alors — mais ce n'est pas rien — que l'origine du christianisme : l'esprit du christianisme ou l'essence du christianisme.

On imagine alors une scène entre Heidegger et certains théologiens chrétiens, les plus exigeants peut-être, plus patients, plus impatients. Dans son programme ou dans son type, la rencontre n'a d'ailleurs pas manqué de se produire. En tout cas sa « logique » paraît prescrite. Il s'agirait en vérité d'un singulier *échange*. Entendons par là que les places peuvent parfois s'y échanger de façon troublante. Et comme nous ne parlons, depuis le début de cette conférence, que de la « traduction » de ces pensées et de ces discours dans ce qu'on appelle couramment les « événements » de l'« histoire » et de la « politique » (je mets des guillemets à tant de mots obscurs), il faudrait aussi « traduire » ce que peut impliquer un tel échange des places en sa possibilité la plus radicale. Ladite « traduction » paraît à la fois indispensable et pour le moment impossible. Elle appelle donc de tout autres protocoles, ceux en vue desquels j'ai proposé cette lecture. Ce que nous visons là, bien évidemment, n'est rien moins qu'abstrait. Il s'agit d'« événements » passés, présents et à venir, d'une composition de forces et de discours qui paraissent se livrer une guerre sans merci (par exemple de 1933 à nos jours). Il s'agit d'un programme et d'une combinatoire dont la puissance reste abyssale. Elle n'innocente en toute rigueur aucun des discours qui peuvent ainsi échanger leur puissance. Elle ne laisse la place nette pour aucune instance arbitrale. Le nazisme n'est pas né dans le désert. On le sait bien mais il faut toujours le rappeler. Et même si, loin de tout désert, il avait poussé comme un champignon dans le silence d'une forêt européenne, il l'aurait fait à l'ombre de grands arbres, à l'abri de leur silence ou de leur indifférence mais dans le même sol. De ces arbres qui peuplent en Europe une immense forêt noire je ne ferai pas le relevé, je ne compterai pas les espèces. Pour des raisons essentielles, leur présentation défie l'espace du tableau. Dans leur taxinomie touffue, elles porteraient des noms de religions, de philosophies, de régimes politiques, de structures économiques, d'institutions religieuses ou académiques. Bref, ce qu'on appelle aussi confusément la culture ou le monde de l'esprit.

Les premiers, donc, ceux que j'appelais les théologiens et tous ceux qu'ils pourraient représenter, diraient à Heidegger : « Mais ce que vous appelez l'esprit archi-originaire et que vous prétendez étranger au christianisme, c'est bien le plus essentiel du christianisme. Comme vous, c'est ce que nous voudrions réveiller sous des théologèmes, des philosophèmes ou des représentations courantes. Nous vous rendons grâce de ce que vous dites, vous avez droit à toute notre reconnaissance pour ce que vous nous donnez à entendre et à penser — et que nous reconnaissons en effet. C'est justement ce que nous cherchons depuis toujours. Et quand vous parlez de la promesse, ce *Versprechen*, d'une aube plus que matinale au-delà d'un commencement et d'une fin de l'histoire, en deçà et au-delà de l'Orient comme de l'Occident, savez-vous à quel point vous êtes proches de nous ? Et plus encore quand vous parlez de chute *(Verfall)* et de malédiction *(Fluch)*. Et plus encore quand vous parlez du mal spirituel. Et plus encore quand, dans la trace du vers de Trakl

Gott sprach eine sanfte Flamme zu seinem Herzen :
O Mensch !

vous nommez cette parole de Dieu, son *Sprechen* — que nous sommes tentés de rapprocher du *Versprechen* dont il fut question tout à l'heure —, quand vous l'accordez à un *Zusprechen* ou à un *Zuspruch* (mandement, consolation, exhortation [1]), qui nous appelle à l'*Entsprechung,* à la correspondance. Et plus encore quand vous parlez de résurrection à venir du *Menschenschlag* depuis l'aube (*in ein kommendes Auferstehen des Menschenschlages aus der Frühe* [2]) ou du salut et du coup qui sauve (*rettet*) ; et quand, précisant surtout que cette mission ou cet envoi du coup frappé (*das Geschick des Schlages*) frappe de différence (spécifie en séparant : *verschlägt*) le *Menschengeschlecht,* c'est-à-dire le sauve (*d.h. rettet*) [3], vous dites que ce « c'est-à-dire », cet ajointement du coup et du salut dans un événement archi-originaire et encore à venir, c'est un hymne — disons une louange — que le poète chante et non les histoires que les historiens racontent. Quand vous dites tout cela, nous qui voudrions être des chrétiens authentiques, nous pensons que vous allez à l'essentiel de ce que nous voulons penser, réveiller, restaurer, dans notre foi, et même si nous devons le faire contre ces représentations courantes avec lesquelles vous voulez à tout prix confondre le christianisme (que d'autre part vous connaissez si bien), contre certains théologèmes ou certains philosophèmes onto-théologiques. Vous dites ce qu'on peut dire de plus radical quand on est chrétien aujourd'hui. A ce point, surtout quand vous parlez de Dieu, de retrait, de flamme et d'écriture de feu dans la promesse, en accord avec la promesse du retour vers le pays de la pré-archi-originalité, il n'est pas sûr que vous ne receviez pas une réponse analogue et un écho sembla-

1. P. 79.
2. P. 67.
3. P. 80.

ble de mon ami et coreligionnaire, le juif messianique. Je ne suis pas sûr que le musulman et quelques autres ne se joindraient pas au concert ou à l'hymne. Du moins tous ceux qui dans les religions et les philosophies ont parlé de *ruah*, de *pneuma*, de *spiritus* et pourquoi pas de *Geist*. »

Puisque je fais ici les questions et les réponses, j'imagine la réplique de Heidegger. Nous pouvons la reconstruire à partir du programme des stratégies typiques qu'il nous a en somme légué : « Mais en affirmant que le *Gedicht* de Trakl — et tout ce que je dis avec lui — n'est ni métaphysique ni chrétien, je ne m'oppose à rien, surtout pas au christianisme, ni à tous les discours de la chute, de la malédiction, de la promesse, du salut, de la résurrection, ni aux discours sur *pneuma* et *spriritus*, ni même, j'avais oublié, sur la *ruah*. J'essaie seulement, modestement, discrètement, de penser ce *à partir de* quoi tout cela est possible. Cela (ce à partir de quoi...), pour avoir été voilé depuis toujours, *n'est pas encore ce qu'il rend possible*. Ce " à partir de quoi ", cette *Frühe* plus qu'originaire, n'est pas encore pensable, elle reste à venir. Un cercle entraîne cette *Frühe* de l'avant-veille jusqu'à ce matin qui n'est pas encore venu, et ce cercle n'est pas — pas encore ou déjà plus — le cercle des métaphysiques européennes, des eschatologies, des messianismes ou des apocalyptismes de toute sorte. Je n'ai pas dit que la flamme était *autre chose* que le souffle pneumatologique ou spirituel, j'ai dit que c'est à partir de la flamme qu'on pense *pneuma* et *spiritus*, ou, puisque vous insistez, *ruah*, etc. J'ai simplement dit : le *Geist* n'est pas *d'abord* ceci, cela, ou encore cela. »

Cette retraite de Heidegger, dont nous avons les signes réguliers, typiques et récurrents dans son texte, c'est l'un des deux chemins, dans la croisée dont je parlais à l'instant et qui risque encore, croisée n'est pas un mot neutre, de rappeler la rature en forme de croix sous laquelle on laisse souffrir l'être ou Dieu[1].

1. Cf. « Comment ne pas parler », in *Psyché...*, *op. cit.*

Le retrait de Heidegger, dans cette croisée, serait l'un des deux pas, plutôt le pas vers le « plus tôt ». Il conduit à faire de cette puissante répétition pensante un retrait ou une avancée vers le plus originaire, le pré-archi-originaire qui ne pense *plus* — et donc mieux — qu'*à ne rien* penser *de plus*, rien d'autre en tout cas, aucun autre contenu que ce qui est là, fût-ce comme la promesse de l'avenir, dans le legs de la métaphysique ou des traditions — disons de la religion —, plus largement dans ce monde dont Heidegger disait en 1935 qu'il est toujours monde spirituel. Mais si on en faisait objection ou reproche à Heidegger, si on lui disait que cette répétition n'ajoute, n'invente ou ne découvre rien, qu'elle ne fait que redoubler en creux, par une expérience qui est en somme celle de la vérité comme mémoire et de la mémoire comme promesse, l'événement d'une promesse qui a déjà eu lieu, Heidegger, j'imagine, répondrait : — Dans ce que vous appelez le chemin de la répétition qui n'ajoute rien (mais pourquoi voulez-vous ajouter? Vous trouvez que cela ne suffit pas, ce que nous avons en mémoire, dans l'abîme de notre mémoire?), la pensée de cette *Frühe* à venir, tout en s'avançant ainsi vers la possibilité de ce que vous croyez reconnaître, va vers ce qui est tout autre que ce que vous croyez reconnaître. Ce n'est pas un nouveau contenu en effet. Mais l'accès à la pensée, l'accès pensant à la *possibilité* des métaphysiques ou des religions pneumato-spiritualistes, ouvre sur tout autre chose que ce que la possibilité rend possible. Il ouvre sur ce qui reste *hétérogène à l'origine*. Ce que vous représentez comme une simple réplique ontologique et transcendantale est tout autre. C'est pourquoi sans m'opposer à ce dont j'essaie de penser la possibilité la plus matinale, sans même me servir d'autres mots que ceux de la tradition, je suis le chemin d'une répétition qui croise le chemin du tout autre. Le tout autre s'annonce dans la répétition la plus rigoureuse. Celle-ci est aussi la plus vertigineuse et la plus abyssale.

— Oui, justement, répliqueraient alors ses interlocuteurs, c'est bien ce que nous disons, à la même croisée de chemins, et ces chemins seraient également mais autrement circulaires : nous en appelons à ce tout autre dans la mémoire d'une promesse ou dans une promesse de mémoire. C'est la vérité de ce que nous avons toujours dit, entendu dire, essayé de donner à entendre. Le malentendu, c'est que vous nous entendez mieux que vous ne croyez ou que vous n'affectez de croire. En tout cas, pas de malentendu de notre part, désormais, il suffit de continuer à parler, de ne pas interrompre entre le poète et vous, c'est-à-dire aussi bien entre vous et nous, cette *Zwiesprache*. Il suffit de ne pas interrompre le colloque, même quand il est déjà très tard. L'esprit qui veille en revenant fera toujours le reste. A travers la flamme ou les cendres, mais comme le tout autre, inévitablement.

DIFFÉRENCE SEXUELLE, DIFFÉRENCE ONTOLOGIQUE[1]
(*Geschlecht* I)

1. Comme l'essai qui suivra, « La main de Heidegger, *Geschlecht* II », celui-ci (d'abord publié dans le *Cahier de l'Herne* consacré à Heidegger et dirigé par Michel Haar en 1983) se contente d'esquisser, de façon à peine préliminaire, une interprétation à venir par laquelle je voudrais situer *Geschlecht* dans le chemin de pensée de Heidegger. Dans son chemin d'écriture aussi, et l'impression, l'inscription marquée du mot *Geschlecht* n'y sera pas pour rien. Ce mot, je le laisse ici dans sa langue pour des raisons qui devraient s'imposer au cours de cette lecture même. Et il s'agit bien de « *Geschlecht* » (du *mot* pour sexe, race, famille, génération, lignée, espèce, genre) et non *du Geschlecht :* on ne franchira pas si facilement vers la chose même (le *Geschlecht*) la marque du mot (« *Geschlecht* ») dans laquelle, beaucoup plus tard, Heidegger remarquera l'empreinte du coup ou de la frappe *(Schlag)*. Il le fera dans un texte dont nous ne parlerons pas ici mais vers lequel cette lecture se poursuivra, par lequel en vérité je la sais déjà aimantée : *Die Sprache im Gedicht, Eine Erörterung von Georg Trakls Gedicht* (1953, in *Unterwegs zur Sprache,* 1959, p. 36). Trad. par Jean Beaufret, in *Acheminement vers la parole,* 1976 : *La Parole dans l'élément du poème, Situation du Dict de Georg Trakl.*

à Ruben Berezdivin

Du sexe, oui, on le remarque facilement, Heidegger parle aussi peu que possible et peut-être ne l'a-t-il jamais fait. Peut-être n'a-t-il jamais rien dit, sous ce nom, sous les noms que nous leur connaissons, du « rapport-sexuel », de la « différence-sexuelle », voire de « l'homme-et-la-femme ». Ce silence, donc, on le remarque facilement. Autant dire que la remarque en est un peu facile. Elle se contenterait de quelques indices et conclurait par un « tout se passe comme si... ». Sans peine mais non sans risque, on fermerait ainsi le dossier : tout se passe comme si, à lire Heidegger, il n'y avait pas de différence sexuelle, et rien de ce côté de l'homme, autrement dit de la femme, à interroger ou à soupçonner, rien qui soit digne de question, *fragwürdig*. Tout se passe comme si, poursuivrait-on, une différence sexuelle n'était pas à hauteur de différence ontologique : aussi négligeable en somme, au regard de la question du sens de l'être, qu'une différence quelconque, une distinction déterminée, un prédicat ontique. Négligeable s'entend pour la *pensée,* même si elle ne l'est en rien pour la science ou pour la philosophie. Mais en tant qu'il s'ouvre à la question de l'être, en tant qu'à l'être il a rapport, dans cette référence même le *Dasein* ne serait pas sexifère. Le discours sur la sexualité serait ainsi abandonné aux sciences ou aux philosophies de la vie, à l'anthropologie, à la sociologie, à la biologie, peut-être même à la religion ou à la morale.

La différence sexuelle ne serait pas à hauteur de différence ontologique, disions-nous, entendions-nous dire. On a beau savoir que de hauteur il ne saurait être question, la pensée de la différence n'en prenant aucune, ce silence pourtant n'en manque pas. On peut même le trouver hautain, justement, arrogant, provoquant en un siècle où la sexualité, lieu commun de tous les bavardages, devient aussi la monnaie courante des « savoirs » philosophiques et scientifiques, le *Kampfplatz* inévitable des éthiques et des politiques. Or, pas un mot de Heidegger ! On pourrait trouver grand style à cette scène de mutisme têtu au centre même de la conversation, dans le bourdonnement ininterrompu et distrait du colloque. A lui seul il a valeur d'éveil (mais de quoi parle-t-on autour de ce silence ?), et de réveil : qui en effet autour de lui et bien avant lui n'a pas causé de sexualité en tant que telle, si on pouvait dire, et sous ce nom ? Tous les philosophes de la tradition l'ont fait, entre Platon et Nietzsche qui furent, pour leur part, intarissables sur le sujet. Kant, Hegel, Husserl lui ont réservé une place, ils en ont touché un mot au moins dans leur anthropologie ou dans leur philosophie de la nature, et en vérité partout.

Est-il imprudent de se fier au silence apparent de Heidegger ? Le constat sera-t-il dérangé dans sa belle assurance philologique par tel passage connu ou inédit quand ratissant l'intégrale de Heidegger une machine à lire saura débusquer la chose et le gibier du jour ? Encore faudra-t-il penser à programmer la machine, penser, y penser et savoir le faire. Or quel sera l'index ? A quels mots se confier ? A des noms seulement ? Et à quelle syntaxe visible ou invisible ? Bref à quels signes saurez-vous reconnaître qu'il dit ou tait ce que vous appelez tranquillement la différence sexuelle ? Que pensez-vous sous ces mots ou à travers eux ?

Pour qu'un silence aussi impressionnant se laisse aujourd'hui marquer, pour qu'il apparaisse comme tel, marqué et marquant, de quoi se contenterait-on dans la plupart des cas ? De ceci sans doute : Heidegger n'aurait rien dit de la sexualité sous ce nom dans les lieux où la « modernité » la plus instruite et la mieux équipée l'attendrait de pied ferme avec sa panoplie du « tout-est-sexuel-et-tout-est-politique-et-réciproquement » (notez au passage que le mot « politique » est d'un usage très rare, peut-être nul chez Heidegger et la chose là encore n'est pas insignifiante). Avant même une statistique, la cause paraît donc entendue. Mais nous aurions de bonnes raisons de le croire, la statistique ici confirmera le verdict : sur ce que nous appelons paisiblement la sexualité, Heidegger s'est tu. Silence transitif et signifiant (il a tu le sexe) qui appartient, comme il le dit d'un certain *Schweigen* (« *hier in der transitiven Bedeutung gesagt* »), au chemin d'une parole qu'il semble interrompre. Mais quels sont les lieux de cette interruption ? Où le silence travaille-t-il ce discours ? Et quelles sont les formes, quels sont les contours déterminables de ce non-dit ?

On peut le parier, rien ne s'immobilise en ces lieux que les flèches de ladite panoplie viendraient assigner à point nommé : omission, refoulement, dénégation, forclusion, impensée même.

Puis si le pari devait être perdu, la trace de ce silence ne mériterait-elle pas le détour ? Il ne tait pas n'importe quoi, elle ne vient pas de n'importe où. Mais pourquoi le pari ? Parce qu'avant de prédire quoi que ce soit de la « sexualité », on le vérifiera, il faut invoquer la chance, l'aléa, le destin.

Soit alors une lecture dite « moderne », une investigation parée de psychanalyse, une enquête s'autorisant de toute une culture anthropologique. Que cherche-t-elle ? Où cherche-t-elle ? Où se croit-elle en droit d'attendre au moins un signe, une allusion, si elliptique soit-elle, un renvoi du côté de la sexualité, du rapport sexuel, de la différence sexuelle ? D'abord dans *Sein und Zeit*. L'analytique existentiale du *Dasein* n'était-elle pas assez proche d'une anthropologie fondamentale pour avoir donné lieu à tant d'équivoques ou de méprises sur la prétendue « réalité-humaine », comme on traduisait en France ? Or même dans les analyses de l'être-au-monde comme être-avec-autrui, du souci en lui-même et comme « *Fürsorge* », on chercherait en vain, semble-t-il, l'amorce d'un discours sur le désir et sur la sexualité. On pourrait en tirer cette conséquence : la différence sexuelle n'est pas un trait essentiel, elle n'appartient pas à la structure existentiale du *Dasein*. L'être-là, l'être *là*, le *là* de l'être en tant que tel ne porte aucune marque sexuelle. Il en va donc de même pour la lecture du sens de l'être, puisque, *Sein und Zeit* le dit clairement (§ 2), le *Dasein* reste, pour une telle lecture, l'étant exemplaire. Même si l'on veut bien admettre que toute référence à la sexualité n'est pas effacée ou reste impliquée, ce serait seulement dans la mesure où, parmi beaucoup d'autres, telle référence présuppose des structures très générales (*In-der-Welt Sein als Mit- und Selbstsein, Räumlichkeit, Befindlichkeit, Rede, Sprache, Geworfenheit, Sorge, Zeitlichkeit, Sein zum Tode*). Mais elle n'est jamais le fil conducteur indispensable pour un accès privilégié à ces structures.

La cause paraît entendue, dirait-on. Et pourtant ! *Und dennoch !* (Heidegger use plus souvent qu'on ne le croirait de ce tour de rhétorique : et pourtant ! point d'exclamation, à la ligne.)

Et pourtant la chose était si peu ou si mal entendue que Heidegger eut aussitôt à s'en expliquer. Il dut le faire en marge de *Sein und Zeit*, si l'on peut appeler marge un cours d'été à l'université de Marburg/Lahn en 1928[1]. Il y rappelle quelques « principes directeurs » sur « Le problème de la transcendance et le problème de *Sein und Zeit* (§ 10). L'analytique existentiale du *Dasein* ne peut advenir que dans la perspective d'une ontologie fondamentale. C'est pour-

1. *Metaphysische Anfangsgründe der Logik im Ausgang von Leibniz*, Gesamtausgabe, Band 26.

quoi il ne s'agit là ni d'une « anthropologie » ni d'une « éthique ». Une telle analytique est seulement « préparatoire » et la « métaphysique du *Dasein* » n'est pas encore « au centre » de l'entreprise, ce qui laisse clairement penser qu'elle est néanmoins à son programme.

C'est par le *nom* du *Dasein* que j'introduirai ici la question de la différence sexuelle.

Pourquoi nommer *Dasein* l'étant qui forme le thème de cette analytique ? Pourquoi le *Dasein* donne-t-il son « titre » à cette thématique ? Dans *Sein und Zeit*, Heidegger avait justifié le choix de cet « étant exemplaire » pour la *lecture* du sens de l'être. « Sur *quel* étant le sens de l'être devra-t-il être lu... ? » En dernière instance, la réponse conduit aux « modes d'être d'un étant déterminé, de *cet* étant, que nous, les questionnants, sommes nous-mêmes ». Si le choix de cet étant exemplaire dans son « privilège » fait ainsi l'objet d'une justification (quoi qu'on en pense et quelle que soit son axiomatique), en revanche Heidegger semble procéder par décret, du moins dans ce passage, quand il s'agit de *nommer* cet étant exemplaire, de lui donner une fois pour toutes son titre terminologique : « Cet étant que nous sommes nous-mêmes et qui, entre autres choses, dispose dans son être du pouvoir de questionner *(die Seinsmöglichkeit des Fragens)*, nous le nommons être-là » [nous le saisissons, l'arrêtons, l'appréhendons « terminologiquement » comme être-là, *fassen wir terminologisch als Dasein*]. Ce choix « terminologique » trouve sans doute sa justification profonde dans toute l'entreprise et dans tout le livre par l'explicitation d'un *là* et d'un *être-là* qu'aucune (presque aucune) autre prédétermination ne devrait commander. Mais cela n'ôte pas à cette proposition liminaire, à cette déclaration de nom son apparence décisoire, brutale et elliptique. Au contraire, dans le *Cours* de Marbourg, le titre de *Dasein* — de son sens aussi bien que de son nom — se trouve plus patiemment qualifié, expliqué, évalué. Or le premier trait souligné par Heidegger, c'est la *neutralité*. Premier principe directeur : « Pour l'étant qui constitue le thème de cette analytique, on n'a pas choisi le titre " homme " *(Mensch)* mais le titre neutre " *das Dasein* ". »

Le concept de neutralité paraît d'abord très général. Il s'agit de réduire ou de soustraire, par cette neutralisation, toute prédétermination anthropologique, éthique ou métaphysique pour ne garder qu'une sorte de rapport à soi, de rapport dépouillé à l'être de son étant. C'est le rapport à soi minimal comme rapport à l'être, celui que l'étant que nous sommes, en tant que questionnants, entretient avec lui-même et avec son essence propre. Ce rapport à soi n'est pas rapport à un « moi », bien sûr, ni à un individu. Le *Dasein* désigne ainsi l'étant qui, « en un sens déterminé » n'est pas « indifférent » à sa propre essence ou auquel son être propre n'est pas indifférent. La neutralité, c'est donc en premier lieu la neutralisation de tout ce qui n'est pas le trait nu de ce rapport à soi, de cet intérêt pour son être propre au sens le plus large du mot « intérêt ». Celui-ci implique un intérêt ou une ouverture pré-compréhensive pour le sens de l'être et pour les questions qui s'y ordonnent. Et pourtant !

Et pourtant l'explicitation de cette neutralité va se porter d'un saut, sans transition et dès l'item suivant (second principe directeur) vers la neutralité *sexuelle* et même vers une certaine *asexualité (Geschlechtslosigkeit)* de l'être-là. Le saut est surprenant. Si Heidegger voulait donner des exemples, parmi les déterminations à écarter de l'analytique du *Dasein*, notamment parmi les traits anthropologiques à neutraliser, il n'avait que l'embarras du choix. Or il commence, et d'ailleurs pour s'y limiter, par la sexualité, plus précisément par la différence sexuelle. Elle détient donc un privilège et semble relever au premier chef, à suivre les énoncés dans la logique de leur enchaînement, de cette « concrétion factuelle » que l'analytique du *Dasein* doit *commencer* par neutraliser. Si la neutralité du titre « *Dasein* » est essentielle, c'est justement parce que l'interprétation de cet étant — que *nous* sommes — doit être engagée *avant* et *hors* une concrétion de ce type. Le *premier* exemple de « concrétion », ce serait donc l'appartenance à l'un ou à l'autre des sexes. Heidegger ne doute pas qu'ils soient deux : « Cette neutralité signifie *aussi* [je souligne, J. D.] que le *Dasein* n'est d'aucun des deux sexes *(keines von beiden Geschlechtern ist).* »

Beaucoup plus tard, et en tout cas trente ans après, le mot « *Geschlecht* » se chargera de toute sa richesse polysémique : sexe, genre, famille, souche, race, lignée, génération. Heidegger suivra dans la langue, à travers des frayages irremplaçables, entendons inaccessibles à une traduction courante, à travers des voies labyrinthiques, séduisantes, inquiétantes, l'empreinte de chemins souvent fermés. Encore fermés, ici par le deux. Deux, cela ne peut compter, semble-t-il, que des sexes, ce qu'on appelle des sexes.

J'ai souligné le mot « *aussi* » (« cette neutralité signifie *aussi*... »). Par sa place dans l'enchaînement logique et rhétorique, cet « aussi » rappelle que parmi les nombreuses significations de cette neutralité, Heidegger juge nécessaire non pas de commencer par la neutralité sexuelle — c'est pourquoi il dit « aussi » — mais pourtant *aussitôt après la seule* signification générale qu'il ait marquée jusqu'ici dans ce passage, à savoir le caractère *humain*, le titre « *Mensch* » pour le thème de l'analytique. C'est le seul qu'il ait exclu ou neutralisé jusqu'ici. Il y a donc là une sorte de précipitation ou d'accélération qui ne saurait être, elle, neutre ou indifférente : parmi tous les traits de l'humanité de l'homme qui se trouvent ainsi neutralisés, avec l'anthropologie, l'éthique ou la métaphysique, le premier auquel fait penser le mot même de neutralité, le premier auquel Heidegger pense en tout cas, c'est la sexualité. L'incitation ne peut venir seulement de la grammaire, cela va de soi. Passer de *Mensch*, voire de *Mann* à *Dasein*, c'est certes passer du masculin au neutre, et c'est passer à une certaine neutralité que de penser ou dire le *Dasein* et le *Da* du *Sein* à partir de ce transcendant qu'est *das Sein* (« *Sein ist das Transcendens schlechthin* », *Sein und Zeit*, p. 38) ;

et de surcroît telle neutralité tient au caractère non générique et non spécifique de l'être : « L'être comme thème fondamental de la philosophie n'est pas le genre *(keine Gattung)* d'un étant... » *(ibid.)* Mais encore une fois, si la neutralité sexuelle ne peut être sans rapport avec le dire, la parole et la langue, on ne saurait la réduire à une grammaire. Heidegger désigne cette neutralité, plutôt qu'il ne la décrit, comme une structure existentiale du *Dasein*. Mais pourquoi y insiste-t-il tout à coup avec un tel empressement ? Alors qu'il n'en avait rien dit dans *Sein und Zeit*, l'asexualité (*Geschlechtslosigkeit*) figure ici au premier rang des traits à mentionner quand on rappelle la neutralité du *Dasein*, ou plutôt du titre « *Dasein* ». Pourquoi ?

On peut penser à une première raison. Le mot même de *Neutralität (ne-uter)* induit la référence à une binarité. Si le *Dasein* est neutre et s'il n'est pas l'homme *(Mensch)*, la *première* conséquence à en tirer, c'est qu'il ne se soumet pas au partage binaire auquel on pense le plus spontanément dans ce cas, à savoir la « différence sexuelle ». Si « être-là » ne signifie pas « homme » *(Mensch)*, il ne désigne *a fortiori* ni « homme » ni « femme ». Mais si la conséquence est si proche du bon sens, pourquoi la rappeler ? Et surtout, pourquoi aurait-on tant de mal à se débarrasser, dans la suite du *Cours*, d'une chose aussi claire et acquise ? Devrait-on penser que la différence sexuelle ne relève pas si simplement de tout ce que l'analytique du *Dasein* peut et doit neutraliser, la métaphysique, l'éthique et surtout l'anthropologie, voire d'autres domaines du savoir ontique, la biologie ou la zoologie par exemple ? Doit-on soupçonner que la différence sexuelle ne peut se réduire à un thème anthropologique ou éthique ?

L'insistance précautionneuse de Heidegger laisse en tout cas penser que les choses ne vont pas d'elles-mêmes. Une fois qu'on a neutralisé l'anthropologie (fondamentale ou non) et montré qu'elle ne pouvait engager la question de l'être ou y être engagée en tant que telle, une fois qu'on a rappelé que le *Dasein* ne se réduisait ni à l'être-humain, ni au moi, ni à la conscience ou à l'inconscient, ni au sujet ni à l'individu, ni même à l'*animal rationale*, on pouvait croire que la question de la différence sexuelle n'avait aucune chance d'être mesurée à la question du sens de l'être ou de la différence ontologique et que son congé même ne méritait aucun traitement privilégié. Or c'est incontestablement le contraire qui se passe. Heidegger vient à peine de rappeler la neutralité du *Dasein* et voici qu'il doit préciser aussitôt : neutralité *aussi* quant à la différence sexuelle. Peut-être répondait-il alors à des questions plus ou moins explicites, naïves ou éclairées, de la part de lecteurs, d'étudiants, de collègues encore retenus, qu'ils le veuillent ou non, dans l'espace anthropologique : quoi de la vie sexuelle de votre *Dasein ?* auraient-ils encore demandé. Et après avoir répondu sur le front de cette question en la disqualifiant, en somme, après avoir rappelé l'asexualité d'un être-là qui n'était pas l'*anthropos*, Heidegger veut aller à la rencontre d'une deuxième question et peut-être d'une nouvelle objection. C'est là que les difficultés vont s'accroître.

Qu'il s'agisse de neutralité ou d'asexualité *(Neutralität, Geschlechtslosigkeit)*, les mots accentuent fortement une négativité qui va visiblement à l'encontre de ce que Heidegger veut ainsi marquer. Il ne s'agit pas ici de signes linguistiques ou grammaticaux à la surface d'un sens qui resterait, lui, inentamé. Au travers de prédicats si manifestement négatifs doit se donner à lire ce que Heidegger n'hésite pas à appeler une « positivité » *(Positivität)*, une richesse et même, dans un code ici très chargé, une « puissance » *(Mächtigkeit)*. Cette précision donne à penser que la neutralité a-sexuelle ne désexualise pas, au contraire ; elle ne déploie pas sa négativité *ontologique* au regard *de la sexualité même* (qu'elle libérerait plutôt) mais des marques de la différence, plus strictement de la *dualité sexuelle*. Il n'y aurait *Geschlechtslosigkeit* qu'au regard du « deux » ; l'asexualité ne se déterminerait comme telle que dans la mesure où par sexualité on entendrait immédiatement binarité ou division sexuelle. « Mais cette asexualité n'est pas l'indifférence de la nullité vide *(die Indifferenz des leeren Nichtigen)*, la faible négativité d'un néant ontique indifférent. Le *Dasein* dans sa neutralité n'est pas le n'importe qui indifférent, mais la positivité originaire *(ursprüngliche Positivität)* et la puissance de l'être (ou de l'essence, *Mächtigkeit des Wesens*). »

Si, en tant que tel, le *Dasein* n'appartient à aucun des deux sexes, cela ne signifie pas que l'étant qu'il est soit privé de sexe. Au contraire, on peut penser ici à une sexualité prédifférencielle, ou plutôt préduelle, ce qui ne signifie pas nécessairement unitaire, homogène et indifférenciée, comme nous pourrons le vérifier plus tard. Et depuis cette sexualité plus originaire que la dyade, on peut tenter de penser à sa source une « positivité » et une « puissance » que Heidegger se garde bien d'appeler « sexuelles », sans doute par crainte d'y réintroduire la logique binaire que l'anthropologie et la métaphysique assignent toujours au concept de sexualité. Mais il s'agirait bien là de la source positive et puissante de toute « sexualité » possible. La *Geschlechtslosigkeit* ne serait pas plus négative que l'*aletheia*. On se rappelle ce que Heidegger dit de la « *Würdigung* » *des* « *Positiven* » *im* « *privativen* » *Wesen der Aletheia (Platons Lehre von der Wahrhreit, in fine)*.

Dès lors, la suite du *Cours* amorce un mouvement très singulier. Il est très difficile d'y isoler le thème de la différence sexuelle. Je serais tenté de l'interpréter ainsi : par une sorte d'étrange et de très nécessaire déplacement, c'est la division sexuelle elle-même qui porte à la négativité, et la neutralisation est *à la fois* l'effet de cette négativité et l'effacement auquel une pensée doit la soumettre pour laisser paraître une positivité originaire. Loin de constituer une positivité que la neutralité asexuelle du *Dasein* viendrait annuler, la binarité sexuelle serait elle-même responsable — ou plutôt appartiendrait à une détermination elle-même responsable — de cette négativation. Pour radicaliser ou formaliser trop vite le sens de ce mouvement, avant de le retracer plus patiemment, nous pourrions proposer ce schéma : c'est la différence sexuelle elle-même *comme binarité*, c'est l'appartenance discriminante à l'un ou à l'autre sexe qui destine ou détermine (à) une négativité dont il faut alors rendre compte. En allant encore plus loin, on pourrait même associer différence sexuelle ainsi déterminée (un sur deux), négativité et une certaine « impuissance ». En revenant à l'originarité du *Dasein*, de ce *Dasein* qu'on dit sexuellement neutre, on peut ressaisir « positivité originaire » et « puissance ». Autrement dit, malgré l'apparence, l'asexualité et la neutralité qu'on doit d'abord soustraire, dans l'analytique du *Dasein*, à la marque sexuelle binaire, sont en vérité du même côté, du côté de *cette* différence sexuelle — la binaire — à laquelle on aurait pu les croire simplement opposées. Serait-ce là une interprétation trop violente ?

Les trois sous-paragraphes ou items suivants (3, 4 et 5) développent les motifs de la neutralité, de la positivité et de la puissance originaire, de l'originarité même, sans référence explicite à la différence sexuelle. La « puissance » devient celle de l'origine (*Ursprung, Urquell*) et d'ailleurs Heidegger n'associera jamais directement le prédicat « sexuel » au mot de « puissance », le premier restant trop facilement associé à tout le système de la différence sexuelle qu'on peut dire inséparable, sans grand risque de se tromper, de toute anthropologie et de toute métaphysique. Mieux, l'adjectif « sexuel » (*sexual, sexuell, geschlechtlich*) n'est jamais utilisé, du moins à ma connaissance, seulement les noms de *Geschlecht* ou de *Geschlechtlichkeit :* ce n'est pas sans importance, ces noms pouvant plus facilement irradier vers d'autres zones sémantiques. Plus tard nous y suivrons d'autres chemins de pensée.

Mais sans en parler directement, ces trois sous-paragraphes préparent le retour à la thématique de la *Geschlechtlichkeit*. Ils effacent d'abord tous les signes de négativité attachés au mot de neutralité. Celle-ci n'a pas la vacuité de l'abstraction, elle reconduit à la « puissance de l'origine » qui porte en elle la possibilité interne de l'humanité dans sa factualité concrète. Le *Dasein,* dans sa neutralité, ne doit pas être confondu avec l'existant. Le *Dasein* n'existe certes que dans sa concrétion factuelle mais cette existence même a sa source originaire *(Urquell)* et sa possibilité interne dans le *Dasein* en tant que neutre. L'analytique de cette origine ne traite pas de l'existant lui-même. Justement parce qu'elle les précède, une telle analytique ne peut se confondre avec une philosophie de l'existence, une sagesse (qui ne pourrait s'établir que dans la « structure de la métaphysique »), une prophétie ou quelque prédication enseignant telle ou telle « vision du monde ». Ce n'est donc en rien une « philosophie de la vie ». Autant dire qu'un discours sur la sexualité qui serait de cet ordre (sagesse, savoir, métaphysique, philosophie de la vie ou de l'existence) manquerait à toutes les exigences d'une analytique du *Dasein,* dans sa neutralité même. Or un discours sur la sexualité s'est-il jamais présenté qui n'appartînt à aucun de ces registres ?

Il faut le rappeler, la sexualité n'est pas nommée dans ce dernier paragraphe ni dans celui qui va traiter (nous y reviendrons) d'un certain « isolement » du *Dasein.* Elle l'est dans un paragraphe de *Vom Wesen des Grundes* (la même année, 1928) qui développe le même argument. Le mot se trouve entre guillements, dans une incidente. La logique de l'*a fortiori* y hausse un peu le ton. Car enfin s'il est vrai que la sexualité doit être neutralisée « à plus forte raison », comme dit la traduction d'Henry Corbin, ou *a fortiori, erst recht,* pourquoi y insister ? Où serait le risque de malentendu ? A moins que la chose décidément n'aille pas de soi, et qu'on risque de mêler encore la question de la différence sexuelle à la question de l'être et de la différence ontologique ? Dans ce contexte, il s'agit de déterminer l'ipséité du *Dasein,* sa *Selbstheit,* son être-soi. Le *Dasein* n'existe qu'à dessein-de-soi, si on peut dire *(umwillen seiner),* mais cela ne signifie ni le pour-soi de la conscience ni l'égoïsme ni le solipsisme. C'est à partir de la *Selbstheit* qu'une alternative entre « égoïsme » et « altruisme » a quelque chance de surgir et d'apparaître, et déjà une différence entre l'« être-je » et l'« être-tu » *(Ichsein/Dusein)*. Toujours présupposée, l'ipséité est donc aussi « neutre » à l'égard de l'être-moi et de l'être-toi, « et à plus forte raison à l'égard de la " sexualité " » (*und erst recht etwa gegen die « Geschlechtlichkeit » neutral*). Le mouvement de cet *a fortiori* n'est logiquement irréprochable qu'à une condition : il faudrait que ladite « sexualité » (entre guillemets) soit le prédicat assuré de tout ce qui est rendu possible par ou depuis l'ipséité, ici, par exemple, les structures du « moi » et du « toi », mais n'appartienne pas, en tant que « sexualité », à la structure de l'ipséité, d'une ipséité qui ne serait encore déterminée ni comme être humain, moi ou toi, sujet-conscient ou inconscient, homme ou femme. Mais si Heidegger insiste et souligne (« à plus forte raison »), c'est qu'un soupçon continue de peser : et si la « sexualité » marquait déjà la *Selbstheit* la plus originaire ? si c'était une structure ontologique de l'ipséité ? si le *Da* du *Dasein* était déjà « sexuel » ? et si la différence sexuelle était déjà marquée dans l'ouverture à la question du sens de l'être et à la différence ontologique ? et si, n'allant pas d'elle-même, la neutralisation était une opération violente ? Le « à plus forte raison » peut cacher une raison plus faible. En tout cas les guillemets signalent toujours une sorte de citation. Le sens courant du mot « sexualité » est « mentionné » plutôt qu'« utilisé », dirait-on dans le langage de la *speech act theory;* il est cité à comparaître, prévenu sinon accusé. Il faut surtout protéger l'analytique du *Dasein* devant les risques de l'anthropologie, de la psychanalyse, voire de la biologie. Mais peut-être un passage reste-t-il ouvert pour d'autres mots ou pour un autre usage et une autre lecture du mot *Geschlecht,* sinon du mot « sexualité ». Peut-être un autre « sexe », ou plutôt un autre *Geschlecht* viendra-t-il s'inscrire dans l'ipséité ou déranger l'ordre de toutes les dérivations, par exemple celle d'une *Selbstheit* plus originaire et rendant possible l'émergence de l'*ego* et du toi. Laissons cette question suspendue.

Si cette neutralisation est impliquée dans toute analyse ontologique du *Dasein*, cela ne veut pas dire que le « *Dasein* dans l'homme », comme dit souvent Heidegger, soit une singularité « égoïste » ou un « individu ontiquement isolé ». Le point de départ dans la neutralité ne reconduit pas à l'isolement ou à l'insularité *(Isolierung)* de l'homme, à sa solitude factuelle et existentielle. Et pourtant le point de départ dans la neutralité signifie bien, Heidegger le note clairement, une certaine isolation originale de l'homme : non pas, justement, au sens de l'existence factuelle, « comme si l'être philosophant était le centre du monde » mais en tant qu'« *isolation métaphysique* de l'homme ». C'est l'analyse de cet isolement qui fait alors resurgir le thème de la différence sexuelle et du partage duel dans la *Geschlechtlichkeit*. Au centre de cette nouvelle analyse, la différenciation très fine d'un certain lexique annonce déjà des problèmes de traduction qui ne feront que s'aggraver pour nous. Il sera toujours impossible de les considérer comme accidentels ou secondaires. A un moment déterminé, nous pourrons même apercevoir que la pensée du *Geschlecht* et la pensée de la traduction sont essentiellement la même. Ici l'essaim lexical rassemble (ou essaime) la série « dissociation », « distraction », « dissémination », « division », « dispersion ». Le *dis-* serait alors censé traduire, ce qu'il ne fait pas sans transfert et déplacement, le *zer-* de la *Zerstreuung, Zerstreutheit, Zerstörung, Zersplitterung, Zerspaltung*. Mais une frontière intérieure et supplémentaire partage encore ce lexique : *dis-* et *zer-* ont parfois un sens négatif mais parfois aussi un sens neutre ou non négatif (j'hésiterais à dire ici positif ou affirmatif).

Essayons de lire, de traduire et d'interpréter au plus proche de la lettre. Le *Dasein* en général cache, abrite en lui la possibilité interne d'une dispersion ou d'une dissémination factuelle *(faktische Zerstreuung)* dans le corps propre *(Leiblichkeit)* et « par là dans la sexualité » *(und damit in die Geschlechtlichkeit)*. Tout corps propre est sexué et il n'est pas de *Dasein* sans corps propre. Mais l'enchaînement proposé par Heidegger paraît très clair : la multiplicité dispersante ne tient pas d'abord à la sexualité du corps propre ; c'est le corps propre lui-même, la chair, la *Leiblichkeit* qui entraîne originairement le *Dasein* dans la dispersion et *par suite* dans la différence sexuelle. Ce « par suite » *(damit)* est insistant à quelques lignes d'intervalle, comme si le *Dasein* devait avoir ou être *a priori* (comme sa « possibilité intérieure ») un corps qui *se trouve* être sexué et affecté par la division sexuelle.

Là encore, insistance de Heidegger pour rappeler que, pas plus que la neutralité, la dispersion (comme toutes les significations en *dis-* ou en *zer-*) ne doit s'entendre sur un mode négatif. La neutralité « métaphysique » de l'homme isolé en tant que *Dasein* n'est pas une abstraction vide opérée à partir ou au sens de l'ontique, ce n'est pas un « *ni-ni* », mais ce qu'il y a de proprement concret dans l'origine, le « pas encore » de la dissémination factuelle, de la dissociation, de l'être-dissocié ou de la dissocialité factuelle : *faktische Zerstreutheit,* ici, et non *Zerstreuung.* Cet être dissocié, dé-lié, ou désocialisé (car il va de pair avec l'« isolement » de l'homme en tant que *Dasein*) n'est pas une chute ou un accident, une déchéance survenue. C'est une structure originaire du *Dasein* qui l'affecte, avec le corps, et *donc* avec la différence sexuelle, de multiplicité et de déliaison, ces deux significations restant distinctes, quoique réunies, dans l'analyse de la dissémination *(Zerstreutheit* ou *Zertstreuung)*. Assigné à un corps, le *Dasein* est, dans sa facticité, séparé, soumis à la dispersion et au morcellement *(zersplittert)*, et par là même *(ineins damit)* toujours désuni, désaccordé, clivé, divisé *(zwiespältig)* par la sexualité, vers un sexe déterminé *(in eine bestimmte Geschlechtlichkeit)*. Sans doute ces mots ont-ils d'abord une résonance négative : dispersion, morcellement, division, dissociation, *Zersplitterung, Zerspaltung,* tout comme *Zerstö-*

rung (démolition, destruction), précise Heidegger; cette résonance se lie à des concepts négatifs, du point de vue ontique. Cela entraîne immédiatement une signification dévalorisante. « Mais il s'agit ici de tout autre chose. » De quoi ? De ce qui marque le pli d'une « multiplication ». Le signe caractéristique *(Kennzeichnung)* auquel on reconnaît une telle multiplication, nous pouvons le lire dans l'isolement et la singularité factuelle du *Dasein*. Heidegger distingue cette multiplication *(Mannigfaltigung)* d'une simple multiplicité *(Mannigfaltigkeit)*, d'une diversité. Il faut éviter aussi la représentation d'un grand être originaire dont la simplicité se trouverait tout à coup dispersée *(zerspaltet)* en plusieurs singularités. Il s'agit plutôt d'élucider la possibilité interne de cette multiplication pour laquelle le corps propre du *Dasein* représente un « facteur d'organisation ». La multiplicité dans ce cas n'est pas une simple pluralité formelle de déterminations ou de déterminités *(Bestimmtheiten)*, elle appartient à l'être même. Une « dissémination originaire » *(ursprüngliche Streuung)* appartient déjà à l'être du *Dasein* en général, « selon son concept métaphysiquement neutre ». Cette dissémination originaire *(Streuung)* devient d'un point de vue tout à fait déterminé *dispersion (Zerstreuung) :* difficulté de traduction qui m'oblige ici à distinguer un peu arbitrairement entre dissémination et dispersion pour marquer d'une convention le trait subtil qui distingue *Streuung* et *Zerstreuung*. Celle-ci est la détermination intensive de celle-là. Elle détermine une structure de possibilité originaire, la dissémination *(Streuung)*, selon toutes les significations de la *Zerstreuung* (dissémination, dispersion, éparpillement, diffusion, dissipation, distraction). Le mot « *Streuung* » n'apparaît, semble-t-il, qu'une seule fois, pour désigner cette possibilité originaire, cette disséminalité, si on pouvait dire. Ensuite, c'est toujours *Zerstreuung*, qui ajouterait — mais ce n'est pas si simple — une marque de détermination et de négation si Heidegger ne nous avait pas prévenu contre cette valeur de négativité un instant auparavant. Pourtant, même si elle n'est pas rigoureusement légitime, il est difficile d'éviter une certaine contamination par la négativité, voire par des associations éthico-religieuses qui viendraient lier cette dispersion à une chute ou à une corruption de la pure possibilité originaire (*Streuung*) qui semble s'affecter ainsi d'un tour supplémentaire. Et il faudra bien élucider aussi la possibilité ou la fatalité de cette contamination. Nous y viendrons plus tard.

Quelques indices de cette dispersion (*Zerstreuung*). Tout d'abord, le *Dasein* ne se rapporte jamais à *un* objet, à un seul objet. S'il le fait, c'est toujours sur le mode de l'abstraction ou de l'abstention à l'égard des autres étants qui co-apparaissent toujours en même temps. Et cette multiplication ne survient pas en raison du fait qu'il y a pluralité d'objets, c'est en vérité l'inverse qui a lieu. C'est la structure originairement disséminale, c'est la dispersion du *Dasein* qui rend possible cette multiplicité. Il en va de même pour le rapport à soi du *Dasein :* il est dispersé, ce qui est conforme à la « structure de l'historicité au sens le plus large », dans la mesure où le *Dasein* advient comme *Erstreckung,* mot dont la traduction reste encore périlleuse. Le mot « extension » serait trop facilement associé à l' « *extensio* », à ce que *Sein und Zeit* interprète comme la « détermination ontologique fondamentale du monde » par Descartes (§ 18). Il s'agit ici de tout autre chose. *Erstreckung* nomme un espacement qui, « avant » la détermination de l'espace en *extensio,* vient tendre ou étirer l'être-là, de *là* de l'être *entre* la naissance et la mort. Dimension essentielle du *Dasein,* l'*Erstreckung* ouvre l'*entre* qui le rapporte à la fois à sa naissance et à sa mort, le mouvement de suspens par lequel il *se tend* et s'étend lui-même *entre* naissance et mort, celles-ci ne prenant sens que depuis ce mouvement intervallaire. Le *Dasein* s'en affecte lui-même et cette auto-affection appartient à la structure ontologique de son historicité : « *Die spezifische Bewegtheit des* erstreckten Sicherstreckens *nennen wir das* Geschehen *des*

Daseins » (§ 72). Le cinquième chapitre de *Sein und Zeit* met précisément en rapport cette tension intervallaire et la dispersion *(Zerstreuung)* notamment au § 75, p. 390). *Entre* la naissance et la mort, l'espacement de l'*entre* marque à la fois l'écart et le rapport, mais le rapport selon une sorte de distension. Cet « entre-deux » comme *rapport (Bezug)* ayant *trait* à la naissance et à la mort appartient à l'être même du *Dasein*, « avant » toute détermination biologique par exemple (Im Sein *des Daseins liegt schon das* " *Zwischen* " *mit Bezug auf Geburt und Tod* », p. 374). Le rapport ainsi entre-tenu, entre-tendu dans, par-dessus ou au travers de la dis-tance entre naissance et mort s'entretient lui-même *avec* la dispersion, la dissociation, la déliaison *(Zerstreuung, Unzusammenhang,* etc., cf. p. 390 par exemple). Ce rapport, cet entre *n'aurait pas lieu* sans elles. Mais les interpréter comme des forces négatives, ce serait précipiter l'interprétation, par exemple la dialectiser.

L'*Erstreckung* est donc l'une des possibilités déterminées de la dispersion *(Zerstreuung)* essentielle. Cet « entre » ne serait pas possible sans la dispersion mais ne forme que l'une de ses dépendances structurelles, à savoir la temporalité et l'historicité. Autre dépendance, autre possibilité — connexe et essentielle — de la dispersion originaire : la spatialité originale du *Dasein*, sa *Räumlichkeit*. La dispersion spatiale ou espaçante se manifeste par exemple dans la langue. Toute langue est d'abord déterminée par des significations spatiales *(Raumbedeutungen)*[1]. Le phénomène desdites métaphores spatialisantes n'est nullement accidentel ou à la portée du concept rhétorique de « métaphore ». Ce n'est pas une fatalité extérieure. Son irréductibilité essentielle ne peut être élucidée hors de cette analytique existentiale du *Dasein*, de sa dispersion, de son historicité et de sa spatialité. Il faut donc en tirer les conséquences, en particulier, pour le langage même de l'analytique existentiale : tous les

1. Cf. aussi, sur ce point, *Sein und Zeit*, p. 166.

mots dont se sert Heidegger renvoient aussi nécessairement à ces *Raumbedeutungen,* à commencer par celui de *Zerstreuung* (dissémination, dispersion, distraction) qui nomme pourtant l'origine de l'espacement au moment où, en tant que langage, il se soumet à sa loi.

La « dispersion transcendantale », c'est ainsi que Heidegger la nomme encore, appartient donc à l'essence du *Dasein* dans sa neutralité. Essence « métaphysique » est-il précisé dans un *Cours* qui se présente à cette époque avant tout comme une ontologie métaphysique du *Dasein,* dont l'analytique elle-même ne serait qu'une phrase, sans doute préliminaire. Il faut en tenir compte pour situer ce qui se dit ici de la différence sexuelle en particulier. La dispersion transcendantale est la possibilité de toute dissociation et de tout morcellement *(Zersplitterung, Zerspaltung)* dans l'existence factice. Elle est elle-même « fondée » dans ce caractère originaire du *Dasein* que Heidegger nomme alors la *Geworfenheit.* Il faudrait patienter auprès de ce mot, le soustraire à tant d'usages, d'interprétations ou de traductions courantes (déréliction, par exemple, être-jeté). Il faudrait le faire en prévision de ce que l'interprétation de la différence sexuelle — qui va suivre bientôt — retient en elle de cette *Geworfenheit,* et, en elle « fondée », de la dispersion transcendantale. Pas de dissémination qui ne suppose cette « jetée », ce *Da* du *Dasein* comme jetée. Jetée « avant » tous les modes de jetée qui viendraient la déterminer, le projet, le sujet, l'objet, l'abject, le rejet, le trajet, la déjection ; jetée que le *Dasein* ne saurait faire sienne dans un projet, au sens où il se *jetterait* lui-même comme un sujet maître du jet. Le *Dasein* est *geworfen :* cela signifie qu'il est jeté avant tout projet de sa part, mais cet être-jeté n'est pas encore *soumis* à l'alternative de l'activité et de la passivité qui est encore trop solidaire du couple sujet-objet et donc de leur opposition, on pourrait dire de leur objection. Interpréter l'être-jeté comme passivité, cela peut le réinscrire dans une problématique plus tardive de la subjecti[vi]té (active ou passive). Que veut dire « jeter » avant toutes ces syntaxes ? et l'être-jeté avant même l'image de la chute, qu'elle soit platonicienne ou chrétienne ? Il y a être-jeté du *Dasein* « avant » même qu'*apparaisse,* autrement dit n'advienne pour lui, là, quelque pensée du jeter revenant à une opération, une activité, une initiative. Et cet être-jeté du *Dasein* n'est pas une jetée *dans* l'espace, dans le déjà-là d'un élément spatial. La spatialité originaire du *Dasein* tient à la jetée.

C'est à ce point que peut réapparaître le thème de la différence sexuelle. La jetée disséminale de l'être-là (encore entendu dans sa neutralité) se manifeste particulièrement en ceci que « le *Dasein* est *Mitsein* avec le *Dasein* ». Comme toujours dans ce contexte, le premier geste de Heidegger, c'est le rappel d'un ordre d'implication : la différence sexuelle ou l'appartenance au genre doivent être élucidées à partir de l'être-avec, autrement dit de la jetée disséminale, et non l'inverse. L'être-avec ne surgit pas à partir d'une connexion factice, « il ne s'explique pas à partir d'un être générique prétendument originaire », celui d'un être dont le corps propre serait partagé selon la différence sexuelle (*geschlechtlich gespaltenen leiblichen Wesen*). A l'inverse, une certaine pulsion de rassemblement générique (*dieses gattungshafte Zusammenstreben*), l'union des genres (leur unification, leur rapprochement, *Einigung*) ont pour « présupposition métaphysique » la dissémination du *Dasein* comme tel, *et par là* le *Mitsein.*

Le « *mit* » du *Mitsein* est un existential, non un catégorial, et il en va de même pour les adverbes de lieu (cf. *Sein und Zeit,* § 26). Ce que Heidegger appelle ici le caractère métaphysique fondamental du *Dasein* ne peut se laisser dériver d'une organisation générique ou d'une communauté de vivants comme tels.

En quoi cette question de l'*ordre* importe-t-elle à une « situation » de la différence sexuelle ? Grâce à une dérivation prudente qui devient à son tour, pour nous, un problème, Heidegger peut du moins réinscrire le thème de la sexualité, de façon rigoureuse, dans un questionnement ontologique et dans une analytique existentiale.

La différence sexuelle reste à penser, dès lors qu'on ne mise plus sur la *doxa* commune ou sur telle science bio-anthropologique, l'une et l'autre appuyées sur une pré-interprétation métaphysique. Mais le prix de cette prudence ? N'est-ce pas d'éloigner la sexualité de toutes les structures originaires ? de la déduire ? ou de la dériver, en tout cas, en confirmant ainsi les philosophèmes les plus traditionnels, en les répétant avec la force d'une nouvelle rigueur ? Et cette dérivation n'a-t-elle pas commencé par une neutralisation dont on déniait laborieusement la négativité ? Et cette neutralisation effectuée, n'accède-t-on pas encore à une dispersion ontologique ou « transcendantale », à cette *Zerstreuung* dont on avait aussi quelque mal à effacer la valeur négative ?

Sous cette forme, ces questions restent sans doute sommaires. Mais elles ne pourraient s'élaborer dans un simple échange avec le passage du *Cours* de Marbourg qui nomme la sexualité. Qu'il s'agisse de neutralisation, de négativité, de dispersion, de distraction *(Zerstreuung)*, motifs ici indispensables, à suivre Heidegger, pour poser la question de la sexualité, il est nécessaire de *revenir* à *Sein und Zeit*. Bien que la sexualité n'y soit pas nommée, ces motifs y sont traités de façon plus complexe, plus différenciée, ce qui ne veut pas dire, au contraire, plus facile.

Nous devons nous contenter ici de quelques indications préliminaires. Ressemblant dans le *Cours* à une procédure méthodique, la neutralisation n'est pas sans rapport avec ce qui est dit dans *Sein und Zeit* de l'« interprétation privative » (§ 11). On pourrait même parler de méthode, dès lors que Heidegger en appelle à une ontologie qui s'accomplit par la « voie » ou sur la « voie » d'une interprétation privative. Cette voie permet de dégager des *a priori* et, dit une note de la même page qui en crédite Husserl, on sait que l'« apriorisme est la méthode de toute philosophie scientifique qui se comprend elle-même ». Il s'agit précisément, dans ce contexte, de psychologie et de biologie. En tant que sciences, elles présupposent une ontologie de l'être-là. Ce mode-d'être qu'est la vie n'est accessible, pour l'essentiel, que par l'être-là. C'est l'ontologie de la vie qui exige une « interprétation privative » : la « vie » n'étant ni un pur « *Vorhandensein* », ni un « *Dasein* » (Heidegger le dit ici sans considérer que la chose demande plus qu'une affirmation : elle semble pour lui aller de soi), on ne peut y accéder qu'en opérant, négativement, par soustraction. On se demande alors ce qu'est l'être d'une vie qui n'est *que* vie, qui n'est ni ceci ni cela, ni *Vorhandensein* ni *Dasein*. Heidegger n'a jamais élaboré cette ontologie de la vie, mais on peut imaginer les difficultés qu'elle aurait accumulées, dès lors que le « ni... ni » qui la conditionne exclut ou déborde des concepts (catégoriaux ou existentiaux) les plus structurants pour toute l'analyse existentiale. C'est toute l'organisation problématique qui se trouve ici en question, celle qui soumet les savoirs positifs à des ontologies régionales, et ces ontologies à une ontologie fondamentale, celle-ci étant alors (à cette époque) préalablement ouverte par l'analytique existentiale du *Dasein*. Aucun hasard si (une fois de plus, pourrait-on dire et prouver), c'est le mode-d'être du *vivant*, de l'animé (donc aussi du psychique) qui soulève et situe cet énorme problème, ou lui donne en tout cas son nom le plus reconnaissable. Nous ne pouvons ici nous y engager, mais en en soulignant la nécessité trop souvent inaperçue, il faut au moins rappeler que le thème de la différence sexuelle ne saurait en être dissocié.

Restons-en pour l'instant à cette « voie de la privation », expression que Heidegger reprend au § 12, et cette fois encore pour désigner l'accès apriorique à la structure ontologique du vivant. Ce rappel une fois développé, Heidegger élargit la question de ces énoncés négatifs. Pourquoi les déterminations négatives s'imposent-elles si fréquemment dans cette caractéristique ontologique ? Ce n'est nullement un

« hasard ». C'est parce qu'il faut soustraire l'originalité des phénomènes à ce qui les a dissimulés, défigurés, déplacés ou recouverts, aux *Verstellungen* et aux *Verdeckungen,* à toutes ces pré-interprétations dont les effets négatifs doivent donc être à leur tour annulés par des énoncés négatifs dont le véritable « sens » est en vérité « positif ». C'est un schéma que nous avons reconnu tout à l'heure. La négativité de la « caractéristique » n'est donc pas plus fortuite que la nécessité des altérations ou des dissimulations qu'elle vient en quelque sorte corriger ***méthodiquement***. *Verstellungen* et *Verdeckungen* sont des mouvements nécessaires dans l'histoire même de l'être et de son interprétation. On ne peut pas plus les éviter, telles des fautes contingentes, qu'on ne peut réduire l'inauthenticité *(Uneigentlichkeit)* à une faute ou à un péché dans lesquels il eût fallu ne pas tomber.

Et pourtant. Si Heidegger se sert facilement du mot « *negativ* » quand il s'agit de qualifier des énoncés ou une caractéristique, il ne le fait jamais, me semble-t-il (ou, dirais-je par prudence, il le fait moins souvent et beaucoup moins facilement), pour qualifier cela même qui, dans les pré-interprétations de l'être, rend pourtant nécessaires ces corrections méthodiques de forme négative ou neutralisante. L'*Uneigentlichkeit,* les *Verstellungen* et les *Verdeckungen* ne sont pas de l'ordre de la négativité (le faux ou le mal, l'erreur ou le péché). Et l'on voit bien pourquoi Heidegger se garde bien de parler dans ce cas de négativité. Il évite ainsi, prétendant remonter plus « haut » qu'eux, les schémas religieux, éthiques, voire dialectiques.

On devrait donc dire qu'aucune signification négative n'est ontologiquement attachée au « neutre » en général, ni surtout à cette dispersion *(Zerstreuung)* transcendantale du *Dasein*. Or, sans pouvoir parler de valeur négative ni de valeur en général (on connaît la méfiance de Heidegger pour la valeur de valeur), nous devons tenir compte de l'accentuation différentielle et hiérarchisante qui, dans *Sein und Zeit,* vient régulièrement marquer le neutre et la dispersion. Dans certains contextes, la dispersion marque la structure la plus générale du *Dasein*. On l'a vue dans le *Cours*, mais c'était déjà le cas dans *Sein und Zeit*, par exemple au § 12 (p. 56) : « *L'In-der-Welt-Sein* du *Dasein* s'est, par la facticité de ce dernier, toujours déjà dispersé *(zerstreut)* ou même morcelé *(zersplittert)* en modes déterminés de l'*In-Sein*. » Et Heidegger propose une liste de ces modes et de leur irréductible multiplicité. Mais ailleurs, la dispersion et la distraction (*Zerstreuung* dans les deux sens) caractérisent l'ipséité inauthentique du *Dasein*, celle du *Man-selbst*, de ce *On* qui a été « distingué » de l'ipséité *(Selbst)* authentique, propre *(eigentlich)*. En tant que « *on* », le *Dasein* est dispersé ou distrait *(zerstreut)*. On connaît l'ensemble de cette analyse, nous n'y prélevons que ce qui concerne la dispersion (cf. § 27), concept qu'on retrouve au centre de l'analyse de la curiosité (*Neugier*, § 36). Celle-ci, rappelons-le, est l'un des trois modes de la déchéance *(Verfallen)* du *Dasein* dans son être-quotidien. Plus tard, nous devrons revenir sur les précautions de Heidegger : la déchéance, l'aliénation *(Entfremdung)*, et même la chute *(Absturz)* ne seraient pas ici le thème d'une « critique moralisatrice », d'une « philosophie de la culture », d'une dogmatique religieuse de la chute *(Fall)* hors d'un « état originel » (dont nous n'avons aucune expérience ontique et aucune interprétation ontologique) et d'une « corruption de la nature humaine ». Beaucoup plus tard, nous devrons rappeler ces précautions, et leur caractère problématique, lorsque dans la « situation » de Trakl, Heidegger interprétera la décomposition et la désessentialisation *(Verwesung)*, c'est-à-dire aussi une certaine corruption de la figure de l'homme. Il s'agira encore, plus explicitement cette fois, d'une pensée de « *Geschlecht* » ou du *Geschlecht*. J'y mets des guillemets parce qu'il y va autant du nom que de cela qu'il nomme ; et il est aussi imprudent ici de les séparer que de les traduire. Nous le vérifierons, il y va de l'inscription de *Geschlecht* et du *Geschlecht* comme inscription, frappe et empreinte.

La dispersion est donc marquée *deux fois* : comme structure générale du *Dasein* et comme mode de l'inauthenticité. On pourrait en dire autant du neutre : aucun indice négatif ou péjoratif dans le *Cours* quand il est question de la neutralité du *Dasein*, mais le « neutre », dans *Sein und Zeit*, cela peut caractériser le « *on* », à savoir ce que devient le « qui » dans l'ipséité quotidienne : alors le « qui » c'est le neutre (*Neutrum*), « le on » (§ 27).

Ce bref recours à *Sein und Zeit* nous a peut-être permis de mieux comprendre le sens et la nécessité de cet *ordre des implications* que Heidegger tient à préserver. Entre autres choses, cet ordre peut aussi rendre compte des prédicats dont use tout discours sur la sexualité. Il n'y a pas de prédicat proprement sexuel, il n'en est pas, du moins, qui ne renvoie, pour son sens, aux structures *générales* du *Dasein*. Et pour savoir de quoi l'on parle, et comment, quand on nomme la sexualité, on doit bien faire fonds sur cela même que décrit l'analytique du *Dasein*. Inversement, si on peut dire, cette désimplication permet de comprendre la sexualité ou la sexualisation générale du discours : les connotations sexuelles ne peuvent marquer celui-ci, jusqu'à l'envahir, que dans la mesure où elles sont homogènes à ce qu'implique tout discours, par exemple la topologie de ces « significations spatiales » (*Raumbedeutungen*) irréductibles, mais aussi tant d'autres traits que nous avons situés au passage. Que serait un discours « sexuel » ou « sur-la-sexualité » qui n'en appellerait pas à l'éloignement, au-dedans et au-dehors, à la dispersion et à la proximité, à l'ici et au là, à la naissance et à la mort, à l'entre-naissance-et-mort, à l'être-avec et au discours ?

Cet ordre des implications ouvre à la pensée d'une différence sexuelle qui ne serait pas encore dualité sexuelle, différence comme duel. Nous l'avons remarqué, ce que le *Cours* neutralisait, c'est moins la sexualité elle-même que la marque « générique » de la différence sexuelle, l'appartenance à l'un des deux sexes. Dès lors, en reconduisant à la dispersion et à la multiplication *(Zerstreuung, Mannigfaltigung)*, ne peut-on commencer à penser une différence sexuelle (sans négativité, précisons-le) qui ne serait pas scellée par le deux ? qui ne le serait pas encore ou ne le serait plus ? Mais le « pas encore » ou le « déjà plus » signifieraient encore, déjà, quelque arraisonnement.

Le retrait de la dyade achemine vers l'autre différence sexuelle. Il peut aussi préparer à d'autres questions. Par exemple à celle-ci : comment la différence s'est-elle déposée dans le deux ? Ou encore, si l'on tenait à consigner la différence dans l'opposition duelle, comment la multiplication s'arrête-t-elle en différence ? et en différence sexuelle ?

Dans le *Cours*, pour les raisons que nous avons dites, *Geschlecht* nomme toujours la sexualité, telle qu'elle est typée par l'*opposition* ou par le duel. Plus tard (et plus tôt) il n'en irait pas de même, et cette opposition se dit décomposition [1].

1. Cf. plus bas, p. 200 et suiv., et *De l'esprit, Heidegger et la question*, dans ce volume p. 106 et suiv.

LA MAIN DE HEIDEGGER[1]
(*Geschlecht* II)

1. Conférence prononcée en mars 1985 à Chicago (université de Loyola) à l'occasion d'un colloque organisé par John Sallis et dont les actes ont été depuis publiés par The University of Chicago Press (*Deconstruction and Philosophy*, ed. John Sallis, 1987).

« ... le penser est l'agir en ce qu'il a de plus propre, si agir *(handeln)* signifie prêter la *main (Hand)* à l'essence de l'être, c'est-à-dire : préparer (bâtir) pour l'essence de l'être au milieu de l'étant le domaine où l'être se porte et porte son essence à la *langue*. La *langue* seule est ce qui nous donne voie et passage à toute volonté de penser. » Heidegger, *Questions IV*, p. 146. (Je souligne.)

« Ce qu'il y a de très beau, de si précieux dans cette toile, c'est la *main*. Une main sans déformations, à la structure particulière, et qui a l'air de parler, telle une *langue de feu*. Verte, comme la partie sombre d'une flamme, et qui porte en soi toutes les agitations de la vie. Une main pour caresser, et faire des gestes gracieux. Et qui vit comme une chose claire dans l'ombre rouge de la toile. » Artaud, *Messages révolutionnaires. La peinture de Maria Izquierdo* (VIII, p. 254, je souligne).

Je dois commencer par quelques précautions. Elles reviendront toutes à vous demander excuses et indulgence pour ce qui touche en particulier à la forme et au statut de cette « lecture », à toutes les présuppositions avec lesquelles je vous demande de compter. Je présuppose en effet la lecture d'un bref et modeste essai publié sous le titre *Geschlecht, différence sexuelle, différence ontologique*. Cet essai, publié et traduit il y a plus d'un an, amorçait un travail que j'ai repris seulement cette année au cours d'un séminaire que je donne à Paris sous le titre *Nationalité et nationalisme philosophiques*. Faute de temps, je ne peux reconstituer ni l'article introductif intitulé *Geschlecht* qui traitait du motif de la différence sexuelle dans un *Cours* à peu près contemporain de *Sein und Zeit,* ni tous les développements qui, dans mon séminaire sur *Nationalité et nationalisme philosophiques,* forment le paysage des réflexions que je vous présenterai aujourd'hui. Je m'efforcerai cependant de rendre la présentation de ces quelques réflexions, encore préliminaires, aussi intelligibles et aussi indépendantes que possible de ces contextes invisibles. Autre précaution, autre appel à votre indulgence : faute de temps, je ne présenterai qu'une partie ou plutôt plusieurs fragments, parfois un peu discontinus, du travail que je poursuis cette année au rythme lent d'un séminaire engagé dans une lecture difficile et que je voudrais aussi minutieuse et prudente que possible de certains textes de Heidegger, notamment de *Was heisst Denken?* et surtout de la conférence sur Trakl dans *Unterwegs zur Sprache*.

Nous allons donc parler de Heidegger.
Nous allons aussi parler de la monstruosité.
Nous allons parler du mot « *Geschlecht* ». Je ne le traduis pas pour l'instant. Sans doute ne le traduirai-je à aucun moment. Mais selon les contextes qui viennent le déterminer, ce mot peut se laisser traduire par sexe, race, espèce, genre, souche, famille, génération ou généalogie, communauté. Dans le séminaire sur *Nationalité et nationalisme philosophiques,* avant d'étudier certains textes de Marx, Quinet, Michelet, Tocqueville, Wittgenstein, Adorno, Hannah Arendt, nous avons rencontré le mot *Geschlecht* dans une toute première esquisse de lecture de Fichte : « ...*was an Geistigkeit und Freiheit dieser Geistigkeit glaubt, und die ewige Fortbildung dieser Geistigkeit durch Freiheit will, das, wo es auch geboren sey und in welcher Sprache es rede,* ist unsers Geschlechts, *es gehört uns an und es wird sich zu uns thun* » (Septième des *Discours à la nation*

allemande, Reden an die Deutsche Nation). La traduction française omet de traduire le mot *Geschlecht,* sans doute parce qu'elle fut faite à un moment, pendant ou peu de temps après la guerre, je pense, par S. Jankélévitch, et dans des conditions qui rendaient le mot de race particulièrement dangereux et d'ailleurs non pertinent pour traduire Fichte. Mais que veut dire Fichte quand il développe ainsi ce qu'il appelle alors son principe fondamental *(Grundsatz),* à savoir celui d'un cercle *(Kreis)* ou d'une alliance *(Bund),* d'un engagement (dont nous avions beaucoup parlé dans les séances précédentes du séminaire) qui constitue justement l'appartenance à « notre *Geschlecht* » ? « Tout ce qui croit à la spiritualité et à la liberté de cet esprit, tout ce qui veut l'éternelle et progressive formation de cette spiritualité à travers la liberté [*die ewige Forbildung* : et si Fichte est " nationaliste ", en un sens trop énigmatique pour que nous en parlions très vite ici, il l'est en *progressiste,* en républicain et en cosmopolitiste ; un des thèmes du séminaire auquel je travaille en ce moment concerne justement l'association paradoxale mais régulière du nationalisme à un cosmopolitisme et à un humanisme] est de notre *Geschlecht,* nous appartient et a affaire avec nous, où qu'il soit né et quelque langue qu'il parle. » Ce *Geschlecht* n'est donc pas déterminé par la naissance, le sol natal ou la race, il n'a rien de naturel ni même de linguistique, du moins au sens courant de ce terme car nous avions pu reconnaître chez Fichte une sorte de revendication de l'idiome, de l'idiome de l'idiome allemand. Cet idiome de l'idiome, certains citoyens allemands de naissance y restent étrangers, certains non-Allemands peuvent y accéder dès lors que, s'engageant dans ce cercle ou cette alliance de la liberté spirituelle et de son progrès infini, ils appartiendraient à « notre *Geschlecht* ». La seule détermination analytique et irrécusable du *Geschlecht* dans ce contexte, c'est le « nous », l'appartenance au « nous » qui nous parlons en ce moment, au moment où Fichte s'adresse à cette communauté supposée mais aussi à constituer, communauté qui n'est *stricto sensu* ni politique, ni raciale, ni linguistique mais qui peut recevoir son allocution, son adresse ou son apostrophe *(Rede an..)* et penser avec lui, dire « nous » dans quelque langue et à partir de quelque lieu de naissance que ce soit. Le *Geschlecht* est un ensemble, un rassemblement (on pourrait dire *Versammlung)*, une communauté organique, en un sens non naturel mais spirituel, qui croit au progrès infini de l'esprit par la liberté. C'est donc un « nous » infini, qui s'annonce à lui-même depuis l'infinité d'un *telos* de liberté et de spiritualité, et se promet, s'engage ou s'allie selon le cercle *(Kreis, Bund)* de cette volonté infinie. Comment traduire « *Geschlecht* » dans ces conditions ? Fichte se sert d'un mot qui a *déjà* dans sa langue une grande richesse de déterminations sémantiques, et il parle *allemand*. Il a beau dire : quiconque, dans quelque langue qu'il parle, « *ist unsers Geschlechts* », il le dit en allemand et ce *Geschlecht* est une *Deutschheit* essentielle. Même s'il n'a de contenu rigoureux qu'à partir du « nous » institué par l'adresse même, le mot « *Geschlecht* » comporte aussi des connotations indispensables à l'intelligibilité minimale du discours et ces connotations appartiennent irréductiblement à l'allemand, à un allemand plus essentiel que tous les phénomènes de la germanité empirique, mais à de l'allemand. Tous ces sens connotés sont coprésents à l'usage du mot « *Geschlecht* », ils y comparaissent virtuellement mais aucun n'y satisfait pleinement. Comment traduire ? On peut reculer devant le risque et omettre le mot, comme l'a fait le traducteur français. On peut aussi juger le mot à ce point ouvert et indéterminé par le concept qu'il désigne, à savoir un « nous » comme liberté spirituelle engagée vers l'infinité de son progrès, que son omission ne perd pas grand-chose. Le « nous » revient finalement à l'humanité de l'homme, à l'essence téléologique d'une humanité qui s'annonce par excellence dans la *Deutschheit*. On dit souvent « *Menschengeschlecht* » pour « genre humain », « espèce humaine », « race humaine ». Dans le texte de Heidegger auquel nous nous intéresserons tout à l'heure, les traducteurs français parlent parfois de genre humain pour *Geschlecht* et parfois tout simplement d'espèce.

Car il ne s'agit ici de rien de moins, si on peut dire, que du problème de l'homme, de l'humanité de l'homme et de l'humanisme. Mais en un lieu où la langue ne se laisse plus effacer. Déjà pour Fichte, ce n'est pas la même chose que de dire « humanité » de l'homme et *Menschlichkeit*. Quand il dit « *ist unsers Geschlechts* », il pense à la *Menschlichkeit* et non à l'*Humanität* d'ascendance latine. Le Quatrième des *Discours*... consonne de loin avec tels textes à venir de Heidegger sur la latinité. Il distingue la langue morte « coupée de ses racines vivantes » et la langue vivante animée par un souffle, la langue spirituelle. Quand une langue, dès ses premiers phonèmes, naît de la vie commune et ininterrompue d'un peuple dont elle continue à épouser toutes les intuitions, l'invasion d'un peuple étranger ne change rien. Les intrus ne peuvent s'élever jusqu'à cette langue originaire, à moins qu'un jour ils ne s'assimilent les intuitions du *Stammvolk*, du peuple-souche pour lequel ces intuitions sont inséparables de la langue : « ... *und so bilden nicht sie die Sprache, sondern die Sprache bildet sie* », ils ne forment pas la langue, c'est la langue qui les forme. Inversement, quand un peuple adopte une autre langue développée pour la désignation des choses supra-sensibles, sans toutefois se livrer totalement à l'influence de cette langue étrangère, le langage sensible n'est pas altéré par cet événement. Dans tous les peuples, note Fichte, les enfants apprennent cette partie de la langue tournée vers les choses sensibles comme si les signes en étaient arbitraires *(willkürlich)*. Ils doivent reconstituer le développement antérieur de la langue nationale. Mais dans cette sphère sensible *(in diesem sinnlichen Umkreise)*, chaque signe *(Zeichen)* peut devenir tout à fait clair grâce à la vision ou au contact immédiat de la chose désignée ou signifiée *(bezeichnete)*. J'insiste ici sur le signe *(Zeichen)* car nous en viendrons dans un instant au signe en tant que monstruosité. Dans ce passage, Fichte se sert du mot *Geschlecht* au sens étroit de génération : « Il en résulterait tout au plus pour la première génération *(das erste Geschlecht)* d'un peuple ayant ainsi transformé sa langue un retour forcé de l'âge mûr [l'âge d'homme : *Männer*] aux années d'enfance. »

C'est ici que Fichte tient à distinguer *Humanität* et *Menschlichkeit*. Pour un Allemand, ces mots d'origine latine *(Humanität, Popularität, Liberalität)* résonnent comme s'ils étaient vides de sens, même s'ils paraissent sublimes et rendent curieux d'étymologie. Il en va d'ailleurs de même chez les Latins ou néo-Latins qui ignorent l'étymologie et croient que ces mots appartiennent à leur langue maternelle *(Muttersprache)*. Mais dites *Menschlichkeit* à un Allemand, il vous comprendra sans autre explication historique *(ohne weitere historische Erklärung)*. Il est d'ailleurs inutile d'énoncer qu'un homme est un homme et de parler de la *Menschlichkeit* d'un homme dont on sait bien que ce n'est pas un singe ou une bête sauvage. Un Romain n'aurait pas répondu ainsi, croit Fichte, parce que si pour l'Allemand la *Menschheit* ou la *Menschlichkeit* reste toujours un concept sensible *(ein sinnlicher Begriff)*, pour le Romain l'*humanitas* était devenu le symbole *(Sinnbild)* d'une idée suprasensible *(übersinnliche)*. Depuis les origines, les Allemands ont, eux aussi, réuni les intuitions concrètes dans un concept intellectuel de l'humanité, toujours opposée à l'animalité ; et l'on aurait certes tort de voir dans le rapport intuitif qu'ils gardent à la *Menschheit* un signe d'infériorité par rapport aux Romains. Néanmoins, l'introduction artificielle dans la langue allemande de mots d'origine étrangère, singulièrement romaine, risque d'abaisser le niveau moral de leur manière de penser *(ihre sittliche Denkart* [...] *herunterstimmen)*. Mais il y a, s'agissant de langage, d'image et de symbole *(Sinnbild)*, une nature indestructible de l'« imagination nationale » *(Nationaleinbildungskraft)*.

Ce rappel schématique m'a paru nécessaire pour deux raisons. D'une part pour souligner la difficulté de traduire ce mot sensible, critique et névralgique de *Geschlecht,* d'autre part pour en indiquer le lien irréductible à la question de l'humanité (versus l'animalité), et d'une humanité dont le nom, comme le lien du nom à la « chose », si l'on peut dire, reste aussi problématique que celui de la langue dans laquelle il s'inscrit. Que dit-on quand on dit *Menschheit, Humanitas, Humanität, mankind,* etc., ou quand on dit *Geschlecht* ou *Menschengeschlecht?* Dit-on la même chose ? Je rappelle aussi au passage la critique que Marx adressait dans *L'Idéologie allemande* au socialiste Grün dont le nationalisme se réclamait, selon l'expression ironique de Marx, d'une « nationalité humaine » mieux représentée par les Allemands (socialistes) que par les autres socialistes (Français, Américains ou Belges).

Dans la lettre adressée en novembre 1945 au rectorat académique de l'Université Albert-Ludwig, Heidegger s'explique sur son attitude pendant la période du nazisme. Il avait cru pouvoir, dit-il, distinguer entre le national et le nationalisme, c'est-à-dire entre le national et une idéologie biologiste et raciste :

> Je croyais que Hitler, après avoir pris en 1933 la responsabilité de l'ensemble du peuple, oserait se dégager du Parti et de sa doctrine, et que le tout se rencontrerait sur le terrain d'une rénovation et d'un rassemblement en vue d'une responsabilité de l'Occident. Cette conviction fut une erreur que je reconnus à partir des événements du 30 juin 1934. J'étais bien intervenu en 1933 pour dire oui au national et au social (et non pas au nationalisme) et non aux fondements intellectuels et métaphysiques sur lesquels reposait le biologisme de la doctrine du Parti, parce que le social et le national, tels que je les voyais, n'étaient pas essentiellement liés à une idéologie biologiste et raciste.

La condamnation du biologisme et du racisme, comme de tout le discours idéologique de Rosenberg, inspire de nombreux textes de Heidegger, qu'il s'agisse du *Discours de rectorat* ou des *Cours* sur Hölderlin et Nietzsche, qu'il s'agisse aussi de la question de la technique, toujours mise en perspective contre l'utilisation du savoir à des fins techniciennes et utilitaires, contre la professionnalisation et la rentabilisation du savoir universitaire par les nazis. Je ne rouvrirai pas aujourd'hui le dossier de la « politique » de Heidegger. Je l'avais fait dans d'autres séminaires et nous disposons aujourd'hui d'un assez grand nombre de textes pour déchiffrer les dimensions classiques et désormais un peu trop académisées de ce problème. Mais tout ce que je tenterai maintenant gardera un rapport indirect avec une autre dimension, peut-être moins visible, du *même* drame. Aujourd'hui, je commencerai donc par parler de cette monstruosité que j'annonçais tout à l'heure. Ce sera un autre détour par la question de l'homme (*Mensch* ou *homo*) et du « nous » qui donne son contenu énigmatique à un *Geschlecht*.

Pourquoi « monstre » ? Ce n'est pas pour rendre la chose pathétique, ni parce que nous sommes toujours près de quelque monstrueuse *Unheimlichkeit* quand nous rôdons autour de la chose nationaliste et de la chose nommée *Geschlecht*. Qu'est-ce qu'un monstre ? Vous connaissez la gamme polysémique de ce mot, les usages qu'on peut en faire, par exemple au regard des normes et formes, de l'espèce et du genre : donc du *Geschlecht*. C'est une autre direction que je commencerai par privilégier ici. Elle va dans le sens d'un sens moins connu, puisqu'en français *la* monstre (changement de genre, de sexe ou de *Geschlecht*) a le sens poético-musical d'un diagramme qui *montre* dans un morceau de musique le nombre de vers et le nombre de syllabes assignés au poète. *Monstrer*, c'est montrer, et une *monstre* est une montre. Je suis déjà installé dans l'idiome intraduisible de ma langue car c'est bien de traduction que j'entends vous parler. La *monstre*, donc, prescrit les coupes de vers pour une mélodie. Le monstre ou la monstre, c'est ce qui montre pour avertir ou pour mettre en garde.

Autrefois la montre, en français, s'écrivait la monstre.

Pourquoi cet exemple mélo-poétique ? parce que le monstre dont je vous parlerai vient d'un poème bien connu de Hölderlin, *Mnemosynè*, que Heidegger médite, interroge et interprète souvent. Dans la seconde de ses trois versions, celle que cite Heidegger dans *Was heisst Denken ?*, on lit la fameuse strophe :

Ein Zeichen sind wir, deutungslos
Schmerzlos sind wir und haben fast
Die Sprache in der Fremde verloren

Parmi les trois traductions françaises de ce poème, il y a celle des traducteurs de *Was heisst Denken ?*, Aloys Becker et Gérard Granel. Traduisant Hölderlin dans Heidegger, elle utilise le mot *monstre* (pour *Zeichen*), dans un style qui m'avait d'abord paru un peu précieux et gallicisant mais qui, à la réflexion, me paraît en tout cas donner à penser.

Nous sommes un monstre privé de sens
Nous sommes hors douleur
Et nous avons perdu
Presque la langue à l'étranger

Laissant de côté l'allusion à la langue perdue à l'étranger, qui me ramènerait trop vite au séminaire sur la nationalité, j'insiste d'abord sur le « nous... monstre ». Nous sommes un monstre, et singulier, un signe qui montre et avertit, mais d'autant plus singulier que, montrant, signifiant, désignant, il est privé de sens *(deutungslos). Il se dit* privé de sens, simplement et doublement monstre, ce « nous » : nous sommes signe — montrant, avertissant, faisant signe vers mais en vérité vers le rien, signe à l'écart, en écart par rapport au signe, montre qui s'écarte de la montre ou de la monstration, monstre qui ne montre rien. Tel écart du signe au regard de lui-même et de sa fonction dite normale, n'est-ce pas déjà une monstruosité de la monstruosité, une monstruosité de la monstration ? Et cela, c'est nous, nous en tant que nous avons presque perdu la langue à l'étranger, peut-être dans une traduction. Mais ce « nous », le monstre, est-ce l'homme ?

La traduction de *Zeichen* par *monstre* a une triple vertu. Elle rappelle un motif à l'œuvre depuis *Sein und Zeit :* le lien entre *Zeichen* et *zeigen* ou *Aufzeigung*, entre le signe et la monstration. Le paragraphe 17 *(Verweisung und Zeichen)* analysait le *Zeigen eines Zeichens*, le montrer du signe, et frôle au passage la question du fétiche. Dans *Unterwegs zur Sprache*, *Zeichen* et *Zeigen* sont mis en chaîne avec *Sagen*, plus précisément avec l'idiome haut allemand *Sagan :* « *Sagan heisst : zeigen, erscheinen —, sehen, und hörenlassen* » (p. 252). Plus loin : « Nous employons pour nommer la dite *(die Sage)* un vieux mot, bien attesté mais éteint : *la monstre, die Zeige* » (p. 253, mot souligné par Heidegger qui vient d'ailleurs de citer Trakl, auprès de qui nous reviendrons tout à l'heure). La deuxième vertu de la traduction française par « monstre » n'a de valeur que dans l'idiome latin puisqu'elle insiste sur cet écart par rapport à la normalité du signe, d'un signe qui pour une fois n'est pas ce qu'il devrait être, ne montre ou ne signifie rien, montre le *pas de sens* et annonce la perte de la langue. Troisième vertu de cette traduction, elle pose la question de l'homme. J'omets ici un long développement qui m'avait paru nécessaire sur ce qui lie en profondeur un certain humanisme, un certain nationalisme et un certain universalisme européocentrique et je me précipite vers l'interprétation de *Mnemosynè* par Heidegger. Le « nous » de « *Ein Zeichen sind wir* », est-ce bien un « nous les hommes » ? De nombreux indices donneraient à penser que la réponse du poème reste bien ambiguë. Si « nous », c'était « nous les hommes », cette humanité serait déterminée de façon justement assez monstrueuse, à l'écart de la norme, et notamment de la norme humaniste. Mais l'interprétation heideggérienne qui prépare et commande cette citation de Hölderlin dit quelque chose de l'homme, et donc aussi de *Geschlecht,* du *Geschlecht* et du mot « *Geschlecht* » qui nous attend encore dans le texte sur Trakl, dans *Unterwegs zur Sprache.*

En un mot, pour gagner du temps, je dirai qu'il s'agit de la main, de la main de l'homme, du rapport de la main à la parole et à la pensée. Et même si le contexte est loin d'être classique, il s'agit d'une opposition très classiquement posée, très dogmatiquement et métaphysiquement posée (même si le contexte est loin d'être dogmatique et métaphysique) entre la main de l'homme et la main du singe. Il s'agit aussi d'un discours qui dit tout de la main, en tant qu'elle donne et se donne, sauf, apparemment du moins, de la main ou du don comme lieu du désir sexuel, comme on dit, du *Geschlecht* dans la différence sexuelle.

La main : le propre de l'homme en tant que monstre *(Zeichen).* « La main offre et reçoit, et non seulement des choses, car elle-même s'offre et se reçoit dans l'autre. La main garde, la main porte. La main trace des signes, elle montre, probablement parce que l'homme est un monstre » *(Die Hand zeichnet, vermutlich weil der Mensch ein Zeichen ist)* (p. 51, tr., p. 90). *La Phénoménologie de l'esprit* dit-elle autre chose de la main (I, tr., p. 261) ?

Ce séminaire de 1951-1952 est postérieur à la *Lettre sur l'humanisme* qui soustrayait la question de l'être à l'horizon métaphysique ou onto-théologique de l'humanisme classique : le *Dasein* n'est pas l'*homo* de cet humanisme. Nous n'allons donc pas soupçonner Heidegger de retomber simplement dans cet humanisme-là. D'autre part, la date et la thématique de ce passage l'accordent à cette pensée du don, du donner et du *es gibt* qui déborde sans la renverser la formation antérieure de la question du sens de l'être.

Pour situer plus précisément ce qu'on pourrait appeler ici la pensée de la main, mais aussi bien la main de la pensée, d'une pensée soi-disant non métaphysique du *Geschlecht* humain, remarquons qu'elle se développe à un moment du séminaire (« Reprises et transitions de la première à la deuxième heure », p. 48 et suiv.) qui répète la question de l'enseignement de la pensée, en particulier dans l'Université, comme lieu des sciences et des techniques. C'est dans ce passage que je découpe, si l'on peut dire, la forme et le passage de la main : la main de Heidegger. Le numéro de l'*Herne*, où j'ai publié « Geschlecht I », portait sur sa couverture une photographie de Heidegger le montrant, choix étudié et signifiant, tenant son stylo à deux mains au-dessus d'un manuscrit. Même s'il ne s'en est jamais servi, Nietzsche fut le premier penseur de l'Occident à avoir une machine à écrire dont nous connaissons la photographie. Heidegger, lui, ne pouvait écrire qu'à la plume, d'une main d'artisan et non de mécanicien, comme le prescrit le texte auquel nous allons nous intéresser. Depuis, j'ai étudié toutes les photographies publiées de Heidegger, notamment dans un album acheté à Fribourg quand j'y avais donné une conférence sur Heidegger en 1979. Le jeu et le théâtre des mains y mériteraient tout un séminaire. Si je n'y renonçais pas, j'insisterais sur la mise en scène délibérément artisanaliste du jeu de main, de la monstration et de la démonstration qui s'y exhibe, qu'il s'agisse de la maintenance du stylo, de la manœuvre de la canne qui montre plutôt qu'elle ne soutient, ou du seau d'eau près de la fontaine. La démonstration des mains est aussi saisissante dans l'accompagnement du discours. Sur la couverture du catalogue, la seule chose qui déborde le cadre, celui de la fenêtre mais aussi celui de la photo, c'est la main de Heidegger.

La main, ce serait la monstrosité, le propre de l'homme comme être de monstration. Elle le distinguerait de tout autre *Geschlecht*, et d'abord du singe.

On ne peut parler de la main sans parler de la technique.

Heidegger vient de rappeler que le problème de l'enseignement universitaire tient au fait que les sciences appartiennent à l'essence de la technique : non pas à la technique mais à l'essence de la technique. Celle-ci reste noyée dans un brouillard dont personne n'est responsable, ni la science, ni les savants, ni l'homme en général. Simplement ce qui donne le plus à penser *(das Bedenklichste)*, c'est que *nous* ne pensons pas encore. Qui, nous ? Nous tous, précise Heidegger, y compris celui qui parle ici et même lui tout le premier *(der Sprecher mit einbegriffen, er sogar zuerst)*. Être le premier parmi ceux qui ne pensent pas encore, est-ce penser moins ou plus le « pas encore » de ce qui donne le plus à penser, à savoir que nous ne pensons pas encore ? Le premier, ici, celui qui parle et *se montre* en parlant ainsi, se désignant à la troisième personne, *der Sprecher*, est-il le premier parce qu'il pense déjà (ce) que nous ne pensons pas encore et déjà le dit ? Ou bien est-il le premier à ne pas penser encore, donc le dernier à penser déjà (ce) que nous ne pensons pas encore, ce qui ne l'empêcherait pas néanmoins de parler pour être le premier à le dire ? Ces questions mériteraient de longs développements sur l'auto-situation, la monstration-de-soi d'une parole qui prétend enseigner en parlant de l'enseignement et penser ce que c'est qu'apprendre et d'abord apprendre à penser. « C'est pourquoi, enchaîne Heidegger, nous tentons ici d'apprendre à penser *(Darum versuchen wir hier, das Denken zu lernen)*. » Mais qu'est-ce qu'apprendre ? La réponse est intraduisible dans sa littéralité, elle passe par un travail artisanal très subtil, un travail de la main et de la plume entre les mots *entsprechen, Entsprechung, zusprechen, Zuspruch*. Au lieu de traduire, paraphrasons : apprendre, c'est rapporter ce que nous faisons à une correspondance *(Entsprechung)* en nous avec l'essentiel *(wesenhaft)*. Pour illustrer cet accord avec l'essence, voici l'exemple traditionnel de la didactique philosophique, celui du menuisier, de l'apprenti-menuisier. Heidegger choisit le mot de *Schreiner* plutôt que celui du *Tischler*, car il entend parler d'un apprenti-menuisier *(Schreinerlehrling)* qui travaille à un coffre *(Schrein)*. Or il dira plus loin que « penser est peut-être simplement du même ordre que travailler à un coffre *(wie das Bauen an einem*

Schrein) ». L'apprenti-coffrier n'apprend pas seulement à utiliser des outils, à se familiariser avec l'usage, l'utilité, l'outilité des choses à faire. Si c'est un « coffrier authentique » *(ein echter Schreiner)*, il se porte ou se rapporte aux différentes façons du bois lui-même, il s'accorde aux formes qui dorment dans le bois tel qu'il pénètre dans l'habitat de l'homme *(in das Wohnen des Menschen)*. Le menuisier authentique s'accorde à la plénitude cachée de l'essence du bois et non pas à l'outil et à la valeur d'usage. Mais à la plénitude cachée en tant qu'elle pénètre le lieu habité (j'insiste ici sur cette valeur de *lieu* pour des raisons qui apparaîtront plus tard), et habité par l'*homme*. Il n'y aurait pas de métier de menuisier sans cette correspondance entre l'essence du bois et l'essence de l'homme en tant qu'être voué à l'habitation. Métier se dit en allemand *Handwerk*, travail de la main, œuvre de main, sinon maœuvre. Quand le français doit traduire *Handwerk* par métier, c'est peut-être légitime et inévitable, mais c'est une manœuvre risquée, dans l'artisanat de la traduction, parce qu'on y perd la main. Et l'on y réintroduit ce que Heidegger veut éviter, le service rendu, l'utilité, l'offre, le *ministerium*, dont vient peut-être le mot « métier ». *Handwerk*, le métier noble, c'est un métier manuel qui n'est pas ordonné, comme une autre profession, à l'utilité publique ou à la recherche du profit. Ce métier noble, comme *Handwerk*, ce sera aussi celui du penseur ou de l'enseigneur qui enseigne la pensée (l'enseigneur n'est pas nécessairement l'enseignant, le professeur de philosophie). Sans cet accord à l'essence du bois, lui-même accordé à l'habitat de l'homme, l'activité serait vide. Elle resterait seulement une activité *(Beschäftigung)* orientée par le négoce *(Geschäft)*, le commerce et le goût du profit. Implicites, la hiérarchisation et l'évaluation n'en sont pas moins nettes : d'un côté, mais aussi au-dessus, du côté du meilleur, le travail de la main *(Handwerk)* guidé par l'essence de l'habitat humain, par le bois de la hutte plutôt que par le métal ou le verre des villes ; de l'autre, mais aussi au-dessous, l'activité qui coupe la main de l'essentiel, l'activité utile, l'utilitarisme guidé par le capital. Certes, reconnaît Heidegger, l'inauthentique peut toujours contaminer l'authentique, le coffrier authentique peut devenir un marchand de meubles pour « grandes surfaces » (supermarchés), l'artisanat de l'habitat peut devenir le trust international nommé, je crois, « Habitat ». La main est en danger. Toujours : « Tout travail de la main *(Handwerk)*, tout agir *(Handeln)* de l'homme, est exposé toujours à ce danger. L'écrire poétique *(das Dichten)* en est aussi peu exempt que la pensée *(das Denken)*. » (P. 88, trad. légèrement modifiée.) L'analogie est double : entre *Dichten* et *Denken* d'une part, mais aussi, d'autre part, entre les deux, poésie et pensée, et l'authentique travail de la main *(Handwerk)*. Penser, c'est un travail de la main, dit expressément Heidegger. Il le dit sans détour et sans même ce « peut-être » *(vielleicht)* qui avait modéré l'analogie de la pensée avec la manufacture du coffre qui est « peut-être » comme la pensée. Ici, sans analogie et sans « peut-être », Heidegger déclare : « C'est en tout cas [le penser, *das Denken*] un travail manuel [*Es ist jedenfalls ein Hand-Werk*, une œuvre de la main, en deux mots, p. 89-90]. »

Cela ne veut pas dire qu'on pense *avec* ses mains, comme on dit en français qu'on parle *avec* ses mains lorsqu'on accompagne son discours de gestes volubiles ou qu'on pense *avec* ses pieds quand on est, dit encore le français, bête comme ses pieds. Que veut donc dire Heidegger, et pourquoi choisit-il ici la main alors qu'ailleurs il accorde plus volontiers la pensée à la lumière ou à la *Lichtung*, on dirait à l'œil, ou encore à l'écoute et à la voix ?

Trois remarques pour préparer ici une réponse.

1. J'ai choisi ce texte pour introduire à une lecture de *Geschlecht*. Heidegger y lie en effet le penser, et non seulement la philosophie, à une pensée ou à une situation du corps *(Leib)*, du corps de l'homme et de l'être humain *(Menschen)*. Cela nous permettra d'entrevoir une dimension du *Geschlecht* comme sexe ou

différence sexuelle à propos de ce qui est dit ou tu de la main. Le penser n'est pas cérébral ou désincarné, le rapport à l'essence de l'être est une certaine *manière* du *Dasein* comme *Leib*. (Je me permets de renvoyer à ce que je dis à ce sujet dans le premier article sur *Geschlecht*.)

2. Heidegger privilégie la main au moment où, parlant des rapports entre la pensée et le métier d'enseigneur, il distingue entre la profession courante (activité, *Beschäftigung*, orientée par le service utile et la recherche du profit, *Geschäft*), et, d'autre part, le *Hand-Werk* authentique. Or pour définir le *Hand-Werk*, qui n'est pas une profession, il faut penser *Werk*, l'œuvre, mais aussi *Hand* et *handeln*, qu'on ne saurait traduire simplement par « agir ». Il faut penser la main. Mais on ne peut la penser comme une chose, un étant, encore moins comme un objet. La main pense avant d'être pensée, *elle est pensée*, une pensée, la pensée.

3. Ma troisième remarque serait plus étroitement liée à un traitement classique de la « politique » de Heidegger dans le contexte national-socialiste. Dans toutes ses auto-justifications d'après-guerre, Heidegger présente son discours sur l'essence de la technique comme une protestation, un acte de *résistance* à peine déguisé *contre* : 1. la professionnalisation des études universitaires à laquelle se livraient les nazis et leurs idéologues officiels. Heidegger le rappelle au sujet de son *Discours de rectorat* qui s'élève en effet contre la professionnalisation qui est aussi une technologisation des études ; 2. la soumission de la philosophie national-socialiste à l'empire et aux impératifs de la productivité technique. La méditation sur le *Hand-Werk* authentique a aussi le sens d'une protestation artisanaliste contre l'effacement ou l'abaissement de la main dans l'automatisation industrielle du machinisme moderne. Cette stratégie a des effets équivoques, on s'en doute : elle ouvre à une réaction archaïsante vers l'artisanat rustique et dénonce le négoce ou le capital dont on sait bien à qui ces notions étaient alors

associées. De plus, avec la division du travail, c'est implicitement ce qu'on appelle le « travail intellectuel » qui se trouve ainsi discrédité.

Ces remarques faites, je soulignerai toujours l'idiomaticité dans ce que Heidegger nous dit de la main : « *Mit der Hand hat es eine eigene Bewandtnis.* » Avec la main, on a affaire à une chose tout à fait particulière, propre, singulière. *Une chose à part*, comme dit la traduction française en courant le risque de laisser penser à une chose séparée, à une substance séparée, comme Descartes disait de la main qu'elle était une partie du corps, certes, mais douée d'une telle indépendance qu'on pouvait aussi la considérer comme une substance à part entière et quasiment séparable. Ce n'est pas en ce sens que Heidegger dit de la main qu'elle est une chose à part. En ce qu'elle a de propre ou de particulier *(eigene)*, ce n'est pas une partie du corps organique, comme le prétend la représentation courante *(gewöhnliche Vorstellung)* contre laquelle Heidegger nous invite à penser.

L'être de la main *(das Wesen der Hand)* ne se laisse pas déterminer comme un organe corporel de préhension *(als ein leibliches Greiforgan)*. Ce n'est pas une partie organique du corps destinée à prendre, saisir, voire griffer, ajoutons même à prendre, comprendre, concevoir si l'on passe de *Greif-* à *begreifen* et à *Begriff*. Heidegger n'a pas pu ne pas laisser la chose se dire et l'on peut suivre ici, j'avais tenté de le faire ailleurs, toute une problématique de la « métaphore » philosophique, en particulier chez Hegel qui présente le *Begriff* comme la structure intellectuelle ou intelligible « relevant » *(aufhebend)* l'acte sensible de saisir, *begreifen*, de comprendre en prenant, en s'emparant, maîtrisant et manipulant. S'il y a une pensée de la main ou une main de la pensée, comme Heidegger le donne à penser, elle n'est pas de l'ordre de la saisie conceptuelle. Elle appartient plutôt à l'essence du *don*, d'une donation qui donnerait, si c'est possible, sans rien prendre. Si la main est aussi, personne ne peut le nier, un organe de préhension *(Greiforgan)*, ce n'est pas là son essence, ce n'est pas l'essence de la main chez l'être humain. Cette critique de l'organicisme et du biologisme a aussi la destination politique dont je parlais il y a un instant. Mais cela suffit-il à la justifier ?

Ici survient en effet une phrase qui me paraît à la fois symptomatique et dogmatique. Dogmatique, c'est-à-dire aussi métaphysique, relevant d'une de ces « représentations courantes » qui risquent de compromettre la force et la nécessité du discours en ce lieu. Cette phrase revient en somme à distinguer le *Geschlecht* humain, notre *Geschlecht,* et le *Geschlecht* animal, dit « animal ». Je crois, et j'ai souvent cru devoir souligner que la manière, latérale ou centrale, dont un penseur ou un homme de science parlait de ladite « animalité » constituait un symptôme décisif quant à l'axiomatique essentielle du discours tenu. Pas plus que d'autres, classiques ou modernes, Heidegger ne me paraît ici échapper à la règle quand il écrit : « Le singe, *par exemple* (je souligne, J. D.), possède des organes de préhension, mais il ne possède pas de main *(Greiforgane besitzt z. B. der Affe, aber er hat keine Hand)* (p. 90).

Dogmatique dans sa forme, cet énoncé traditionnel présuppose un savoir empirique ou positif dont les titres, les preuves et les signes ici ne sont pas montrés. Comme la plupart de ceux qui parlent de l'animalité en philosophes ou en personnes de bon sens, Heidegger ne tient pas grand compte d'un certain « savoir zoologique » qui s'accumule, se différencie et s'affine au sujet de ce qu'on regroupe sous ce mot si général et confus d'animalité. Il ne le critique et ne l'examine pas ici dans ce qu'il peut aussi receler de présuppositions de toutes sortes, métaphysiques ou autres. Ce non-savoir érigé en savoir tranquille, puis exposé en proposition essentielle au sujet de l'essence des organes préhensiles du singe qui n'aurait pas de main, ce n'est pas seulement, dans la forme, une sorte d'hapax empirico-dogmatique égaré ou égarant au milieu d'un discours se tenant à la hauteur de la pensée la plus exigeante, au-delà de la philosophie et de la science. Dans son contenu même, c'est une proposition qui marque la scène essentielle du texte. Elle la marque d'un humanisme qui se veut certes non métaphysique, Heidegger le souligne dans le paragraphe suivant, mais d'un humanisme qui, entre un *Geschlecht* humain qu'on veut soustraire à la détermination biologiste (pour les raisons que j'ai dites tout à l'heure) et une animalité qu'on enferme dans ses programmes organico-biologiques, inscrit non pas *des* différences mais une limite oppositionnelle absolue dont j'ai essayé de montrer ailleurs que, comme le fait toujours l'opposition, elle efface les différences et reconduit à l'homogène, suivant la plus résistante tradition métaphysico-dialectique. Ce que Heidegger dit du singe privé de main — et donc, on va le voir, privé de la pensée, du langage, du don — n'est pas seulement dogmatique dans la forme parce que Heidegger n'en sait rien et n'en veut rien savoir à ce point [1]. C'est grave parce que cela trace un système de

1. J'étudierai ailleurs, d'aussi près que possible, les développements que Heidegger consacrait à l'animalité dans *Die Grundbegriffe der Metaphysik* (1929-1930, *Gesamtausgabe* 29/30, 2ᵉ partie, chap. 4). Sans discontinuité essentielle, ces développements me paraissent constituer l'assise de ceux que j'interroge ici, qu'il s'agisse : 1. du geste classique qui consiste à considérer la zoologie comme une science régionale devant présupposer l'essence de l'animalité en général, celle que Heidegger propose alors de décrire sans le secours de ce savoir scientifique (cf. § 45) ; 2. de la thèse selon laquelle « *Das Tier ist weltarm* », thèse médiane entre les deux autres (*der Stein ist weltlos*, et *der Mensch ist weltbildend*) — analyse fort embarrassée au cours de laquelle Heidegger a beaucoup de mal, me semble-t-il, à déterminer une pauvreté, un être pauvre *(Armsein)* et un manque *(Entbehren)* comme des traits essentiels, étrangers à la détermination empirique de différences de degrés (p. 287) et à éclairer le mode original de cet avoir-sans-avoir de l'animal qui a et n'a pas le monde (*Das Haben und Nichthaben von Welt* (§ 50) ; 3. de la modalité phénoméno-ontologique du *als*, l'animal n'ayant pas accès à l'étant *comme (als)* étant (p. 290 et suiv.). Cette dernière distinction pousserait à préciser que la différence entre l'homme et l'animal correspond moins à l'opposition entre pouvoir-donner et pouvoir-prendre qu'à l'opposition entre *deux manières* de prendre ou de donner : l'une, celle de l'homme, est celle du donner et du

limites dans lesquelles tout ce qu'il dit de la main de l'homme prend sens et valeur. Dès lors qu'une telle délimitation est problématique, le nom de l'homme, son *Geschlecht*, devient lui-même problématique. Car il nomme ce qui a la main, et donc la pensée, la parole ou la langue, et l'ouverture au don.

La main de l'homme serait donc une chose à part non pas en tant qu'organe séparable mais parce que différente, dissemblable *(verschieden)* de tous les organes de préhension (pattes, griffes, serres) ; elle en est éloignée de façon infinie *(Unendlich)* par l'abîme de son être *(durch einen Abgrund des Wesens)*.

Cet abîme, c'est la parole et la pensée. « Seul un être qui parle, c'est-à-dire pense, peut avoir la main et accomplir dans le maniement *(in der Handhabung)* des œuvres de la main *(Nur ein Wesen, das spricht, d.h. denkt, kann die Hand haben und in der Handhabung Werke der Hand vollbringen)*. » (P. 90, trad. légèrement modifiée.) La main de l'homme est pensée depuis la pensée, mais celle-ci est pensée depuis la parole ou la langue. Voilà l'ordre que Heidegger oppose à la métaphysique : « Ce n'est qu'autant que l'homme parle qu'il pense et non l'inverse, comme la Métaphysique le croit encore *(Doch nur insofern der Mensch spricht, denkt er; nicht umgekehrt, wie die Metaphysik es noch meint)*. »

Le moment essentiel de cette méditation ouvre sur ce que j'appellerai la double *vocation* de la main. Je me sers du mot de vocation pour rappeler que, dans sa destination *(Bestimmung)*, cette main tient (à) la parole. Vocation double mais rassemblée ou croisée dans la même main : vocation à montrer ou à faire signe *(zeigen, Zeichen)* et à donner ou à se donner, en un mot la *monstruosité du don ou de ce qui se donne*.

---

prendre *comme tels*, de l'étant ou du présent *comme tels ;* l'autre, celle de l'animal, ne serait ni donner ni prendre *comme tels*. Voir plus loin, p. 189-190 et *De l'esprit, Heidegger et la question*, p. 58 et suiv.

> Mais l'œuvre de la main *(das Werk der Hand)* est plus riche que nous ne le pensons habituellement [*meinen :* croyons, en avons l'opinion]. La main ne saisit pas et n'attrape pas seulement *(greift und fängt nicht nur)*, ne serre et ne pousse pas seulement. La main offre et reçoit [*reicht und empfängt* — il faut entendre les consonances allemandes : *greift, fängt/reicht, empfängt*], et non seulement les choses, car elle-même s'offre et se reçoit dans l'autre. La main garde *(hält)*. La main porte *(trägt)*. *(Ibid.)*

Ce passage du don transitif si on peut dire, au don de ce qui *se* donne, qui donne soi-même en tant que pouvoir-donner, qui donne le don, ce passage de la main qui donne quelque chose à la main qui *se* donne est évidemment décisif. Nous retrouvons un passage de même type ou de même structure dans la phrase suivante : non seulement la main de l'homme fait des signes et montre, mais l'homme est lui-même un signe ou un monstre, ce qui amorce la citation et l'interprétation de *Mnemosynè*, à la page suivante.

> La main trace des signes, elle montre *(zeichnet)*, probablement parce que l'homme est un monstre *(ein Zeichen ist)*. Les mains se joignent *(falten sich :* se plient aussi) quand ce geste doit conduire l'homme à la plus grande simplicité [*Einfalt ;* je ne suis pas sûr de comprendre cette phrase qui joue sur le *sich falten* et le *Einfalt ;* qu'il s'agisse de la prière — les mains de Dürer — ou de gestes courants, il importe que les mains puissent se toucher l'une l'autre comme telle, s'auto-affecter, même au contact de la main de l'autre dans le don de la main. Et qu'elles puissent aussi *se montrer*]. Tout cela, c'est la main, c'est le travail propre de la main *(das eigentliche Hand-Werk)*. En celui-ci repose tout ce que nous connaissons pour être un travail artisanal *(Handwerk)* et à quoi nous nous arrêtons habituellement. Mais les gestes [*Gebärden :* mot très travaillé par Heidegger dans d'autres textes aussi] de la main transparaissent partout dans le langage [ou dans la langue], et cela avec la plus grande pureté lorsque l'homme parle en se taisant. Cependant ce n'est qu'autant que l'homme parle qu'il pense et non l'inverse, comme la Métaphysique le croit encore. Cha-

> que mouvement de la main dans chacune de ses œuvres est porté (se porte, *trägt sich*) à travers l'élément, se comporte *(gebärdet sich)* dans l'élément de la pensée. Toute œuvre de la main repose dans le penser. C'est pourquoi la pensée *(das Denken)* est elle-même pour l'homme le plus simple et partant le plus difficile travail de la main *(Hand-Werk),* lorsque vient l'heure où il doit être expressément (*eigens*, proprement) accompli. *(Ibid.)*

Le nerf de l'argumentation me paraît réductible, *en premier lieu et au premier abord*, à l'opposition assurée du *donner* et du *prendre :* la main de l'homme *donne et se donne,* comme la pensée ou comme ce qui se donne à penser et que nous ne pensons pas encore, tandis que l'organe du singe ou de l'homme comme simple animal, voire comme *animal rationale,* peut seulement *prendre, saisir, s'emparer de la chose*. Faute de temps, je dois me référer à un séminaire déjà ancien (*Donner-le temps,* 1977) où nous avions pu problématiser cette opposition. Rien n'est moins assuré que la distinction entre *donner* et *prendre*, à la fois dans les langues indo-européennes que nous parlons (je renvoie ici à un texte célèbre de Benveniste, « Don et échange dans le vocabulaire indo-européen », in *Problèmes de linguistique générale,* 1951-1966) et dans l'expérience d'une *économie* — symbolique ou imaginaire, consciente ou inconsciente, toutes ces valeurs restant justement à réélaborer depuis la précarité de cette opposition du don et de la prise, du don qui fait présent et de celui qui prend, garde ou retire, du don qui fait du bien et du don qui fait mal, du cadeau et du poison (*gift/Gift* ou *pharmakon,* etc.).

Mais, en dernier lieu, cette opposition renverrait, chez Heidegger, à celle du donner/prendre-la-chose *comme telle* et du donner/prendre sans ce *comme tel,* et finalement sans la chose même. On pourrait dire aussi que l'animal ne peut que prendre ou manipuler la chose dans la mesure où il n'a pas affaire à la chose *comme telle*. Il ne la laisse pas être ce qu'elle est dans son essence. Il n'a pas accès à l'essence de l'étant *comme tel* (*Gesamtausgabe,* 29/30, p. 290). Plus ou moins directement, de façon plus ou moins visible, la main ou le mot *Hand* joue un rôle immense dans toute la conceptualité heideggérienne depuis *Sein und Zeit*, notamment dans la détermination de la présence sur le mode de la *Vorhandenheit* ou de la *Zuhandenheit*. On a traduit la première, plus ou moins bien en français par « étant subsistant » et mieux en anglais par « *presence-at-hand* », la seconde par « être disponible », comme outil ou ustensile et mieux, puisque l'anglais peut garder la main, par « *ready-to-hand, readiness-to-hand* ». Le *Dasein* n'est ni *vorhanden*, ni *zuhanden*. Son mode de présence est autre mais il faut bien qu'il ait la main pour se rapporter aux autres modes de présence.

La question posée par *Sein und Zeit* (§ 15) rassemble la plus grande force de son économie dans l'idiome allemand et, en lui, dans l'idiome heideggérien : la *Vorhandenheit* est-elle ou non fondée *(fundiert)* sur la *Zuhandenheit ?* Littéralement : quel est, des deux rapports à la main, celui qui fonde l'autre ? Comment décrire cette fondation *selon la main* dans ce qui rapporte le *Dasein* à l'être de l'étant qu'il n'est pas (*Vorhendensein* et *Zuhandensein*). Quelle main fonde l'autre ? La main qui a rapport à la chose comme outil manœuvrable ou la main comme rapport à la chose comme objet subsistant et indépendant ? Cette question est décisive pour toute la stratégie de *Sein und Zeit*. Son enjeu : rien de moins que la démarche originale de Heidegger pour déconstruire l'ordre classique de la fondation (fin du § 15). Tout ce passage est aussi une analyse du *Handeln*, de l'action ou de la pratique comme geste de la main dans son rapport à la vue, et donc une nouvelle mise en perspective de ce qu'on appelle l'opposition *praxis/theoria*. Rappelons que pour Heidegger le « comportement " pratique " n'est pas " athéorique " » (p. 69). Et je citerai seulement quelques lignes pour en tirer deux fils conducteurs :

> Les Grecs avaient, pour parler des « choses » *(Dinge)*, un terme approprié : les *pragmata*, c'est-à-dire ce à quoi

l'on a affaire *(zu tun)* dans l'usage de la préoccupation *(im besorgenden Umgang), (Praxis)*. Mais, en même temps, au plan ontologique, ils laissaient dans l'ombre *(im Dunkeln)* le caractère spécifiquement « pragmatique » des *pragmata* [en somme les Grecs commençaient à laisser dans l'ombre la *Zuhandenheit* de l'outil au profit de la *Vorhandenheit* de l'objet subsistant : on pourrait dire qu'ils inauguraient toute l'ontologie classique en laissant une main dans l'ombre, en laissant une main faire ombrage à l'autre, en substituant, dans une violente hiérarchisation, une expérience de la main à une autre expérience de la main] qu'ils déterminaient « de prime abord » comme « pures choses » *(blosse Dinge)*. Nous nommons *outil (Zeug)* l'étant que rencontre la préoccupation *(im Besorgen)*. Notre usage [dans la vie courante, *im Umgang,* dans l'environnement quotidien et social] nous découvre des outils qui permettent d'écrire, de coudre, de nous déplacer, de mesurer, d'effectuer tout travail manuel [je cite une traduction française très insuffisante pour *Schreibzeug, Nähzeug, Werk-, Fahr-, Messzeug*]. Il s'agit de mettre en évidence le mode d'être de l'outil *(Zeug)*. C'est ce qui aura lieu à la lumière d'une description [*Umgrenzung :* délimitation] provisoire de ce qui constitue l'outil en outil, de l'ustensilité *(Zeughaftigkeit)* [p. 68, tr., p. 92].

Ce mode d'être sera justement la *Zuhandenheit (readiness-to-hand)*. Et Heidegger commence, pour en parler au paragraphe suivant, par prendre les exemples qu'il a en quelque sorte sous la main : l'écritoire *(Schreibzeug)*, la plume *(Feder)*, l'encre *(Tinte)*, le papier *(Papier)*, ce qui s'appelle heureusement en français le *sous-main (Unterlage)*, la table, la lampe, les meubles, et, ses yeux se levant un peu au-dessus des mains en train d'écrire, vers les fenêtres, les portes, la chambre.

Voici maintenant les deux fils que je voudrais tirer à la main, pour en faire des fils conducteurs ou pour coudre et écrire aussi un peu à ma manière.

A. Le premier concerne la *praxis* et les *pragmata*. J'avais déjà écrit tout cela quand John Sallis, que j'en remercie, attira mon attention sur un passage beaucoup plus tardif de Heidegger. Il scande de façon saisissante cette longue manœuvre qui fait du *chemin de pensée* et de la question du sens de l'être une longue et continue méditation *de* la main. Heidegger dit toujours de la pensée qu'elle est un chemin, en chemin *(Unterwegs)*; mais en chemin, en marchant, le penseur est sans cesse occupé par une pensée de la main. Longtemps après *Sein und Zeit,* qui ne parle pas *thématiquement* de la main en analysant *Vorhanden-* et *Zuhandenheit,* mais dix avant *Was heisst Denken?* qui en fait un thème, il y a ce séminaire sur *Parmenide* (*Parmenides, Gesamtausgabe,* Band 54) qui, en 1942-1943, reprend la méditation de *pragma* et de *praxis.* Bien que le mot allemand *Handlung* ne soit pas la traduction littérale de *pragma,* il touche juste, si on le comprend bien, il rencontre « l'être originairement essentiel de *pragma* » *(das ursprünglich wesentliche Wesen von pragma),* puisque ces *pragmata* se présentent, comme « *Vorhandenen* » et « *Zuhandenen* » dans le domaine de la main *(im Bereich der « Hand »)* (p. 118). Tous les motifs de *Was heisst Denken?* se mettent déjà en place. Seul l'étant qui, comme l'homme, « a » la parole *(Wort, mythos, logos),* peut et doit avoir la main grâce à laquelle peut advenir la prière mais aussi le meurtre, le salut et le remerciement, le serment et le signe *(Wink),* le *Handwerk* en général. Je souligne pour des raisons qui apparaîtront plus tard l'allusion au *Handschlag* (la poignée de main ou ce qu'on appelle « toper » dans la main) qui « fonde », dit Heidegger, l'alliance, l'accord, l'engagement *(Bund).* La main n'advient à son essence *(west)* que dans le mouvement de la vérité, dans le double mouvement de ce qui cache et fait sortir de sa réserve *(Verbergung/Entbergung).* Tout le Séminaire est d'ailleurs consacré à l'histoire de la vérité *(aletheia, lethè, lathon, lathès).* Quand il dit déjà, dans ce même passage (p. 118), que l'animal n'a pas la main, qu'une main ne peut jamais surgir à partir d'une patte ou des griffes, mais seulement de la parole, Heidegger précise que « l'homme n' “ a ” pas des mains » mais que *la* main occupe, pour en disposer, l'essence de l'homme *(« Der Mensch “ hat ” nicht Hände, sondern die Hand hat das Wesen des Menschen inne »).*

B. Le deuxième fil reconduit à l'écriture. Si la main de l'homme est ce qu'elle est depuis la parole ou le mot *(das Wort)*, la manifestation la plus immédiate, la plus originaire de cette origine, sera le geste de la main pour rendre le mot manifeste, à savoir l'écriture manuelle, la manuscripture *(Handschrift)* qui montre — et inscrit le mot pour le regard. « Le mot en tant que dessiné (ou inscrit : *eingezeichnete*) et tel qu'il se montre ainsi au regard *(und so dem Blick sich zeigende)*, c'est le mot écrit, c'est-à-dire l'écriture *(d.h. die Schrift)*. Mais le mot comme écriture est l'écriture manuelle *(Das Wort als die Schrift aber ist die Handschrift)* » (p. 119). Au lieu d'écriture manuelle, disons plutôt manuscripture, car ne l'oublions pas comme on le fait si souvent, l'écriture de la machine à écrire contre laquelle Heidegger va élever un réquisitoire implacable est aussi une écriture manuelle. Dans la brève « “ histoire ” de l'art d'écrire » (« *Geschichte* » *der Art des Schreibens)* qu'il esquisse en un paragraphe, Heidegger croit discerner le motif fondamental d'une « destruction du mot » ou de la parole *(Zerstörung des Wortes)*. La mécanisation typographique détruit cette unité du mot, cette identité intégrale, cette intégrité propre du mot parlé que la manuscripture, à la fois parce qu'elle paraît plus proche de la voix ou du corps propre et parce qu'elle lie les lettres, préserve et rassemble. J'insiste sur ce motif du rassemblement pour des raisons qui apparaîtront aussi tout à l'heure. La machine à écrire tend à détruire le mot : elle « arrache *(entreisst)* l'écriture au domaine essentiel de la main, c'est-à-dire du mot, de la parole » (p. 119). Le mot « tapé » à la machine n'est qu'une copie *(Abschrift)* et Heidegger rappelle ces premiers moments de la machine à écrire où une lettre dactylographiée heurtait les bienséances. Aujourd'hui, c'est la lettre manuscrite qui paraît coupable : elle ralentit la lecture et paraît démodée. Elle fait obstacle à ce que Heidegger considère comme une véritable dégradation du mot par la machine. La machine « dégrade » *(degradiert)* le mot ou la parole qu'elle réduit à un simple moyen de transport *(Verkehrsmittel)*, à l'instrument de commerce et de communication. En outre, elle offre l'avantage, pour ceux qui souhaitent cette dégradation, de dissimuler l'écriture manuscrite et le « caractère ». « Dans l'écriture à la machine, tous les hommes se ressemblent », conclut Heidegger (p. 119).

Il faudrait suivre de près les voies selon lesquelles s'aggrave et se précise la dénonciation de la machine à écrire (p. 124 et suiv.). Finalement, elle dissimulerait l'essence même du geste d'écrire et de l'écriture (« *Die Schreib-maschine verhüllt das Wesen des Schreibens und der Schrift* » p. 126). Cette dissimulation est aussi un mouvement de retrait ou de soustraction (les mots *entziehen, Entzug* reviennent souvent dans ce passage). Et si dans ce retrait la machine à écrire devient « *zeichenlos* », sans signe, insignifiante, a-signifiante *(ibid.)*, c'est qu'elle perd la main. Elle menace en tout cas ce qui, dans la main, garde la parole ou garde, pour la parole, le rapport de l'être à l'homme et de l'homme aux étants. « La main manie », *die Hand handelt*. La co-appartenance essentielle *(Wesenszusammengehörigkeit)* de la main et de la parole, distinction essentielle de l'homme, se manifeste en ceci que la main manifeste, justement, ce qui est caché *(die Hand Verborgenes entbirgt)*. Et elle le fait précisément, dans son rapport à la parole, en montrant et en écrivant, en faisant signe, des signes qui montrent, ou plutôt en donnant à ces signes ou à ces « monstres » des *formes* qu'on appelle écriture *(indem sie zeigt und zeigend zeichnet und zeichnend die zeigenden Zeichen zu Gebilden bildet. Diese Gebilde heissen nach dem " Verbum "* graphein *die* grammata »). Cela implique, Heidegger le dit expressément, que l'écriture soit, dans sa provenance essentielle, manuscripture *(Die Schrift ist in ihrer Wesensherkunft die Hand-schrift)*. Et j'ajouterai, ce que Heidegger ne dit pas mais qui me paraît encore plus décisif, manuscripture *immédiatement* liée à la parole, c'est-à-dire plus vraisemblablement *système d'écriture phonétique*, à moins que ce qui rassemble *Wort, zeigen* et *Zeichen* ne passe pas toujours nécessairement par la voix et que la parole dont parle ici Heidegger soit essentiellement distincte de toute *phonè*. La distinction serait assez insolite pour mériter d'être soulignée. Or Heidegger n'en souffle pas mot. Il insiste au contraire sur la co-appartenance essentielle et originaire de *Sein, Wort, legein, logos, Lese, Schrift* comme *Hand-schrift*. Cette co-appartenance qui les rassemble tient d'ailleurs au mouvement de rassemblement même que Heidegger lit toujours, ici comme ailleurs, dans le *legein* et dans le *Lesen (« ... das Lesen d.h. Sammeln... »)*. Ce motif du rassemblement *(Versammlung)* commande la méditation du *Geschlecht* dans le texte sur Trakl que j'évoquerai brièvement tout à l'heure. Ici, la protestation contre la machine à écrire appartient aussi, cela va de soi, à une interprétation de la technique, et à une interprétation de la politique à partir de la technique. De même que *Was heisst Denken?* nommera Marx quelques pages après avoir traité de la main, de même ce séminaire de 1942-1943 situe Lénine et le « léninisme » (nom que Staline a donné à cette « métaphysique »). Heidegger rappelle le mot de Lénine : « Le bolchevisme, c'est le pouvoir des Soviets + l'électrification. » Au moment où il écrivait cela, l'Allemagne venait d'entrer en guerre avec la Russie et avec les États-Unis, qui ne sont pas épargnés non plus dans ce séminaire, mais il n'y avait pas encore de machine à écrire électrique.

Cette évaluation apparemment positive de la manuscripture n'exclut pas, au contraire, une dévalorisation de l'écriture en général. Elle prend sens à l'intérieur de cette interprétation générale de l'art d'écrire comme destruction croissante du mot ou de la parole. La machine à écrire n'est qu'une aggravation moderne du mal. Celui-ci ne vient pas seulement par l'écriture mais aussi par la littérature. Juste avant la citation de *Mnemosynè, Was heisst Denken?* avance deux affirmations tranchantes : 1. Socrate est « le plus pur penseur de l'Occident » *(der reinste Denker des Abendlandes. Deshalb hat er nichts geschrieben)*. « Et c'est pourquoi il n'a rien écrit ». Il a su se tenir dans le vent et dans le mouvement de retrait de ce qui se donne à penser *(in den Zugwind dieses Zuges)*. Dans un autre passage, qui traite aussi de ce retrait *(Zug des Entziehens)*, Heidegger distingue encore l'homme de l'animal, cette fois de l'oiseau migrateur. Dans les toutes premières pages de *Was heisst Denken?* (p. 5 ; trad., p. 27), avant de citer pour la première fois *Mnemosynè*, il écrit : « Lorsque nous épousons ce mouvement de retirement *(Zug des Entziehens)*, nous sommes nous-mêmes — mais tout autrement que les oiseaux migrateurs — en mouvement vers ce qui nous attire en se retirant. » Le choix de l'exemple tient ici à l'idiome allemand : oiseau migrateur se dit *Zugvogel* en allemand. Nous, les hommes, nous sommes dans le trait *(Zug)* de ce retrait, *nur ganz anders als die Zugvögel*. 2. Deuxième affirmation tranchante : la pensée décline au moment où l'on commence à écrire, *au sortir* de la pensée, *en sortant* de la pensée pour s'en abriter, comme du vent. C'est le moment où la pensée est entrée dans la littérature *(Das Denken ging in die Literatur ein*, p. 52, trad., p. 91). Mise à l'abri de la pensée, cette entrée dans l'écriture et dans la littérature (au sens large du mot) aurait décidé du destin de la science occidentale aussi bien en tant que *doctrina* du Moyen Âge (enseignement, discipline, *Lehre*) que comme la science des Temps modernes. Il y va naturellement de ce qui construit le concept dominant de discipline, d'enseignement et d'université. On voit ainsi s'organiser autour de la main et de la parole, avec une très forte cohérence, tous les traits dont j'avais ailleurs rappelé la récurrence incessante sous les noms de logocentrisme et de phonocentrisme. Quels que soient les motifs latéraux ou marginaux qui le travaillent simultanément, logocentrisme et phonocentrisme dominent un certain discours très continu de Heidegger, et cela depuis la répétition de la question du sens de l'être, la destruction de l'ontologie classique, l'analytique existentiale redistribuant les rapports (existentiaux et catégoriaux) entre *Dasein*, *Vorhandensein* et *Zuhandensein*.

L'économie qui m'est imposée pour ce discours m'interdit d'aller au-delà de ce premier repérage dans l'interprétation heideggérienne de la main. Pour mieux relier, dans une cohérence plus différenciée, ce que je dis ici à ce que je dis ailleurs de Heidegger, notamment dans *Ousia et Grammè*, il faudrait relire une certaine page de *La Parole d'Anaximandre* (*Holzwege*, 1946, p. 337), c'est-à-dire d'un texte qui nomme aussi *Mnemosynè* et avec lequel s'explique *Ousia et Grammè*. Cette page rappelle que dans *chréôn*, qu'on traduit en général par « nécessité » parle *è cheir*, la main : « *Chraô* veut dire : je manie, je porte la main à quelque chose *(ich be-handle etwas)*. » La suite du paragraphe, trop difficile à traduire puisqu'elle manie de près l'idiome allemand *(in die Hand geben, einhändigen, aushändigen :* remettre en mains propres, puis délivrer, abandonner, *überlassen)* soustrait le participe *chreôn* aux valeurs de contrainte et d'obligation *(Zwang, Müssen)*. Du même coup, il y soustrait le mot de *Brauch* par lequel Heidegger propose de traduire *to chréôn* et qui veut dire dans l'allemand courant le besoin. Il n'est donc pas nécessaire de penser la main à partir du « besoin ». En français, on a traduit *der Brauch* par *le maintien*, ce qui, à côté de bien des inconvénients ou faux sens, exploite la chance d'une double allusion : à la main et au maintenant qui préoccupent le souci propre de ce texte. Si le *Brauchen* traduit bien, comme le dit Heidegger, le *chréôn* qui permet de penser le présent dans sa présence (*das Anwesende in seinem Anwesen*, p. 340), s'il nomme une trace *(Spur)* qui disparaît dans l'histoire de l'être en tant qu'elle se déploie comme métaphysique occidentale, si *der Brauch* est bien « le rassemblement *(Versammlung) : o logos* », alors, avant toute technique de la main, toute chirurgie, la main n'y est pas pour rien.

II

La main de *l'*homme : vous l'avez sans doute remarqué, Heidegger ne pense pas seulement la main comme une chose très singulière, et qui n'appartiendrait en propre qu'à l'homme. Il la pense toujours *au singulier*, comme si l'homme n'avait pas deux mains mais, ce monstre, une seule main. Non pas un seul organe au milieu du corps, comme le cyclope avait un seul œil au milieu du front, encore que cette représentation, qui laisse à désirer, donne aussi à penser. Non, *la* main de l'homme, cela signifie qu'il ne s'agit plus de ces organes préhensiles ou de ces membres instrumentalisables que sont *des* mains. Les singes ont des organes préhensiles qui ressemblent à des mains, l'homme de la machine à écrire et de la technique en général se sert des deux mains. Mais l'homme qui parle et l'homme qui écrit à la main, comme on dit, n'est-ce pas le monstre d'une seule main ? Aussi quand Heidegger écrit : « *Der Mensch " hat " nicht Hände, sondern die Hand hat das Wesen des Menschen inne* », (« L'homme n' " a " pas de mains, mais la main occupe, pour en disposer, l'essence de l'homme »), cette précision supplémentaire ne concerne pas seulement, comme on le voit en premier lieu, la structure de l'« avoir », mot que Heidegger met entre guillemets et dont il propose d'inverser le rapport (l'homme n'*a* pas de mains, c'est la main qui *a* l'homme). La précision concerne la différence entre le pluriel et le singulier : *nicht Hände, sondern die Hand*. Ce qui arrive à l'homme par le *logos* ou par la parole *(das Wort)*, cela ne peut être qu'une seule main. Les mains, c'est déjà ou encore la dispersion organique ou technique. On ne s'étonnera donc pas devant l'absence de toute allusion, par exemple dans le style kantien, au jeu de la différence entre la droite et la gauche, au miroir ou à la paire de gants. Cette différence ne peut être que *sensible*. Pour ma part, ayant déjà traité à ma manière de la paire de chaussures, du pied gauche et du pied droit chez Heidegger [1], je ne m'avancerai pas plus loin aujourd'hui dans cette voie. Je me contenterai de deux remarques. D'une part, *on the one hand*, comme vous dites, la seule phrase où Heidegger, à ma connaissance, nomme les mains de l'homme au pluriel semble concerner justement le moment de la prière ou en tout cas le geste par lequel les deux mains se joignent *(sich falten)* pour n'en faire qu'une dans la simplicité *(Einfalt)*. C'est toujours le rassemblement *(Versammlung)* que privilégie Heidegger. D'autre part, *on the other hand*, rien n'est jamais dit de la caresse ou du désir. Fait-on l'amour, l'homme fait-il l'amour avec la main ou avec les mains ? Et quoi de la différence sexuelle à cet égard ? On imagine la protestation de Heidegger : cette question est dérivée, ce que vous appelez le désir ou l'amour suppose l'avènement de *la* main depuis la parole, et dès lors que j'ai fait allusion à la main qui donne, se donne, promet, s'abandonne, livre, délivre et engage dans l'alliance ou le serment, vous disposez de tout ce qui vous est nécessaire pour penser ce que vous appelez vulgairement faire l'amour, caresser ou même désirer. — Peut-être, mais pourquoi ne pas le dire [2] ?

1. Cf. *La Vérité en peinture*, Flammarion, 1978, p. 291 et suiv.

2. Si la pensée, et même la question (cette « piété de la pensée ») sont un travail de *la* main, si les mains jointes par la prière ou le serment rassemblent encore la main en elle-même, en son essence et avec la pensée, en revanche Heidegger dénonce le « prendre à deux mains » : hâte, empressement de la violence utilitaire, accélération de la technique qui disperse la main dans le nombre et la coupe de la pensée questionnante. Comme si la prise des deux mains perdait ou violait une question pensante que seule *une* main, *la* main seule, pourrait ouvrir ou garder : maintenant ouverte. C'est la fin de l'*Introduction à la métaphysique* : « Savoir questionner signifie : savoir attendre, même toute une vie. Une époque *(Zeitalter)* toutefois, pour laquelle n'est réel *(wirklich)* que ce qui va vite et se laisse saisir à deux mains *(sich mit beiden Händen greifen lässt)*, tient le questionner pour " étranger à la réalité " *(wirklichkeitsfremd)*, pour quelque chose qui " ne paie pas " *(was sich nicht bezahlt*

[Cette dernière remarque devrait me servir de transition vers ce mot, cette marque, « *Geschlecht* », que nous devrions suivre maintenant dans un autre texte. Je ne prononcerai pas cette partie de ma conférence, qui aurait dû s'intituler *Geschlecht III* et dont le manuscrit (dactylographié) a été photo*copié* et distribué à certains d'entre vous pour que la discussion en soit possible. Je m'en tiendrai donc à une esquisse très sommaire.]

Je viens de dire « le mot " *Geschlecht* " » : c'est que je ne suis pas sûr qu'il ait un référent déterminable et unifiable. Je ne suis pas sûr qu'on puisse parler du *Geschlecht* au-delà du mot « *Geschlecht* » — qui se trouve donc nécessairement cité, entre guillemets, mentionné plutôt qu'utilisé. Ensuite, je le laisse en allemand. Aucun mot, aucun mot à mot ne suffira à traduire celui-ci, qui rassemble dans sa valeur idiomatique la souche, la race, la famille, l'espèce, le genre, la génération, le sexe. Puis, après avoir dit le mot « *Geschlecht* », je me suis repris ou corrigé : la « marque " *Geschlecht* " », ai-je précisé. Car le thème de mon analyse reviendrait à une sorte de composition ou de décomposition qui affecte, justement, l'unité de ce mot. Peut-être n'est-ce plus un mot. Peut-être faut-il commencer par y accéder depuis sa désarticulation ou sa décomposition, autrement dit sa formation, son information, ses déformations ou transformations, ses traductions, la généalogie de son corps unifié à partir ou selon le partage de morceaux de mots. Nous allons donc nous intéresser au *Geschlecht* du *Geschlecht*, à sa généalogie ou à sa génération. Mais cette composition généalogique de « *Geschlecht* » sera inséparable, dans

---

macht). Mais ce n'est pas le nombre (*Zahl*) qui est l'essentiel, c'est le juste temps (*die rechte Zeit*)... » (p. 157, trad. fr. légèrement modifiée, p. 221-222.) Je remercie Werner Hamacher de m'avoir rappelé ce passage.

Sur cet autre « tournant » que je tente de décrire ou de situer autour de la question, et de la question de la question, cf. *De l'esprit, Heidegger et la question*, Galilée, 1987, notamment p. 147 et suiv. ; dans ce volume, p. 113 sq.

le texte de Heidegger que nous devrions interroger maintenant, de la décomposition du *Geschlecht* humain, de la décomposition de l'homme.

Un an après *Was heisst Denken ?*, en 1953, Heidegger publie « *Die Sprache im Gedicht* » dans *Merkur* sous le titre *Georg Trakl*, avec un sous-titre qui ne changera pour ainsi dire pas au moment où le texte sera repris en 1959 dans *Unterwegs zur Sprache : Eine Erörterung seines Gedichtes*. Tous ces titres sont déjà pratiquement intraduisibles. J'aurai pourtant recours, très souvent, à la précieuse traduction publiée par Jean Beaufret et Wolfgang Brokmeier dans la NRF (janvier-février 1958), aujourd'hui recueillie dans *Acheminement vers la parole* (Gallimard, 1976, p. 39 et suiv.)[1]. A chaque pas le risque de la pensée reste intimement engagé dans la langue, l'idiome et la traduction. Je salue l'aventure audacieuse qu'a constituée, dans sa discrétion même, une telle traduction. Notre dette va ici vers un don qui donne beaucoup plus que ce qu'on appelle une version française. Chaque fois que je devrai m'écarter de celle-ci, ce sera sans la moindre intention de l'évaluer, encore moins de l'amender. Il nous faudra plutôt multiplier les

1. On sera peut-être surpris de me voir citer une traduction française de Heidegger dans une conférence prononcée en anglais. Je le fais pour deux raisons. D'une part pour ne pas effacer les contraintes ou les chances de l'idiome dans lequel je travaille, enseigne, lis ou écris moi-même. Ce que vous entendez en ce moment, c'est la traduction d'un texte que j'écris d'abord en français. D'autre part, j'ai pensé que le texte de Heidegger pouvait être encore plus accessible, gagner quelque lisibilité supplémentaire à vous arriver ainsi par une troisième oreille. L'explication (*Auseinandersetzung*) avec une langue de plus peut affiner notre traduction (*Übersetzung*) du texte qu'on appelle « original ». Je viens de parler de l'oreille de l'autre comme d'une troisième oreille. Ce n'était pas seulement pour multiplier jusqu'à l'excès les exemples de paires (les pieds, les mains, les oreilles, les yeux, les seins, etc.) et tous les problèmes qu'ils devraient poser à Heidegger. C'est aussi pour souligner qu'on peut écrire à la machine, comme je l'ai fait, avec trois mains entre trois langues. Je savais que j'aurais à prononcer en anglais le texte que j'écrivais en français sur un autre que je lisais en allemand.

esquisses, harceler le mot allemand et l'analyser selon plusieurs vagues de touches, caresses ou coups. Une traduction, au sens courant de ce qui est publié sous ce nom, ne peut pas se le permettre. Mais nous avons au contraire le devoir de le faire chaque fois que le calcul du mot à mot, un mot pour un autre, c'est-à-dire l'idéal conventionnel de la traduction, sera mis au défi. Il serait d'ailleurs légitime, apparemment trivial mais en vérité essentiel de tenir ce texte sur Trakl pour une situation *(Erörterung)* de ce que nous appelons traduire. Au cœur de cette situation, de ce lieu *(Ort)*, *Geschlecht*, le mot ou la marque. Car c'est la composition et la décomposition de cette marque, le travail de Heidegger dans sa langue, son écriture manuelle et artisanale, son *Hand-Werk* que les traductions existantes (française et, je le suppose, anglaise) tendent fatalement à effacer.

Avant tout autre préliminaire, je saute d'un coup au milieu du texte, pour éclairer comme d'un premier flash le lieu qui m'intéresse. A deux reprises, dans la première et dans la troisième partie, Heidegger déclare que le mot « *Geschlecht* » a en allemand, « dans notre langue » (c'est toujours la question du « nous »), une multitude de significations. Mais cette multitude singulière doit se rassembler de quelque manière. Dans *Was heisst Denken ?*, peu après le passage de la main, Heidegger proteste plus d'une fois contre la pensée ou la voie à sens unique. Tout en rappelant ici que « *Geschlecht* » est ouvert à une sorte de polysémie, il se porte, avant et après tout, vers une certaine unité qui rassemble cette multiplicité. Cette unité n'est pas une identité, mais elle garde la simplicité du même, jusque dans la forme du pli. Cette simplicité originaire, Heidegger veut la donner à penser au-delà de toute dérivation étymologique, du moins selon le sens strictement philologique de l'étymologie.

1. Le premier passage (p. 49 ; trad., p. 53) cite l'avant-dernière strophe du poème *Ame d'Automne*

(Herbstseele). Je le lis dans sa traduction qui nous posera plus tard quelques problèmes :

> Bientôt fuient poisson et gibier
> Ame bleue, obscur voyage
> Départ de l'autre, de l'aimé
> Le soir change sens et image
> *(Sinn und Bild)*

Heidegger enchaîne : « Les voyageurs qui suivent l'étranger se trouvent aussitôt séparés des " Aimés " *(von Lieben)* qui sont pour eux des " Autres " *(die für sie " Andere " sind)*. Les " Autres ", entendons la souche défaite de l'homme. »

Ce qui se trouve ainsi traduit, c'est « *der Schlag der verwesten Gestalt des Menschen* ». « *Schlag* » veut dire en allemand plusieurs choses. Au sens propre, comme dirait le dictionnaire, c'est le *coup* avec toutes les significations qu'on peut y associer. Mais au sens figuré, dit le dictionnaire, c'est aussi la race ou l'espèce, la souche (mot ici choisi par les traducteurs français). La méditation de Heidegger se laissera guider par ce rapport entre *Schlag* (à la fois comme coup et comme souche) et *Geschlecht*. *Der Schlag der verwesten Gestalt des Menschen*, cela implique un *Verwesen* dans le sens de ce qui est « décomposé », si on l'entend littéralement selon le code usuel de la putréfaction des corps, mais aussi, dans un autre sens, celui de la corruption de l'être ou de l'essence *(Wesen)*, que Heidegger ne va pas cesser de retracer. Il ouvre ici un paragraphe qui commence par « *Unsere Sprache* » : « Notre langue appelle (*nennt :* nomme) l'humanité *(Menschenwesen)* ayant reçu l'empreinte d'une frappe *(das aus einem Schlag geprägte)* et dans cette frappe frappée de spécification (*und in diesen Schlag verschlagene :* et en effet *verschlagen* veut dire couramment spécifier, séparer, cloisonner, distinguer, différencier), notre langue appelle l'humanité (...) " *Geschlecht* ". » Le mot est entre guillemets. Je vais jusqu'au bout de ce paragraphe dont il faudrait plus tard reconstituer le contexte : « Le mot [*Geschlecht*, donc] signifie aussi bien l'espèce humaine *(Menschengeschlecht)* au sens de l'humanité *(Menschheit)* que les espèces au sens des troncs, souches et familles, tout cela frappé de nouveau (*dies alles wiederum geprägt :* frappé au sens de ce qui a reçu l'empreinte, le *typos*, la marque typique) de la dualité générique des sexes *(in das Zwiefache der Geschlechter).* » Dualité générique des sexes, c'est en français une traduction risquée. Il est vrai que Heidegger parle cette fois de la différence *sexuelle* qui vient de nouveau, dans un second coup *(wiederum geprägt)*, frapper, battre (comme on dit aussi en français battre monnaie) le *Geschlecht* dans tous les sens qu'on venait d'énumérer. C'est sur ce deuxième coup que se concentreront plus tard mes questions. Mais Heidegger ne dit pas « dualité générique ». Et quant au mot *das Zwiefache*, le double, le duel, le duplice, il porte toute l'énigme du texte qui se joue entre *das Zwiefache*, une certaine duplicité, un certain pli de la différence sexuelle ou *Geschlecht* et, d'autre part, *die Zwietracht der Geschlechter*, la dualité des sexes comme dissension, guerre, dissentiment, opposition, le duel de la violence et des hostilités déclarées.

2. Le second passage sera prélevé dans la troisième partie (p. 78, trad., p. 80) au cours d'un trajet qui aura déplacé bien des choses : « " *Un* " [entre guillemets et en italique dans le texte allemand : das « *Ein* »] dans les mots « *Une* race » [*im Wort* « Ein *Geschlecht* » : citation d'un vers de Trakl ; cette fois les traducteurs français ont choisi, sans justification apparente ou satisfaisante, de traduire *Geschlecht* par « race »] ne veut pas dire « un » au lieu de « deux » *(meint nicht « eins » statt « zwei »). Un* ne signifie pas non plus l'indifférence d'une insipide uniformité [*das Einerlei einer faden Gleichheit :* je me permets sur ce point de renvoyer à la première partie de mon essai intitulé « *Geschlecht* »]. Les mots « *une* race » (*das Wort* « Ein *Geschlecht* ») ne nomment ici aucun état de choses

biologiquement déterminable (*nennt hier... keinen biologischen Tatbestand*), ni « l'unisexualité » (*weder die « Eingeschlechtlichkeit »*) ni « l'indifférenciation des sexes » (*noch die « Gleichgeschlechtlichkeit »*). *Dans le Un* souligné [par Trakl] (*In dem betonten* « Ein *Geschlecht* ») s'abrite l'unité qui, à partir de l'azur appareillant [ceci est incompréhensible tant qu'on n'a pas reconnu, comme je tente de le faire dans la suite de l'exposé que je ne prononcerai pas, la lecture symphonique ou synchromatique des bleus ou du bleu du ciel azuré dans les poèmes de Trakl et tant qu'on n'a pas reconnu que les traducteurs français traduisent par « appareillant » le mot *versammelnd :* rassemblant, recueillant dans le même ou le « pareil » ce qui n'est pas identique] de la nuit spirituelle, réunit (*einigt*). Le mot [sous-entendu, le mot *Ein* dans *Ein* Geschlecht] parle à partir du chant (*Das Wort spricht aus dem Lied*) en lequel est chanté le pays du déclin (ou de l'Occident : *worin das Land des Abends gesungen wird*). Par suite, le mot « race » (*Geschlecht*) garde ici la multiple plénitude de signification (*mehrfältige Bedeutung*) que nous avons déjà mentionnée. Il nomme d'abord la race historiale, l'homme, l'humanité (*das geschichtliche Geschlecht des Menschen, die Menschheit*) dans la différence qui la sépare du reste du vital (plante et animal) (*im Unterschied zum übrigen Lebendigen* (*Pflanze und Tier*). Le mot « race » (*Geschlecht*) nomme ensuite aussi bien les générations (*Geschlechter*, au pluriel : le mot *Geschlecht* nomme les *Geschlechter* !), troncs, souches, familles de ce genre humain (*Stämme, Sippen, Familien dieses Menschengeschlechtes*). Le mot « race » (« *Geschlecht* ») nomme en même temps, à travers toutes ces distinctions [*überall :* partout. Heidegger ne précise pas « toutes ces distinctions » que la traduction française introduit par analogie avec la première définition, mais peu importe], le dédoublement générique [*die Zwiefalt der Geschlechter :* la traduction française ne nomme pas ici la sexualité pourtant évidente, alors que plus haut elle traduisait *Zwiefache der Geschlechter* par « dualité générique des sexes]. »

Heidegger vient donc de rappeler que « *Geschlecht* » nomme *en même temps (zugleich)*, surnomme la différence sexuelle, en supplément de tous les autres sens. Et il ouvre le paragraphe suivant par le mot *Schlag* que la traduction française rend par « frappe », ce qui présente un double inconvénient. D'une part, elle manque le rappel du vers de Trakl dont le mot *Flügelschlag* est justement traduit par « coup d'aile ». D'autre part, en se servant de deux mots différents, coup et frappe, pour traduire le même mot *Schlag*, elle efface ce qui autorise Heidegger à rappeler l'affinité entre *Schlag et Geschlecht* dans les deux vers qu'il est en train de lire. Telle affinité soutient toute la démonstration. Ces vers sont extraits d'un poème intitulé *Chant occidental (Abendländisches Lied).* Un autre s'intitule *Occident (Abendland);* et le déclin *de* l'Occident, *comme* Occident, est au centre de cette méditation.

O der Seele nächtlicher Flügelschlag
Ô de l'âme nocturne coup d'aile.

Après ces deux vers, deux points et deux mots tout simples : « *Ein* Geschlecht. » « *Ein* » *:* le seul mot que, dans toute son œuvre, note Heidegger, Trakl aura ainsi souligné. Souligner, c'est *betonen.* Le mot ainsi souligné *(Ein)* donnerait donc le ton fondamental, la note fondamentale *(Grundton).* Mais c'est le *Grundton* du *Gedicht* et non pas de la *Dichtung,* car Heidegger distingue régulièrement le *Gedicht,* qui reste toujours imprononcé *(ungesprochen)* silencieux, des poèmes *(Dichtungen)* qui, eux, disent et parlent en procédant du *Gedicht.* Le *Gedicht* est la source silencieuse des poèmes *(Dichtungen)* écrits et prononcés dont il faut bien partir pour situer *(erörtern)* le lieu *(Ort),* la source, à savoir le *Gedicht.* C'est pourquoi Heidegger dit de cet « *ein* Geschlecht » qu'il abrite le *Grundton* depuis lequel le *Gedicht* de ce poète tait *(schweigt)* le secret *(Geheimnis).* Le paragraphe qui commence par *Der Schlag* peut donc s'autoriser non seulement d'une décomposition philologique mais de ce qui arrive dans le vers, dans la *Dichtung* de Trakl : « La frappe *(der Schlag)* dont l'empreinte rassemble un tel dédoublement dans la simplicité de la race une *(der sie in die Einfalt des* " einen *Geschlechts* " *prägt),* ramenant ainsi les souches du genre *(die Sippen des Menschengeschlechtes)* et celui-là même en la douceur de l'enfance plus sereine, frappe *(einschlagen lässt)* l'âme d'ouverture pour le chemin du " bleu printemps " [citation de Trakl signalée par des guillemets omis dans la traduction française]. »

Tels sont donc les deux passages, encore abstraits de leur contexte, dans lesquels Heidegger thématise à la fois la polysémie et la simplicité focale de « *Geschlecht* » dans « notre langue ». Cette langue, qui est la nôtre, l'allemande, est aussi celle de « notre *Geschlecht* », comme dirait Fichte, si *Geschlecht* veut aussi dire famille, génération, souche. Or ce qui s'écrit et se joue avec l'écriture de ce mot, *Geschlecht*, dans notre *Geschlecht* et dans notre langue *(unsere Sprache)* est assez idiomatique dans ses possibilités pour rester à peu près intraduisible. L'affinité entre *Schlag* et *Geschlecht* n'a lieu et n'est pensable que depuis cette « *Sprache* ». Non seulement depuis l'idiome allemand que j'hésite ici à appeler idiome « national », mais depuis l'idiome surdéterminé d'un *Gedicht* et d'un *Dichten* singuliers, ici celui ou ceux de Trakl, puis de surcroît surdéterminés par l'idiome d'un *Denken*, celui qui passe par l'écriture de Heidegger. Je dis bien *Dichten* et *Denken*, poésie et pensée. On se rappelle que pour Heidegger *Dichten* et *Denken* sont une œuvre de la main exposée aux mêmes dangers que l'artisanat *(Hand-Werk)* du coffrier. On sait aussi que Heidegger ne met jamais la philosophie et la science à hauteur de la pensée ou de la poésie. Celles-ci, bien que radicalement différentes, sont parentes et parallèles, des parallèles qui se coupent et s'entament, s'entaillent en un lieu qui est aussi une sorte de signature *(Zeichnung)*, l'incision d'un trait *(Riss)* (*Unterwegs zur*

Sprache, p. 196)[1]. De ce parallélisme, la philosophie, la science et la technique sont pour ainsi dire exclus.

Que penser de ce texte ? Comment le lire ?

Mais s'agira-t-il encore d'une « lecture », au sens français ou au sens anglais du mot ? Non, au moins pour deux raisons. *D'une part*, il est trop tard et au lieu de continuer à lire les quelque cent pages que j'ai consacrées à ce texte sur Trakl, et dont une première version française, inachevée et provisoire, a été communiquée à certains d'entre vous, je me contenterai d'en indiquer en quelques minutes le souci principal, tel qu'il peut se traduire en une série d'interrogations suspendues ou suspensives. Je les ai regroupées, plus ou moins artificiellement, autour de *cinq* foyers. Or d'*autre part*, l'un de ces foyers concerne le concept de *lecture* qui ne me paraît adéquat, sauf à être profondément réélaboré, ni pour nommer ce que fait Heidegger dans son *Gespräch* avec Trakl ou dans ce qu'il appelle le *Gespräch* ou la *Zwiesprache* (la parole à deux) authentique d'un poète avec un poète ou d'un penseur avec un poète, ni pour nommer ce que je tente ou ce qui m'intéresse dans cette *explication avec (Auseinandersetzung)* ce texte-ci de Heidegger.

Mon souci le plus constant concerne évidemment la « marque » « *Geschlecht* » et ce qui en elle *remarque* la marque, la frappe, l'impression, une certaine écriture comme *Schlag*, *Prägung*, etc. Cette *re-marque* me paraît entretenir un rapport essentiel avec ce que, un peu arbitrairement, je place en premier lieu parmi ces cinq foyers de questionnement :

1. *De l'homme et de l'animalité*. Le texte sur Trakl propose aussi une pensée de la différence entre l'animalité et l'humanité. Il s'agirait ici de la différence entre deux différences sexuelles, de la différence, du rapport entre le 1 et le 2, et de la divisibilité en général. Au foyer de ce foyer, la marque *Geschlecht*

1. Cf. « Le Retrait de la métaphore », in *Psyché...*, p. 88.

dans sa polysémie (espèce ou sexe) et dans sa dissémination.

2. Un autre foyer de questionnement concerne justement ce que Heidegger dit de la polysémie et que je distinguerai de la dissémination. A plusieurs reprises, Heidegger se montre accueillant à ce qu'on pourrait appeler une « bonne » polysémie, celle de la langue poétique et du « grand poète ». Cette polysémie doit se laisser *rassembler* dans une univocité « supérieure » et dans l'unicité d'une harmonie *(Einklang)*. Heidegger en vient ainsi à valoriser *pour une fois* une « *Sicherheit* » de la rigueur poétique, ainsi tendue par la force du rassemblement. Et il oppose cette « sécurité » *(Sicherheit)* aussi bien à l'errance des poètes médiocres qui se livrent à la mauvaise polysémie (celle qui ne se laisse pas rassembler dans un *Gedicht* ou dans un lieu *[Ort]* unique) qu'à l'univocité de l'exactitude *(Exaktheit)* dans la techno-science. Ce motif me paraît à la fois traditionnel (proprement aristotélicien), dogmatique dans sa forme et symptomatiquement contradictoire avec d'autres motifs heideggériens. Car je ne « critique » jamais Heidegger sans rappeler qu'on peut le faire depuis d'autres lieux de son texte. Celui-ci ne saurait être homogène et il est écrit à deux mains, au moins.

3. Cette question, que j'intitule donc *polysémie et dissémination*, communique avec un autre foyer où se croisent plusieurs *questions de méthode*. Que fait Heidegger ? Comment « opère »-t-il et selon quelles voies, *odoi* qui ne sont pas encore ou déjà plus des *méthodes ?* Quel est le pas de Heidegger sur ce chemin ? Quel est son rythme dans ce texte qui se prononce explicitement sur l'essence du *rythmos* et quelle est aussi sa *manière*, son *Hand-Werk* d'écriture ? Ces questions d'outre-méthode sont aussi celles du rapport qu'entretien ce texte de Heidegger (et celui que j'écris à mon tour) avec ce qu'on appelle herméneutique, interprétation ou exégèse, critique littéraire, rhétorique ou poétique, mais aussi avec tous les savoirs des sciences humaines ou sociales (histoire, psychanalyse, sociolo-

gie, politologie, etc.). Deux oppositions ou distinctions, deux couples de concepts soutiennent l'argumentation heideggérienne — et je les questionne à mon tour. C'est *d'une part* la distinction entre *Gedicht* et *Dichtung*. Le *Gedicht* (mot intraduisible, une fois de plus) est, en son lieu, ce qui rassemble toutes les *Dichtungen* (les poèmes) d'un poète. Ce rassemblement n'est pas celui du corpus complet, des œuvres complètes, c'est une source unique qui ne se présente nulle part en aucun poème. C'est le lieu d'origine, d'où viennent et vers lequel remontent les poèmes selon un « rythme ». Il n'est pas ailleurs, pas autre chose, et pourtant il ne se confond pas avec les poèmes en tant qu'ils disent *(sagen)* quelque chose. Le *Gedicht* est « imprononcé » *(ungesprochene)*. Ce que Heidegger veut indiquer, annoncer plutôt que montrer, c'est le Lieu unique *(Ort)* de ce *Gedicht*. C'est pourquoi Heidegger présente son texte comme une *Erörterung*, c'est-à-dire selon la littéralité réveillée de ce mot, une *situation* qui localise le site unique ou le lieu propre du *Gedicht* depuis lequel chantent les poèmes de Trakl. D'où, d'*autre part*, une deuxième distinction entre l'*Erörterung* du *Gedicht* et une *Erläuterung* (éclaircissement, élucidation, explication) des poèmes *(Dichtungen)* eux-mêmes dont il faut bien partir. Je m'attache donc à toutes les difficultés qui tiennent à ce double point de départ et à ce que Heidegger appelle « *Wechselbezug* », rapport de réciprocité ou d'échange entre situation *(Erörterung)* et élucidation *(Erläuterung)*. Ce *Wechselbezug* coïncide-t-il avec ce qu'on appelle cercle herméneutique ? Et comment Heidegger pratique-t-il ou joue-t-il, *à sa manière*, ce *Wechselbezug ?*

4. Cette dernière formulation, qui vise toujours la *manière* de Heidegger ou, comme on peut dire aussi en français, avec une autre connotation, ses manières, ne se laisse plus séparer, pas plus que la main selon Heidegger, de la mise en œuvre de la langue. Donc ici d'une certaine manœuvre de l'écriture. Elle recourt toujours en des moments décisifs à une ressource idiomatique, c'est-à-dire intraduisible si l'on se confie

au concept courant de la traduction. Cette ressource, surdéterminée par l'idiome de Trakl et par celui de Heidegger, n'est pas seulement celle de l'allemand mais le plus souvent d'un idiome de l'idiome haut ou vieil allemand. A ma manière, c'est-à-dire suivant les injonctions et l'économie d'autres idiomes, je retrace et remarque tous ces recours de Heidegger au vieil allemand, chaque fois qu'il commence par dire : dans notre langue *(in unsere Sprache)*, tel mot signifie originairement *(bedeutet ursprünglich)*. Je ne peux ici, dans ce survol, que donner la liste des mots, des morceaux de mots ou des énoncés auprès desquels je marquerais une station un peu plus longue.

a.) Il y a d'abord naturellement le mot « *Geschlecht* » et tout son *Geschlecht*, toute sa famille, ses racines, ses rejetons, légitimes ou non. Heidegger les convoque tous et donne à chacun son rôle. Il y a *Schlag, einschlagen, verschlagen* (séparer, cloisonner), *zerschlagen* briser, casser, démanteler), *auseinanderschlagen* (séparer en se frappant l'un l'autre), etc. Au lieu de redéployer ici toute la manœuvre heideggérienne et celle à laquelle il nous oblige, je citerai, en signe de remerciement, un paragraphe que David Krell consacre en anglais à ce mot dans le chapitre 14 de son livre à paraître [1] — dont il a bien voulu, après la publication de mon premier article sur *Geschlecht*, me communiquer les épreuves. Le chapitre s'intitule « Strokes of love and death : Heidegger and Trakl » et j'y prélève ceci :

> « Strokes of love and death » : *Schlag der Liebe, Schlag des Todes*. What do the words *Schlag, schlagen* mean ? Hermann Paul's *Deutsches Wörterbuch* lists six principal areas of meaning for *der Schlag ;* for the verb *schlagen* it cites six « proper » senses and ten « distant » meanings. Devolving from the Old High German and Gothic *slahan* (from which the English word « slay » also derives), and

1. Paru depuis sous le titre *Intimations of mortality, Time, Truth and Finitude in Heidegger's Thinking of Being,* the Pennsylvania State University Press, 1986, p. 165.

choses s'aggravent puisque c'est le sens même du mot *sens* qui paraît intraduisible, lié à un idiome ; et c'est donc cette valeur de sens qui, commandant pourtant le concept traditionnel de la traduction, se voit tout à coup enraciné dans une seule langue, famille ou *Geschlecht* de langues, hors desquels il perd son sens originaire.

Si la « situation » *(Erörterung)* du *Gedicht* se trouve ainsi dépendre dans ses moments décisifs du recours à l'idiome du *Geschlecht* et au *Geschlecht* de l'idiome, comment penser le rapport entre l'imprononcé du *Gedicht* et son appartenance, l'appropriation de son silence même à une langue et à un *Geschlecht ?* Cette question ne concerne pas seulement le *Geschlecht* allemand et la langue allemande, mais aussi ceux qui semblent reconnus à l'Occident, à l'homme occidental, puisque toute cette « situation » est pré-occupée par le souci du lieu, du chemin et de la destination de l'Occident. Ceci me conduit au cinquième foyer. Je multiplie les foyers pour « dépayser » un peu une atmosphère peut-être un peu trop « paysante », je ne dis pas paysanne, fût-ce pour Trakl...

5. Ce qui arrive au *Geschlecht* comme sa décomposition *(Verwesung)*, sa corruption, c'est un *deuxième coup* qui vient frapper la différence sexuelle et la transformer en dissension, en guerre, en opposition sauvage. La différence sexuelle originaire est tendre, douce, paisible. Quand elle est frappée de « malédiction » (*Fluch*, mot de Trakl repris et interprété par Heidegger), la dualité ou la duplicité du deux devient opposition déchaînée, voire bestiale. Ce schéma, que je réduis ici à sa plus sommaire expression, Heidegger prétend, malgré toutes les apparences et tous les signes dont il est bien conscient, qu'il n'est ni platonicien ni chrétien. Il ne révèlerait ni de la théologie métaphysique ni de la théologie ecclésiale. Mais l'originalité (préplatonicienne, prémétaphysique ou préchrétienne) à laquelle nous rappelle Heidegger et dans laquelle il situe le lieu propre de Trakl, n'*a aucun autre contenu et même aucun autre langage* que

celui du platonisme et du christianisme. Elle est simplement ce à partir de quoi quelque chose comme la métaphysique et le christianisme sont possibles et pensables. Mais ce qui en constitue l'origine archimatinale et l'horizon ultra-occidental n'est pas autre chose que ce creux d'une répétition, au sens le plus fort et le plus insolite de ce terme. Et la forme ou la « logique » de cette répétition n'est pas seulement lisible dans ce texte sur Trakl mais dans tout ce qui, depuis *Sein und Zeit*, analyse les structures du *Dasein*, la chute *(Verfall)*, l'appel *(Ruf)*, le souci *(Sorge)* et règle ce rapport du « plus originaire » à ce qui le serait moins, notamment le christianisme. Dans ce texte, l'argumentation (notamment pour démontrer que Trakl n'est pas un poète chrétien) prend des formes particulièrement laborieuses et parfois très simplistes — que je ne peux reconstituer dans ce schéma. De même que Heidegger requiert un lieu unique et rassemblant pour le *Gedicht* de Trakl, il doit présupposer qu'il y a un seul lieu, unique et univoque pour *la* métaphysique et *le* christianisme. Mais ce rassemblement a-t-il lieu ? A-t-il un lieu, une unité de lieu ? C'est la question que je laisserai ainsi suspendue, juste avant la chute. En français on appelle parfois chute la fin d'un texte. On dit aussi, au lieu de chute, l'envoi.

Achevé d'imprimer en septembre 2010
sur les presses de l'imprimerie Maury-Imprimeur
45330 Malesherbes

N° d'édition : L.01EHQN000512.N001
Dépôt légal : Octobre 2010
N° d'impression : 10/09/158370

Imprimé en France